Airline Cabin Service

NCS Airline Cabin Service

Yang Jung Mi
Cho Young Shin
Kim Sun Hee

ISBN-13: 978-89-6218-452-5

Cengage Learning Korea Ltd.
14F YTN Newsquare 76 Sangamsan-ro
Mapo-gu Seoul 03926 Korea

Printed in Korea
Print Number: 03 Print Year: 2023

NCS기반

항공객실업무론

양정미　조영신　김선희

Cengage

Australia • Brazil • Canada • Mexico • Singapore • United Kingdom • United States

저자 소개

양정미
교육학 박사
대한항공 객실 부사무장
극동대학교 항공운항서비스학과 교수

조영신
호텔관광경영학 박사
아시아나항공 캐빈 매니저
前) 서울신학대학교 관광경영학과 교수

김선희
관광경영학 박사
대한항공 객실 부사무장
중부대학교 항공서비스학과 교수

NCS기반
항공객실업무론
Airline Cabin Service

초판 1쇄 발행 2019년 3월 4일
초판 3쇄 발행 2023년 3월 31일
지은이 양정미, 조영신, 김선희
발행인 송성헌
편집기획 김민정
발행처 센게이지러닝코리아(주)
등록번호 제313-2007-000074호(2007.3.19)
주소 서울시 마포구 상암산로 76 YTN 뉴스퀘어 14층
이메일 asia.infokorea@cengage.com
홈페이지 www.cengage.co.kr
ISBN-13 978-89-6218-452-5

정가 23,000원

머리말

세계 항공 기업들의 기술 발달과 시장 변화에 대응하고자 항공교통 수요는 날로 증대하고 있으며 이는 국가 경제에도 많은 영향을 미치고 있다.

21세기를 주도하는 항공 서비스 산업이 양적으로나 질적으로 성장하기 위해서는 객실에서 이루어지는 서비스에 대한 전반적 기초 실무 지식에 대한 이해가 필요하다.

항공사에는 다양한 서비스 형태가 있다. 그중에서도 고객과 중요한 접점을 가장 많이 가지는 객실 서비스는 항공사 서비스의 품질을 결정짓는 매우 중요한 요소다. 따라서 항공 운송에서 서비스의 초점은 객실 서비스에 집중된다. 이에 『NCS기반 항공객실업무론』은 항공사의 객실 서비스의 지침이 되기 위한 이론과 실무를 체계적으로 다루고자 했다.

이 책의 특징은 다음과 같다.

첫째, 핵심적 · 기본적 내용은 유지하되, 주요 내용은 최신 사진 자료로 집중 구성했다.

둘째, 강의하는 분들을 위해 강의 자료를 별도로 구성했다.

셋째, 현장 실무에서 활용될 수 있도록 다양한 항공사의 업무 지식과 정보를 반영했다.

무엇보다 항공사 객실 서비스 업무에 대해 알고자 하는 관련학과 학생들과 객실 승무원이 되고자 하는 사람들, 객실 서비스에 많은 관심을 가지고 있는 이들에게 강의를 위한 이론서로서뿐 아니라 실제 활용을 위한 활용서로서 필요한 교재가 되기를 진심으로 바라는 마음으로 집필했다.

이 책은 총 5장으로 구성되어 있다.

1장에서는 객실 승무원과 관련된 전반적인 내용을 다루고 있으며, 2장에서는 객실 서비스에 관련된 내용으로 객실 구조 및 설비, 항공 객실 서비스의 개념과 특성, 항공 객실 서비스 내용으로 이루어져 있다. 3장에서는 국내선과 국제선의 객실 서비스 절차에 대해 자세히 설명했다. 4장에서는 항공 운송 업무 내용을 다루고 있으며, 마지막으로 5장에서는 고객 응대와 관련된 고객 심리, 고객 만족 서비스 응대 스킬, 정중하고 재치 있는 기내 커뮤니케이션 스킬, 객실 서비스 기본자세에 관한 내용을 입체적 시각으로 제시하여 흥미를 유발하고자 노력했다.

『NCS기반 항공객실업무론』은 책의 주인이 저자가 아닌 독자의 것임을 유념하며 집필하고자 내용과 구성 면에서 많은 노력을 기울였으나 아직 미비한 점이 있을 것이다. 또한 많은 내용을 다루다 보니 책의 분량이 다소 많아진 점도 죄송하게 생각한다. 앞으로 이 책을 이용하는 여러분의 건설적 비평과 지도 편달을 부탁드린다.

끝으로 이 책이 출판되기까지 정성을 아끼지 않은 센게이지러닝코리아 사장님과 모든 직원분께 지면을 통해 깊은 감사 인사를 드린다.

2019년 2월

저자 일동 올림

차례

1 객실 승무원

2 항공 객실 서비스의 이해

3 객실 서비스 절차

4
항공 운송 업무

5 고객 응대

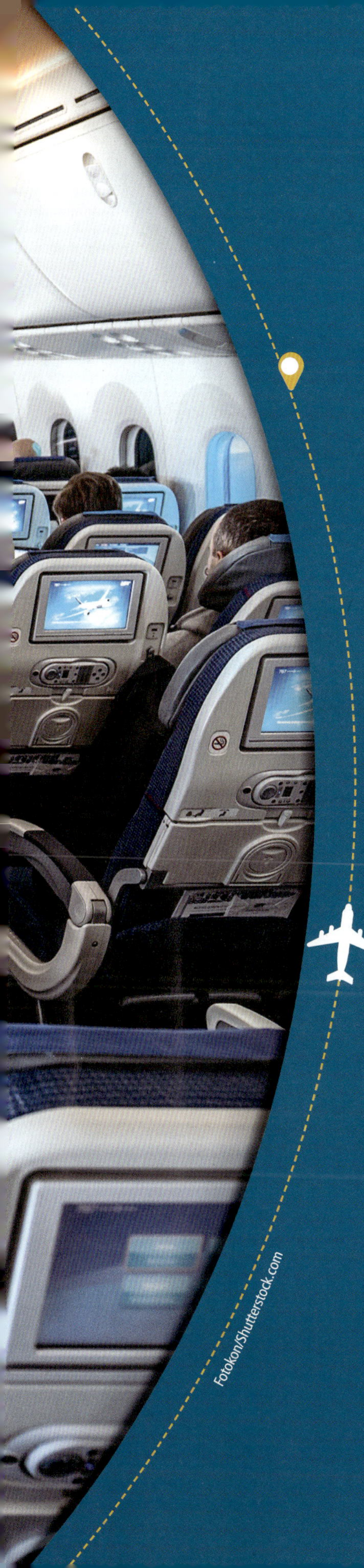
Fotokon/Shutterstock.com

1

객실 승무원

1 객실 승무원이란

1. 객실 승무원의 정의

객실 승무원은 여객기 객실 내에서 승객이 안전하고 편안하게 여행할 수 있도록 다양한 편의를 제공하기 위해 업무를 수행하는 사람이라고 정의할 수 있다. 항공사에서 쓰이는 명칭이나 용어는 주로 선박 용어에서 비롯된 것이다. 예를 들면 객실은 Cabin, 조종실은 Cockpit, 기장은 Captain, 부기장은 First Officer, 승무원은 Crew, 갑판은 Deck, 순항을 의미하는 Cruise 등이 대표적이다. 객실 승무원을 가리키는 표현으로는 Cabin Crew, Cabin Attendant, Flight Attendant, Stewardess(Steward), Air Hostess 등 다양한 표현이 혼용되어 사용되고 있다. 현대에 이르러 Air Hostess와 함께 일부 용어는 사양어로 권장되지 않고 있으며, 바람직한 호칭어로는 Flight Attendant, Cabin Crew가 적당하다.

2. 객실 승무원의 유래

객실 승무원의 유래를 역사적으로 살펴보면 1928년 독일의 루프트한자(Lufthansa)항공에서 시작되었으며 당시 루프트한자항공 승무원은 남성이었다. 이는 최고의 서비스 업무는 남성이 담당했던 당시의 시대상을 잘 보여주는 것이다. 여승무원의 시작은 1930년 북아메리카 대륙에서 발견되는데, 유나이티드항공(United Airlines)의 전신인 보잉 항공수송회사가 1개월간 테스트용으로 간호사였던 앨런 처치를 채용하여 탑승하게 한 것이다. 여덟 명의 간호사 출신 여승무원의 친절하고 상냥한 서비스는 많은 승객으로부터 호평을 얻었고, 얼마 지나지 않아 미국 내 20여 개 항공사가 경쟁적으로 여성 객실 승무원 제도를 도입하게 되었다. 이러한 소식은 유럽에까지 전해졌으며 이후 유럽 전역에도 여승무원들의 활약이 이어졌다.

간호사 출신의 최초 객실 여승무원

3. 객실 승무원의 자질

객실 승무원의 자질과 인재상은 항공사마다 요구하는 바가 차이가 나타난다. 최근 국내 저비용 항공사들이 급증하면서 다양한 재능을 선호하는 채용 기준이 발표되기도 했다. 하지만 공통적으로 추구하는 인재상을 요약하면 그림과 같다.

객실 승무원은 기내에서 안전 요원으로서의 역할과 서비스 요원으로서의 역할을 수행한다. 항공기라는 특수한 환경에서 인명과 재산에 대한 안전은 다른 어떤 서비스로도 바꿀 수 없는 중요한 개념이다. 따라서 투철한 직업의식과 안전의식을 바탕으로 친절하고 상냥한 서비스정신을 추가적으로 갖추어야 한다. 또한 가장 많은 시간을 할애하는 업무가 바로 고객 응대이기 때문에 다른 어떤 직업군보다 개인의 친화력이 서비스 수준을 평가하는 기준이 되기도 한다.

객실 승무원의 가장 큰 특성은 글로벌 인재로서의 역할을 수행한다는 점이다. 따라서 다양한 민족과 국적의 외국인들을 응대하는 데 세련된 글로벌 매너와 외국어 구사 능력이 필수적인 자질로 요구된다.

객실 승무원은 승무원 개개인이 그 항공사의 이미지를 대표하는 경우가 있다. 공항에서, 길거리에서, 버스에서 마주친 승무원의 언행과 품성은 잠재 고객들에게 좋은 기억으로 또는 좋지 않은 기억으로 특정 항공사의 이미지를 심어주게

항공사의 객실 승무원

될 것이다. 따라서 항공사의 이미지는 돈으로 가치를 매길 수 없는 중요한 무형 자산이므로 항상 철저한 자기 관리를 위해 신중하게 행동해야 한다.

마지막으로 객실 승무원은 항공기 탑승 근무에 적합한 신체와 건강 조건을 유지해야 한다. 건강상의 이유로 근무에 알맞은 신체적 상태가 아닐 경우에는 반드시 항공의료원의 비행 적합성에 대한 확인을 받아야만 비행에 임할 수 있다.

4. 객실 승무원의 자격

ICAO Annex, 항공법, 항공사들의 업무 교본에는 객실 승무원이 "항공기에 탑승하여 비상시 승객의 신속하고 안전한 탈출을 진행하고, 평상시 기내 안전 및 서비스 업무를 수행하는 사람"으로 명시되어 있다. 따라서 객실 승무원은 앞에 명시된 기본 업무를 수행할 수 있는 역량을 갖춘 자여야 한다.

객실 승무원은 비행 중 정상 업무를 수행함과 동시에 비정상 상황에 필요한 조치를 취할 수 있는 지식과 능력을 갖추어야 한다.

객실 승무원은 항공사에서 실시하는 신입 교육부터 각 직급별, Class별 서비스 및 안전에 관한 법정 교육과정을 이수하고 소정의 심사에 합격한 자여야 한다.

객실 승무원은 항공기 탑승 근무에 적합한 신체 조건을 유지해야 하며, 그 조건이 미비할 경우에는 객실 승무원 자격이 일시 정지 또는 상실될 수 있다. 타인에게 혐오감을 주는 외모적 손상이나 병리적 훼손이 있을 때는 회복 시까지 그 자격을 일시 정지한다.

객실 승무원은 적정 체중을 유지해야 한다. 개인별 적정 체중의 판단 기준에 대한 처리는 객실 승무원 항공 신체 기준에 근거한다. 신체검사 결과 적정 체중으로 분류된 자도 비행 전 용모 점검 시 외견상 비만으로 인정될 경우 동일하게 처리될 수 있다.

표_ 객실 여승무원의 신체 기준

(신장 : cm, 체중 : kg)

신장	과소 체중	적정 체중	과체중	초과 체중
160	43.1 이하	43.2~50.2	50.2~54.2	54.2 이상
161	43.6	43.7~50.7	50.7~54.7	54.7
162	44.1	44.2~52.2	52.2~55.2	55.2
163	44.6	44.7~52.7	52.7~55.7	55.7
164	45.1	45.2~53.2	53.2~56.2	56.2
165	45.6	45.7~53.7	53.7~56.7	56.7
166	46.1	46.2~54.2	54.2~57.2	57.2
167	46.6	46.7~54.7	54.7~57.7	57.7
168	47.1	47.2~55.2	55.2~58.2	58.2
169	47.6	47.7~55.7	55.7~58.7	58.7
170	48.1	48.2~56.2	56.2~59.2	59.2
171	48.6	48.7~56.7	56.7~59.7	59.7
172	49.1	49.2~57.2	57.2~60.2	60.2
173	49.6	49.7~57.7	57.7~60.7	60.7
174	50.1	50.2~58.2	58.2~61.2	61.2
175	50.6	50.7~58.7	58.7~61.7	61.7
176	51.1	51.2~59.2	59.2~62.2	62.2
177	51.6	51.7~59.7	59.7~62.7	62.7
178	52.1	52.2~60.2	60.2~63.2	63.2
179	52.6	52.7~60.7	60.7~68.7	68.7

자료 출처 : 항공보건의료원

항공사 이미지를 대표하는 승무원에 대한 고객 불만 사례

- 출입국 심사를 마치고 나서 엑스레이 검색대 앞에서 길게 줄을 선 뒤 이제 곧 제 짐을 컨베이어 벨트에 얹으려고 하는데, 갑자기 뒤에서 ○○○항공 승무원들이 몰려와서 컨베이어 벨트 앞에 자신들의 그 큰 가방을 던져놓았습니다. 비록 오랜 시간은 아니었어도 줄을 서서 차례를 기다렸던 제 앞에서 "급하거나 바빠서 양해를 구합니다. 죄송합니다"라는 말 한마디 없이 자기들끼리 수다를 떨면서 그러한 무례한 행동을 하는 겁니다.
- ○○색 재킷을 입고 있었는데, 리무진을 타고 가는 내내 전화 통화를 하더군요. 눈치를 줘도 그녀는 제 쪽을 전혀 쳐다보지 않았고, 심지어 욕설도 하더군요. 아니 유니폼을 입은 승무원이…….
- 유니폼도 입고 있었고 Name Tag도 그대로 달고 있어서 ○○○항공 소속임을 알 수 있었습니다. 공항버스에 캐리어를 실을 때 남의 가방 위에 바퀴를 확 올려놓아 저희 엄마가 놀라셔서 가방을 빼니까 자기 가방을 던져놓고 미안하다는 말 한마디도 안 하고 갔습니다. 물론 실수를 할 수는 있지만 보통 사람도 그러한 상황에서는 미안하다는 말은 하고 갑니다.

2 객실 승무원 조직도와 운영, 책임

1. 항공사 조직도

조직도는 항공사마다 다소 차이가 있지만 조직 운영의 틀은 대부분의 항공사가 유사하다. 다음 그림은 국내 항공사 조직도의 한 예다. 객실 승무원과 관련된 업무는 주로 객실승무본부에서 총괄하며 객실지원팀, 객실서비스팀, 객실안전팀, 객실훈련원 등으로 구분하여 운영하고 있다.

2. 객실승무본부 운영 및 책임

1) 객실지원팀

- 객실승무본부 제도 및 근무 규정, 비용 계획 업무를 담당한다.
- 객실승무본부 인사 및 복지 관련 업무를 담당한다.
- 객실 승무원의 Passport 및 제 증명, 급여 및 수당, 지급품 및 대여품 관리 업무를 담당한다.
- 객실 승무원 Log 및 비행 수당 관리 업무를 담당한다.
- 객실승무본부 전산 장비 및 관리 업무를 담당한다.

회장
행정비서팀
총괄 사장
경영회의제
고객서비스부
감사실
국제업무실
법무실
시설환경부
안전보안실
자재부
정보시스템실
통합커뮤니케이션실
경영전략본부
안재개발관리본부
• 노사협력실
• 인력개발센터
• 인재개발실
• 총무부
• 스포츠단사무국
• 항공의료센터
재무본부
• 재무총괄팀
• 수입관리부
• 자금전략실
• 회계부
여객사업본부
• 여객사업기획부
• 여객노선영업부
• 여객전략개발부
• 공항여객서비스부
• 여객 IT 지원부
• 한국지역서비스센터
• 외항사서비스센터
기내식기관사업본부
호텔사업본부
종합통제본부
• 스케줄운영부
• 종합통제부
객실승무본부
객실승무기획부
• 객실품질심사
• 객실지원팀
• 객실안전팀
• 객실기획팀
객실승원부
• 국제승원 1~10팀
• R/S 승원팀
• 국내승원팀
객실훈련원
• 훈련기획팀
• 훈련운영팀
화물사업본부
• 화물사업기획부
• 화물영업부
• 화물전략개발부
• 화물운송부
항공우주사업본부
• 사업기획부
• 사업영업부
• 품질경영부
• 항공기술연구원
• 군용기공장
• 민항기제조공장
비상계획팀
방위업무팀
인천공항지역본부
운항본부
• 안전정보팀
• 운항기획부
• 운항기술부
• 운항승무부
• 운항표준부
• 운항품질부
• 운항훈련원
정비본부
• 정비기획부
• 정비기술부
• 정비보급부
• 정비품질부
• 정비훈련원
• 정비공장
• 운항점검정비공장
• 원동기정비공장

그림_ 항공사 조직도의 예

2) 객실서비스팀

- 객실승무본부장, 단기 업무 계획 및 사업 계획 수립 업무를 담당한다.
- 서비스 매뉴얼 운영, 관리 및 개폐 업무, Class별 서비스 표준화 절차를 제정한다.
- 기종별 객실 승무원 탑승 기준 인원 설정 및 Duty 운영 업무를 담당한다.
- 항공기 객실 설비 구조의 결정, 변경에 관한 자문 및 협조 업무를 수행한다.
- 서비스, 운송, 정비, 승무 규정 관련 객실 승무원 보고 처리 업무를 담당한다.
- 기내 방송 문안 제작 및 기내 자동 방송 기재 제작 협조 업무를 수행한다.

3) 객실안전팀

- 객실 안전 · 보안 업무의 계획 수립 및 관리 업무를 담당한다.
- 객실 승무원 안전 · 보안 업무 규정 제정 및 개폐 업무를 담당한다.
- 객실 승무원 업무 교범 재개정 및 유지 · 관리 업무를 담당한다.
- 국토교통부 항공정책실 및 IATA, ICAO, DOD, 대외 항공국, 항공기 제작사 등의 항공 안전 관련 대외 기관과의 연관 업무를 수행한다.
- 객실 안전 · 보안 관련 사내외 감사 수검 업무를 수행한다.
- 객실 안전 · 보안 관련 객실 승무원 보고 처리 업무를 담당한다.

4) 객실기획팀

- 객실승무본부 기구 조직 및 직제 · 직능 조정 업무를 담당한다.
- 객실승무본부 근무, 상벌 제도, 규정 지침 제정, 개폐 업무를 담당한다.
- 객실승무본부 인력 운영 제도 수립, 제정, 개폐 업무를 담당한다.
- 객실승무본부 평가 제도, 지침 수립 업무를 담당한다.
- 객실승무본부 대내외 회의 · 보고 자료 작성 업무를 수행한다.

5) 객실훈련원

- 신입, 정기, 재임용 안전 훈련과 리더십 훈련 진행 및 기준 운영 업무를 담당한다.
- 객실 승무원 서비스 교육 훈련 진행 및 기준 운영 업무를 담당한다.
- 객실 승무원 교육 내용 개발 및 교재, 교안 제작 업무를 담당한다.

- 안전 · 서비스 강사 양성 및 운영 업무를 담당한다.
- 훈련 기록 관리, 시스템 관리 및 유지 업무를 수행한다.
- Crew Resource Management(CRM) 과정 개발 업무를 수행한다.

6) 국제, 국내, R/S 승원팀

- 국제, 국내, Regional Stewardess(R/S) 승원팀 소속 객실 승무원 운영 및 지원 업무를 담당한다.
- 국제, 국내, R/S 승원팀 소속 객실 승무원 비행 근무 준비 지도 및 지원 업무를 담당한다.
- 회사의 정책 및 절차 숙지 확인, 지속적인 감독을 수행한다.
- 국제, 국내, R/S 승원팀 소속 승무 보고서의 종합 접수 및 처리 업무를 담당한다.

3 객실 승무원 직급 체계와 직책별 임무

1. 객실 승무원 직급 체계

항공사 운영 체제에 따라 조금씩 차이가 있지만 항공사 객실 승무원 직급 체계는 통상적으로 그림과 같이 여러 단계의 승격과정을 거쳐 직급의 호칭이 제정된다. 먼저 신입 여승무원은 수습 승무원을 거쳐 일반 신입 승무원으로 채용되는 경우와 그렇지 않은 경우가 있는데, 항공사마다 다르다. 신입 승무원으로 근무한 뒤 일정 기간이 지나면 선임(Senior) 승무원이 될 수 있는 자격이 주어지는데, 이 역시 항공사마다 다르다. 승격 기준은 인사고과 및 자격시험을 통해 이루어진다. 선임 승무원 이후 일정 기간 근무한 뒤 대리 직급인 부사무장으로, 부사무장에서 사무장으로 승진할 수 있는 자격이 주어진다. 실제 대형 항공사의 직

그림_ 객실 승무원의 직급 체계

급을 살펴보면 다음과 같다.

표_ KE 실제 직급과 OZ 실제 직급

KE 실제 직급		
예상 기간	직급	구분
–	상무대우 수석 사무장 VP	Vice President Purser
–	수석 사무장 CP	Chief Purser
–	선임 사무장 SP	Senior Purser
–	사무장 PS	Purser
–	부사무장 AP	Assistant Purser
–	남 · 여 승무원 SD/SS	STWD/STWS
–	여승무원 SS	인턴 여승무원
OZ 실제 직급		
예상 기간	직급	구분
–	캐빈 서비스 담당 임원	임원
–	수석 매니저	Chief Purser
13~17년차	선임 매니저	Sr Purser
8~12년차	캐빈 매니저	Purser
4~7년차	부사무장	Assistant Purser
6~7년차	퍼스트 선임 여승무원	Fs Sr STWS
4~5년차	비즈니스 선임 여승무원	Bs Sr STWS
2년차	선임 여승무원	Sr STWS
1년차	주니어 여승무원	Js STWS
1년	수습 여승무원	Intern STWS

2. 객실 승무원의 직책별 임무

1) 객실 사무장

- 객실 브리핑(Cabin Briefing) 주관
- 승무원 업무 배정(Duty Assignment)

- 기내 서비스(In-Flight Service) 진행 관리 및 감독
- 비행 전 객실 설비 기능 점검
- 항공기 입 · 출항 서류 및 Ship Pouch 관리
- 기내 방송 관리(위임 가능)
- VIP, CIP, Special Passenger 응대
- 비행 중 Irregular(IRR) 상황 대처 및 보고
- 해외 체재 시 객실 승무원 관리
- 운항 승무원과의 의사소통
- 해당편 서비스 업무 수행
- 안전 비행 제반 조치
- 객실 승무원 제반 교육
- 장비(비상, 보안) 점검 및 결과 보고

2) 부사무장

- 승무원 경력 5년 이상 근무 직급이다. 부사무장은 사무장이 임무 수행이 불가능할 경우 업무를 위임받아 대행할 수 있으므로 항상 사무장의 임무에 자질을 갖추고 업무를 잘 알고 있어야 한다.
- 객실 사무장의 업무 보좌 및 지원
- 객실 사무장이 임무 수행이 불가능할 경우 업무 대행
- EY/CL 서비스 총괄(EY/CL에 탑승한 Special Passenger Handling 담당자 지정 및 확인)
- Service Item 탑재 확인
- 수습 승무원 훈련 지도 및 평가
- 기내 면세품 판매를 위한 업무 지원 및 완료 상황 확인
- 기내 Entertainment Procedure 진행 및 보고
- 입국에 필요한 서류 배포 및 작성에 대한 승무원의 업무 지원
- 기내 유실물 및 분실물 점검, 처리

3) 일반 객실 승무원

- 배정된 담당 Zone의 서비스 및 안전 업무 수행
- 담당 Zone의 승객 지원 업무 수행

- 기내 방송 업무를 부여받은 승무원은 추가적으로 기내 방송 업무 실시
- R/S 승무원은 추가 업무로 해당 언어권 승객과의 의사소통 담당
- R/S 승무원은 비행 중 시행하는 안내 방송을 자국어로 실시

여기서 잠깐!

담당 Zone의 Duty

해당편의 승무원을 Service Zone별로 나누어 서비스를 원활하게 한다. 항공기를 기종에 따라 각각 A, B, C, D, E Zone으로 나누고, 각 Zone은 통로를 기준으로 나누어 담당 Service Zone을 정한다. 따라서 각 Zone별로 담당 승무원은 업무에 대한 책임을 맡는다. 이 책임에는 안전 업무가 가장 중요하다.

4 객실 승무원의 지휘 체계

1. 지휘 계통과 상황 처리

통상적으로 국내 항공사들의 지휘 계통은 다음 그림에서 보는 바와 같이 정상적인 경우 기장 → 객실 사무장 → 객실 부사무장 → 객실 승무원의 서열로 이루어지며, 만약 기장에게 임무 불능 상황이 발생하면 부기장 → 객실 사무장 → 객실 부사무장 → 객실 승무원의 순서대로 지휘권이 승계된다. 객실 승무원 내에서의

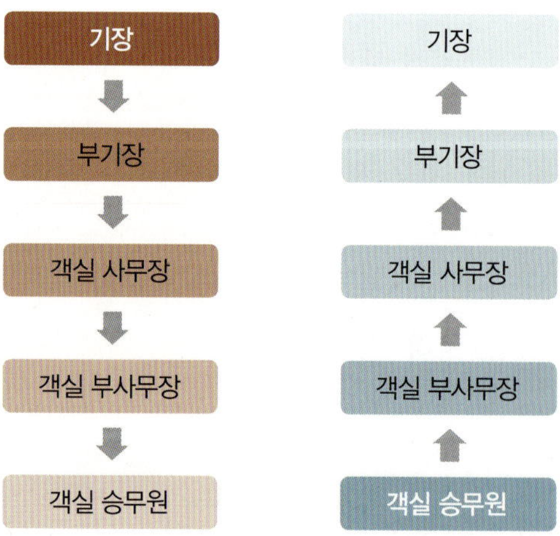

그림_ 객실 승무원의 지휘 계통과 보고 체계

지휘 계통은 직책이 우선이며 상위 직급순에 따른다. 또한 보고 체계는 역순으로 이루어진다. 즉 객실 승무원 → 객실 부사무장 → 객실 사무장 → 기장의 체계로 보고하도록 규정하고 있다.

객실 승무원은 비행 중 발생한 IRR 상황 처리 시에는 반드시 앞의 지휘 계통을 준수해야 한다. 그러나 규정에 어긋나거나 불합리한 지시일 경우에는 그 이유를 들어 사무장이나 소속 부서장에게 수정 제안을 건의할 수 있다. 그러나 정당한 명령인데도 이를 따르지 않거나 지시 사항을 수행하지 않는 객실 승무원에 대해서는 객실 사무장이 소속 부서장에게 보고하여 징계할 수 있다.

2. 지휘 권한과 책임

– 지휘 기장(Pilot in Command : PIC)으로 임명된 기장은 안전 운항에 대한 절대적인 책임을 가진다.

기장은 비행에 필요한 모든 상황을 파악하여 안전하게 운항해야 할 총괄적인 책임이 있으며, 이러한 책임을 수행하기 위해 객실 승무원에 대한 지휘 감독권을 가진다. 기장의 지휘하에 들어가는 시점은 운항 Briefing에 참석한 시점부터 비행을 마치고 항공기에서 하기한 뒤 해산하는 시점까지다.

– 객실 승무원은 기장의 명령을 존중해야 한다.

기장의 명령이 규정과 일치하지 않을 경우 규정 위반임을 기장에게 인식시켜야 한다. 그럼에도 불구하고 동일한 명령이 지속되면 일단 이를 수행한 후 객실 사무장이 이와 같은 사항을 회사에 보고하도록 한다.

– 항공기 운항 및 안전 운항에 대한 책임은 기장에게 있으나 In-Flight Service, 면세품 판매 등 항공기 운항과 무관한 사항에 대한 책임은 객실 사무장에게 있다.

객실 사무장은 승객에 대해 최고의 안전, 서비스, 쾌적성이 제공될 수 있도록 모든 객실 서비스의 정책과 절차가 준수되고 있는지 확인해야 한다. 또한 해외 체재 중 객실 승무원에 대한 지휘 책임도 가지고 있다.

5 객실 승무원의 근무 형태 및 규정

1. 객실 승무원의 근무 형태

1) 승무와 편승

승무(On-duty Flight)란 블록 타임(Block Time)을 기준으로 하여 객실 승무원이 항공기에 탑승하여 비행 업무를 수행하는 것을 말한다. 또한 편승(Extra Flight)은 해당 업무를 종료 한 후 또는 다음 승무를 위해 자사 또는 타사 항공기를 이용하여 이동하는 것을 말하며 Ferry Flight를 포함한다. 이때 복장은 사복을 원칙으로 한다.

항공사 편승 승무원 근무 규정

객실 승무원은 주변 승객들에게 쉽게 인지되어 사소한 행동이나 대화 내용도 주목받게 되므로 편승 근무 시 승무원으로서 지켜야 할 기본예절 및 안전 규정을 철저히 준수하도록 한다.

- 편승 근무에 따른 복장 규정 준수
- Duty 사무장에 의한 편승 근무에 대한 지도 및 관리 철저 준수
- 좌석을 뒤로 넘긴 채 누워서 가거나 Galley에서 음료를 가져다 마시는 등 승무원의 신분을 노출시킨 상태에서 품위를 훼손시키는 행동은 자제
- 탑승 시부터 하기 시까지 전자기기 사용 자제(국내선 구간)

2) 대기 근무

대기 근무(Stand-by)는 비행편에서 객실 승무원의 결원이 생기거나 항공기 변경으로 비행 인력을 충원해야 할 때 즉각적인 인력 공급을 위해 공항, 회사, 자택 등 지정된 장소에서 객실 승무원이 대기하는 근무를 말한다. 보통 3교대로 구분되며 대기 근무자는 모든 비행 준비를 마친 상태로 대기 근무에 임해야 한다.

여기서 잠깐!

Block Time

항공기가 Gate에서 Push Back하여 목적지 Landing 후 엔진이 정지되는 시점까지의 시간을 말하며, 이는 승무원의 비행시간을 산출하는 근거가 된다.

Ferry Flight

항공기 정비, Delivery, 편도 전세기 운항 시에 발생하는 비행으로 여객 없이 운항하는 비행편을 말한다.

3) 지상 근무

객실 승무원이 비행 업무를 중단하고 객실 관련 업무를 위해 사무실 근무를 하기도 하는데, 이를 지상 근무라 한다. 주로 객실 서비스 계획, 교육/훈련, 비행 스케줄 계획, 상담과 코디네이션, Appearance 담당 등 객실 승무원의 지원 업무를 수행한다.

4) 교육/훈련

객실 승무원이 비행 근무를 하기 위해서는 해당 직급에 부합하는 교육/훈련 과정을 이수하고 심사에 합격해야 한다. 항공사 객실 승무원은 신입 교육은 물론 보수, 리더십, 안전, 직급, Class별로 매우 다양한 교육/훈련에 임해야 하는데, 이때 비행 근무가 아닌 교육/훈련이 하나의 준 근무 형태로 객실 승무원에게 부여된다.

- Ready Flight(RF) : 비행 당일 정비, 기상 IRR 등으로 근무 제한을 초과하거나 과도한 근무 발생 시 승무원을 교체하여 객실 승무원의 휴식 보장 및 In-Flight Service 향상을 도모한다.
- Contactable(CT) : 병가, 공상 등으로 인한 연쇄적인 스케줄 변경을 방지하고 사생활을 보장하기 위해 일정 기간 회사에서 근무를 할당받아 해당 비행을 수행한다.

2. 객실 승무원의 근무 할당 원칙

객실 승무원은 회사에서 배정하는 월별 스케줄인 근무 할당표에 따라 비행 근무를 한다. 근무 할당표에는 승무, 편승, 대기 근무, 교육/훈련, 월차, 휴가 등이 포함되어 있으며, 이는 전달에 배포된다. 다음 그림은 객실 승무원의 월간 스케줄 예시다.

객실 승무원은 각 항공사의 업무 규정에 따라 효과적인 서비스 업무를 수행하기 위해 해당 편명에서의 업무를 배정받는다. 이를 Duty Assignment라고 한다. 해당 편수의 사무장은 업무 수행, Class별 서비스 수준, 비행 안전 등을 고려하여 승무원의 업무를 배정하는데, 정확한 Duty Assignment 방법은 항공사별로 차이가 있다.

SUNDAY	MONDAY	TUESDAY	WEDNESDAY	THURSDAY	FRIDAY	SATURDAY
1 KE 656편 뭄바이-인천	2 ATDO 패턴 데이오프	3 PVC 생리 휴가	4 PDO 사전 요청 휴가	5	6	7 KE 643 인천-싱가포르
8 KE 644 싱가포르-인천	9	10 ATDO 패턴 데이오프	11 KE 693 인천-타이베이 KE 694 타이베이-인천	12 KE 781 인천-후쿠오카 KE 782 후쿠오카-인천	13 PDO 사전 요청 휴가	14 KE 583 인천-북경 KE 584 북경-인천
15	16 데이오프	17 KE 931 인천-로마	18 로마 Lay Over	19 KE 932 로마-인천	29 ATDO 패턴 데이오프	21
22 KE 651 인천-방콕	23 KE 652 방콕-인천	24	25 ADO 데이오프	26 KE 831 인천-심양 KE 832 심양-인천	27 KE 957 인천-텔아비브	28 텔아비브 Lay Over
29 KE 958 텔아비브-인천	30					

그림_ KE 항공사 객실 승무원 월간 스케줄

국내선의 경우 비행시간이 짧고 서비스 절차가 간소하므로 최상의 서비스를 위해 해당 사무장은 편성된 승무원의 경력과 자격 사항을 고려하여 Duty Assignment를 한다. 국제선의 경우 각 Class별 자격 사항, 방송 자격 등 승무원마다 운영할 수 있는 자격 사항이 다르기 때문에 이를 고려하여 항공사의 Duty Assignment 지침에 따라 Duty Assignment를 한다. 특히 대한항공의 경우 팀제로 구성되기 때문에 1년에 한 번 또는 2년에 한 번씩 팀을 구성받고 효과적인 서비스를 수행하기 위해 개인의 특성을 반영한 Duty Assignment를 한다.

객실 승무원은 Briefing 전 회사 사이트를 통해 미리 배정된 업무 배정표를 확인하여 해당 비행에서 자신이 맡아야 할 역할에 따른 업무 지식을 확인하고 부족한 사항을 숙지하여 비행 중 승객들에게 최상의 서비스를 제공하기 위해서 노력해야 할 의무가 있다.

다음 표는 항공사의 Duty Assignment 예시다. 항공기별 승무원의 최소 탑승 인원과 각 Class별 탑승 승객 인원을 감안하여 Duty Assignment가 이루어지고, 해당 Duty에 따라 착석해야 하는 Jump Seat를 확인하여 이착륙 시 안전을 책임져야 한다.

표_ 장거리 노선 A380 기종의 업무 배정표

Duty	Rank	TEAM	NAME	J/S
FAG	AP13	0784	이름	R1
CUL	AP10	0101	이름	UR1
CWL	SS10	0101	이름	UL2
CWR	JR07	0381	이름	UR2
YBL	SS13	0101	이름	L2
YBG	PS05	0141	이름	L2
YBR	SS15	0141	이름	R2
YCL	SS15	0151	이름	L3
YCG	AP12	0542	이름	L4
YCR	SD15	0340	이름	R3
YDL	JR14	0512	이름	L4
YDG	AP12	0321	이름	R4
YDR	SS15	0201	이름	R5
BAR	PS15	0413	이름	UR3
DFS	AP14	0205	이름	R5

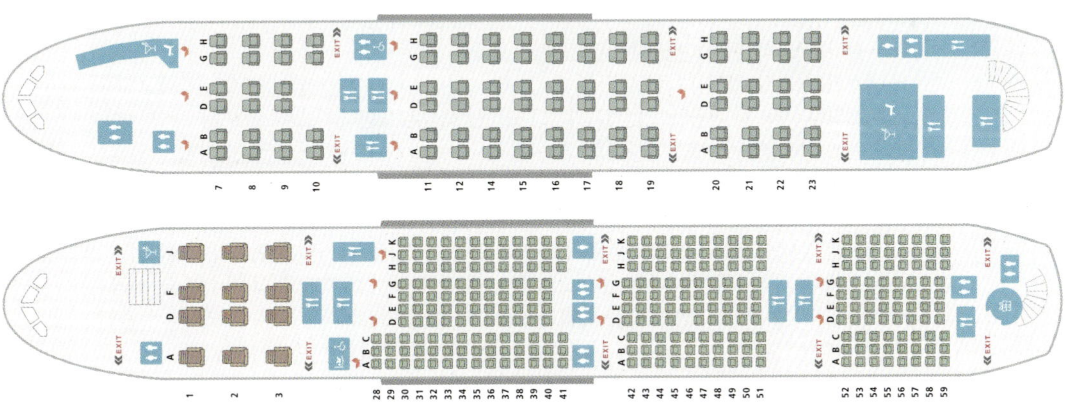

그림_ A380 Class별 Duty 도해도

3. 객실 승무원의 용모 및 유니폼 착용 기준

승무원의 유니폼은 소속 항공사에서 지급한 것이어야 하고 그 형태나 규격을 임의로 변경해서는 안 된다. 승무원의 유니폼은 매매, 교환, 기부 또는 제3자에게 양도할 수 없도록 규정하고 있다. 근무 목적이나 근무를 위한 연속적인 시점에 있는 경우를 제외하고는 근무시간 및 근무 지역 이외에서의 착용이 금지되어 있다.

- 유니폼은 항상 완전한 상태로 착용한다.
- 유니폼 착용 시 규정된 부착물(Name Tag, Wing, 견장, 그 밖의 항공사 지정 용품) 외 개인적인 부착물은 일체 착용해서는 안 된다.
- 머리는 항상 단정하고 깔끔하게 짧은 길이를 유지해야 한다.
- 앞머리는 눈썹을 가리지 않아야 한다.
- 앞머리는 귀를 덮지 않아야 한다.
- 뒷머리는 셔츠 깃 상단에 닿지 않아야 한다.
- 곱슬머리의 경우 반드시 헤어드라이어로 웨이브를 펴서 손질한다.

1) 여승무원과 남승무원의 용모와 복장

여승무원
• **화장** : 청결하면서 자연스럽고 밝은 인상을 연출하도록 한다. • **손** : 손톱은 너무 길지 않고 매니큐어가 벗겨지지 않도록 한다. • **블라우스** : 다림질하여 단정히 입는다. • **스커트** : 너무 길거나 너무 짧지 않게 입는다. • **스타킹** : 반드시 착용하고 반짝거리거나 화려한 색상은 피한다. • **렌즈** : 색이 있는 렌즈는 착용하지 않는다. • **앞치마** : 주름이나 얼룩이 없도록 잘 손질해서 입도록 한다. 착용 시에는 끈이 보이지 않도록 한다. • **액세서리** : 손목시계는 반드시 착용하고 지나치게 화려하거나 요란한 디자인은 금한다. 반지는 단순한 디자인으로 두 개까지 한 손에 한 개씩 가능하다(돌출반지 금지). 귀고리는 부착형 한 쌍을 한 귀에 한 개씩 허용한다(너무 큰 귀고리 착용 금지). 팔찌는 폭 7밀리미터 이내의 금, 백금, 은의 단순 디자인은 허용 가능하며 큰 사이즈는 금한다. 목걸이는 유니폼 착용 시 외부에 노출되지 않도록 착용한다.
남승무원
• **화장** : 면도는 깔끔하게 하도록 하고 흡연의 구취가 나지 않도록 유의한다. • **손** : 손톱이 너무 길지 않도록 하고 손톱 밑이 더럽지 않도록 유의한다. • **하의** : 무릎이 나오지 않도록 다림질을 잘 하여 입도록 한다. • **양말** : 흰색 양말을 신지 않도록 한다. • **구두** : 부츠 스타일은 삼가고 깨끗이 닦아서 신도록 한다.

2) 여승무원의 헤어스타일

❶ 짧은 머리

여승무원의 짧은 헤어스타일 기준

Good Style	Bad Style
길이는 블라우스 깃에 닿지 않도록 유의	지나치게 짧거나 긴 쇼트커트
앞이마가 3분의 2 정도 보이게 이마를 드러냄	앞머리로 눈을 덮음
옆머리는 반드시 귀를 드러내고 흘러내리지 않도록 고정	귀를 덮음
헤어드라이어로 뻗침이 없고 볼륨이 생기도록 세팅하고 헤어밴드 착용 시에는 유니폼의 리본과 스카프의 매듭이 반대 방향으로 향하도록 착용	강한 웨이브
검정 또는 짙은 갈색	강한 염색이나 브리지

❷ 긴 머리

여승무원의 긴 헤어스타일 기준

Good Style	Bad Style
검은색 끈과 검은색 그물망을 사용하여 Up-Style이나 French Style 연출	유색의 끈과 유색의 망 사용
스프레이를 사용하여 잔머리 정리	삐져나온 잔머리를 그대로 둠
그물망으로 머리 고정, 실핀이나 U자 핀 사용 가능, 앞머리 윗부분은 보조핀 사용 금지, 2:8 정도의 옆가르마 권유	그물망의 흔들거림, 5:5의 앞가르마

객실 승무원의 용모와 복장 확인

3) 남승무원의 헤어스타일

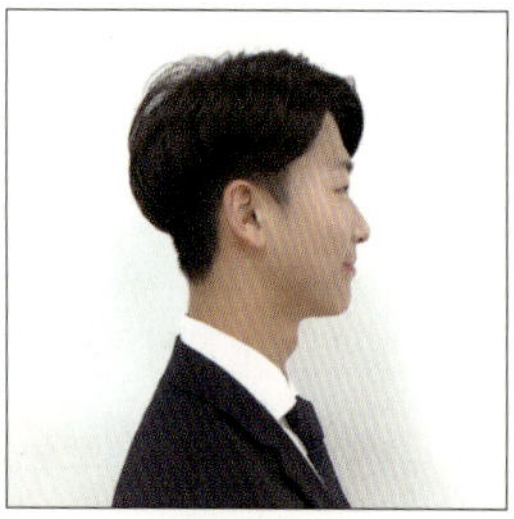

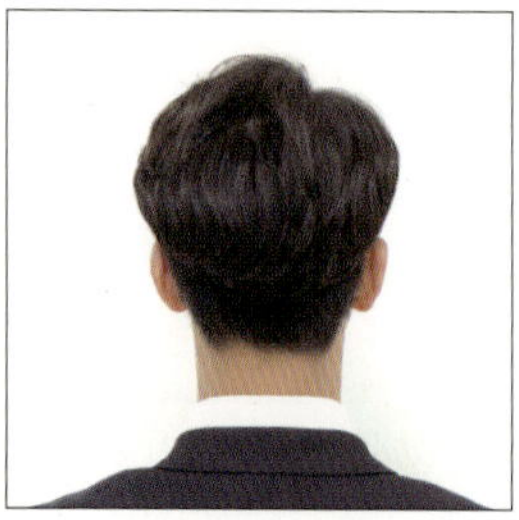

남승무원의 헤어스타일 기준

Good Style	Bad Style
앞머리는 이마를 덮지 않음	눈을 가리는 앞머리
뒷머리는 셔츠 깃에 닿지 않음	긴 뒷머리
옆머리는 귀를 덮지 않음	구레나룻이 있는 옆머리
검정색이나 짙은 갈색	과도한 브리지와 염색
스프레이와 젤로 스타일 정리	과도한 스프레이와 젤로 축축함
단정하고 심플한 스타일	지나치게 유행을 따라가는 스타일

4. 객실 승무원의 의무 및 준수 사항

1) 주거지 등록 의무

승무원은 주거지의 주소, 전화번호를 회사에 반드시 등록해야 하며 변경 사항이 발생하는 경우에는 3일 이내에 변경 내역을 보고해야 할 의무가 있다.

2) 필수 휴대품 소지 의무

객실 승무원은 출입국에 필요한 Passport, ID Card 등을 분실 또는 훼손하지 않도록 관리해야 한다. 또한 회사는 승무원이 소지하는 각종 증명서의 유효 기간에 최대한 협조해야 하며, 분실이나 훼손을 제외한 발급 및 갱신의 경우에는 증명서 발급 담당자의 책임으로 규정하고 있다.

3) 개인 서신 및 지시 사항의 확인 및 이행 의무

객실서비스팀 또는 승무원 대기실에 비치된 게시판, 개인 Mail Box, Show-Up,

이메일 및 인트라넷상의 지시 사항을 비행 전후 반드시 확인하여 숙지하고 이행해야 한다.

4) 승객의 비밀 유지 의무

승무원은 승객에 관한 제반 사항이나 기록에 대해 비밀을 유지해야 하며 이에 관한 정보를 외부에 유출해서는 안 된다.

5) 홍보 활동에 대한 승인 의무

특정 항공사 소속 객실 승무원의 신분으로 홍보 활동(매스컴 출연, 인터뷰 등)을 할 경우에는 사전에 객실서비스팀장 및 홍보팀장의 승인을 받아야 한다.

6) 금주 의무

객실 승무원은 비행 12시간 전부터 비행이 끝나는 시점까지 음주를 할 수 없도록 규정하고 있다. 또한 비행 당시의 혈중 알코올 농도가 0.04퍼센트를 초과해서는 안 되며 비행이 종료된 이후라 하더라도 유니폼을 입은 채 음주를 해서는 안 된다.

7) 취식 금지 의무

객실 승무원은 비행 근무 직전 또는 비행 중 과도하게 조리되거나 강한 냄새를 풍기는 전통 음식(김치, 고추장, 젓갈 등)의 취식을 제한하고 있으며, 만약 취식했을 경우에는 양치질 등으로 구강을 청결하게 유지해야 한다. 또한 승무원이 종류를 불문하고 약을 복용한 상태에서 비행해야 하는 경우에는 항공의료전문기관의 허가를 받아야만 한다.

8) 서신 보안의 의무

객실 승무원은 회사 휴대품 및 공식 문서 이외에 내용물을 인지할 수 없는 타인의 서신이나 물품을 대리 운반할 수 없으며, 내용물을 인지한 경우에도 안전 운항에 지장을 초래할 가능성이 있는 물품은 운반해서는 안 된다. 또한 승무원은 회사 문서(규정, 교재, 서류 등)를 사전 승인 없이 외부에 양도하거나 대여할 수 없다.

9) 청결 의무

객실 승무원은 기내뿐 아니라 외부에서 승객에게 불쾌감을 주지 않도록 항상 용모와 복장을 단정하고 청결하게 유지해야 할 의무가 있다.

10) 그 밖의 제한 의무

객실 승무원은 일체의 수혈을 금한다. 다만 기내 비상사태 또는 수혈을 필요로 하는 승객의 요청이 있을 경우에는 예외로 하며, 불가피하게 수혈을 한 승무원은 72시간 이내의 비행을 금한다. 또한 객실 승무원은 항공기의 출발 24시간 이내에 스쿠버다이빙을 해서는 안 된다.

5. 객실 승무원의 해외 체재 규정

1) 회사 재산 반출 금지

객실 승무원은 회사의 공식적인 서면 승인 없이 회사의 재산(기내에 탑재된 Service Item을 포함한 모든 물품)을 반출하여 사용해서는 안 된다.

2) 숙소 이탈 금지 및 숙소 귀환시간 준수

해외 체재 시 지정된 숙소 이외의 장소에서 허가 없이 숙박해서는 안 되며 체재지(Station)가 속해 있는 행정구역 명칭상의 경계선(Boundary)을 넘어 이동할 수 없다. 장시간 외출 시에는 객실 사무장/캐빈 매니저에게 행선지, 연락처 전화번호, 귀환시간을 보고하고 허가를 받아야 한다. 또한 호텔 Pick-Up 12시간 전부터는 비행에 지장 없도록 충분한 휴식을 취해야 할 의무가 있다.

3) 호텔 규칙 준수

호텔에서 정한 일반적인 규칙을 준수해야 한다. 기본적으로 호텔 Room에서의 취사행위는 금지되어 있으며 호텔 재산에 피해를 입혀서는 안 된다.

4) 도박행위 금지

객실 승무원은 해외 체재 시 어떤 형태로든 도박행위를 해서는 안 된다.

5) 풍기 문란행위 금지

객실 승무원은 해외에서 내국인, 외국인을 막론하고 이성과의 풍기 문란행위로 인해 항공사와 승무원의 이미지를 손상시켜서는 안 된다. 풍기 문란행위에 대한 기준은 본인의 의도와 무관하게 타인에 의해 문란하게 인식되어지는 수준으로 판단된다.

6. 객실 승무원의 휴식 규정

비행 소요 예정시간이 10시간 이상인 Non-Stop Flight에서 실시한다. Crew Rest 중에는 승무원 신분이 노출되지 않도록 유의해야 하며 근무조 승무원은 휴식조 승무원의 담당 업무에 공백이 생기지 않도록 만전을 기해야 한다.

객실 승무원은 Crew Rest 중 개인적인 여가 활동을 해서는 안 되며 다음 근무를 위해 반드시 충분한 휴식을 취해야 한다. Crew Rest가 끝난 승무원은 반드시 자신의 용모 상태를 확인한 후 근무에 임해야 한다.

항공사 승무원 해외 체재 규정

- Station Boundary 이탈 금지 및 숙소 귀환시간 준수
- 과다 쇼핑 및 쇼핑몰에서의 부정행위 금지
- 지나친 음주 및 도박 행위 금지(카지노 출입 포함)

승무원 세관 규정

객실 승무원 휴대품 검색 시 규정을 위반하는 사례가 발생하고 있는바 세관 및 검역 규정을 철저히 준수하고 출입국 시 문제가 되지 않도록 할 것이며, 기내 용품의 반출을 철저히 금하고 있다.

승무원 면세 범위

총 구입가격은 150달러 이하이며, 담배는 통관 불가하며, 주류는 400달러가 넘지 않는 범위 내의 1리터 반입을 허용한다(세 달에 한 번).

6 객실 승무원의 업무 기준

Standards of Performance
- 안전(Safety)
- 고객관계 관리(Customer Relationship Management)
- 승무원 협력(Crew Coordination)

1. 안전(Safety)

객실 승무원의 기본 업무는 ICAO Annex와 대한민국 항공법에 기술된 바와 같이 항공기에 탑승하여 비상시 승객을 탈출시키는 등 안전 업무(Safety Performance)를 수행하는 역할을 하는 것이다. 그러므로 객실 승무원은 승객의 안전과 쾌적한 여행을 위해 다음과 같은 일정한 수준의 기본적인 안전 업무의 역량을 보여야 한다.

1) 안전 업무

- 근무 시 필수 휴대품은 반드시 휴대한다.
- 승객의 Carry-On Baggage의 휴대 규정 준수 여부 및 보관 상태를 확인한다.
- 승객의 비상구 열 좌석(Exit Row Seat) 착석 기준을 확인한다.
- 유아 동반 승객, 장애인, 노약자 등 특별히 도움이 필요한 승객에게 추가적

여기서 잠깐!

Sterile Cockpit

비행 중요 단계(Critical Phases of Flight)에서 운항 승무원의 업무에 방해를 줄 수 있는 객실 승무원의 어떤 행위도 금지한다는 것이다. 여기서 비행 중요 단계는 항공기의 지상 이동 및 비행고도 1만 피트 이하 운항 시점으로 규정하고 있으며, 객실 승무원은 이착륙 시 Fasten Seat Belt Sign On/Off 상태를 통해 비행 중요 단계의 시작과 종료 시점을 확인할 수 있다.

Exit Row Seat

항공기 비상구로 직접 접근할 수 있는 Passenger Seat로 승객이 비상구로 접근하기 위해 통과해야 할 탈출구 내측 좌석부터 통로까지의 좌석 열을 말한다.

비상구 좌석(Exit Door Seat)

인 도움을 제공해야 한다.

- Safety Check 절차를 숙지하고 비행 근무 시 이를 준수한다.
- Take-Off 전 모든 유동 물질을 고정하고 승객의 좌석 벨트(Seat Belt) 착용 상태를 확인한다.
- 안전에 관한 승객 Briefing(demonstration)을 실시하고 Video로 상영되는 경우에는 담당 Station에 대기하여 승객을 모니터링한다.
- Sterile Cockpit 절차를 준수하고 비행 근무 시 이를 준수한다.
- Turbulence Guideline을 숙지하고 비행 중 승객에게 적절하게 안내하고 조치한다.
- 기내 전자기기 사용에 대한 규정을 숙지하고 승객의 준수 여부를 확인한다.
- 위험물(DG) 규정을 숙지하고 승객의 탑승 및 비행 중 준수 여부를 확인한다.
- 기내에서 승객의 흡연, 만취, 기내 난동 등 불법행위가 발생되는 경우 필요한 조치를 즉각 취할 수 있도록 절차를 숙지한다.
- 승객이 탑승해 있는 상태로 지상 이동 및 주기가 이루어질 경우 항공기 내 담당 Zone 주변에 분포하고 정해진 절차를 준수한다.
- 이착륙 시에는 정해진 Jump Seat에 착석하여 Seat Belt 및 Shoulder Harness를 착용한다.
- 승객이 모두 하기한 후 유실물(Left Behind Item : L/B) 및 담당 Zone의 이상 유무를 확인한다.
  - 기내 설비의 고장 사항이 발견되면 객실 사무장/캐빈 매니저에게 보고한다.
  - 비행 중 표준 절차를 숙지하고 기장 및 객실 사무장/캐빈 매니저의 지시 또는 정해진 신호에 따라 업무 절차를 준수한다.
  - 그 밖에 승객과 승무원의 안전에 위해하다고 판단되는 사항은 지휘 체계에 따라 즉시 보고한다.

위법행위 승객 Handling

기내 증거물 확보는 위법행위 승객이 경찰에 인계된 이후 사실을 부인하거나 왜곡하는 사례에 대비하기 위함이다. 또한 기내에서 승무원으로부터 오히려 부당한 대우를 받았다며 거꾸로 승무원의 언행을 문제 삼는 일이 일어날 수 있는 점을 감안하여 기내에서 위법행위 승객 응대 시 규정에 따라 대처하되 과잉 행동은 절제해야 한다.

증거 확보 요령

- 위법행위를 증명할 수 있는 증거물을 확보한다.
- 증거물은 흡연으로 인한 화재의 경우에는 불에 탄 물건, 담배꽁초, 라이터 등을 확보하며, 기내 폭행의 경우에는 파손된 물건, 폭행 흔적 사진 등의 촬영 증거 자료를 확보한다.
- 증거물 및 현장 촬영 시에는 다른 승객에게 불편을 끼치지 않도록 유의해야 한다.

목격자 진술서 확보

- 목격한 승객의 적극적인 협조를 구하고 확보해야 한다.
- 현장에서의 진술서 확보는 승객의 위법행위를 입증할 수 있는 좋은 자료다.

위법 승객 자술서 확보

승무원이 해당 승객에게 자술서를 강요할 수 없다. 따라서 본인의 자발적 협조를 통해 작성하도록 해야 하며 무리한 작성 요구는 하지 말아야 한다.

경찰 인계 시 증거물과 사진 제공

증거물은 먼저 사진으로 촬영한 뒤에 제공해야 한다.

2. 고객관계 관리(Customer Relationship Management)

객실 승무원은 기내에서 고객에게 서비스를 제공하는 업무를 담당하고 있기 때문에 고객관계 관리는 객실 승무원의 주요 임무 중에서도 가장 큰 임무다. 그러므로 객실 승무원은 고객 편의를 위한 서비스와 고객 안전을 위한 규정 사이에서 종종 딜레마를 경험하기도 한다. Safety Performance의 우선순위를 고려하여 대고객 서비스 관리 업무를 실시한다면 효율적인 고객 관리가 충분히 가능할 것이다.

1) 서비스 관리(Service Management)

- 승객 탑승 시 담당 Zone에 위치하여 원활한 탑승을 지원한다.
- 방송을 담당하는 객실 승무원은 적절한 시점에 적당한 정보를 제공해야 한다.
- 객실 내에서 항상 승객의 가시권 내에 위치하여 서비스를 제공한다.
- 개별적인 승객의 요구를 미리 예측하고 확인하며 응대한다.
- 승객의 요구를 수용하도록 항상 최선을 다해야 하며 객실 안전 규정/지침에 반하는 부분은 없는지 확인한다.
- 승객의 Call이 있을 경우 즉각적으로 응대하고 가능한 한 즉시 해결한다.
- 승객 탑승 전에 Special Handling Request(SHR)의 내용을 숙지하고 특별한 도움이 필요한 승객에게 적극적인 도움을 제공한다.

- 소속 항공사를 대표하는 승무원으로서 항상 긍정적인 자세를 유지하고 근무 시에는 친근하고 전문가다운 자세를 유지해야 한다.
- 승객에게는 항상 정확하고 완전한 정보를 제공하도록 해야 하며 정확한 정보를 제공하기 위해서는 비행 전 준비를 철저히 해야 한다.
- 고객에게 자사 항공사 이용에 대해 감사를 드린다.

2) 만족 관리(Satisfaction Management)

- 출발이 지연될 경우 승객과 객실 승무원이 상황을 파악하고 있는지 확인한다.
- 고객의 불만 및 우려 사항을 관심 있게 청취하고 승객의 요구를 충족시키기 위해 가능한 범위 내에서 모든 조치를 취한다.
- 고객의 불만이 기내에서 금지된 불법행위로 악화되지 않도록 적극적으로 조치한다.
- 승객의 개인적 성향 및 국적별 특성을 고려하여 대응 조치를 강구하고 승객에게 감정적으로 응대하지 않도록 주의한다.
- 논쟁이 야기될 만한 사안(정치, 종교, 인종 등) 및 회사 업무를 주제로 승객과 대화하지 않는다.
- 정당한 요구 및 불만일 경우 승객에게 사과하고 해결하도록 한다. 승객의 요구 내용을 즉시 해결하지 못할 경우 담당 부서에 요구 사항을 전달할 것을 고객에게 약속한다.
- 비행 중 발생하는 승객과의 불필요한 마찰을 줄이기 위해 평소 적절한 대화법을 익히고 기본 상식과 견문을 넓히도록 한다.
- 불만을 가진 승객과 불법행위를 하는 승객을 혼동하지 않아야 하며, 불법행위를 지속하는 승객은 즉시 중단할 것을 요청하고, 응하지 않을 경우 규정에 의거하여 조치하도록 한다.

3. 승무원 협력(Crew Coordination)

객실 업무는 승무원 상호뿐 아니라 매우 다양한 분야의 직원과 의사소통을 하며 이루어진다. 따라서 객실 승무원, 운항 승무원, 정비사, 운송 직원, Catering 및 그 밖의 지상 조업원 간의 정확한 의사소통과 적극적인 상호 협조가 필수적으로 요구된다. 국적 항공사의 경우 외국인 기장이나 외국인 객실 승무원 간의 상용어는 한국어 또는 영어로 규정하고 있으며 의사소통에서 문화적 차이나 언어 장애로 인한 오해가 발생될 수 있음을 고려하여 반드시 재확인 절차를 거치도록 한다. 또한 정확한 의사소통과 상호 협력을 위해서는 상대방 업무에 대해 이해하려는 노력과 동시에 표준화된 용어 및 신호를 사용해야 한다.

1) 객실 승무원

- 동료 승무원들과의 관계에서 예의를 갖추고 신중하게 대한다.
- 업무 분담을 실시하는 경우 융통성 있고 협조적인 자세로 임한다.
- 개인의 우수한 업무 수행 능력에 대해 상호간에 인정해준다.
- 객실 사무장을 포함하여 승무원 상호간에 필요한 정보를 원활하게 교환한다.
- 승객 앞에서 객실 승무원의 개인적 사정 및 상황을 표출하지 않는다.
- 업무를 시작하기 전 Galley별로 간단히 Briefing을 실시한다.
- 업무를 진행하면서 동료와 가능한 한 많은 정보를 교환하고 공유하도록 한다.
- 비행 중 자신의 힘으로 문제 해결이 불가능할 경우 즉시 동료에게 알려서 도움을 받을 수 있도록 한다.
- 동료 또는 상급자와 문제가 발생할 경우 비행 후 즉시 소속 그룹장과의 상담을 통해 문제가 더 이상 악화되지 않도록 해결 방안을 강구한다.
- 주변 승무원 간의 문제를 알게 된 경우 즉시 객실 사무장이나 상급자에게 보고하고 문제를 해결하도록 노력한다. 승무원 간의 문제를 조기에 해결하기 위해 상급자에게 보고하는 것은 상황의 악화를 최소화하기 위한 최선의 예방 조치다.

2) 객실 사무장

- Cabin Briefing 시 객실 승무원의 업무 역량에 대해 분명하게 전달하고 개별적으로 객실 승무원의 성과를 관리한다.
- 요구되는 업무 역량을 충족하지 못하는 객실 승무원이 발생하는 경우 해당 객실 승무원에게 결과를 알려주고 시정할 수 있도록 적극 지원한다.
- 객실 사무장은 전체 객실 승무원이 고른 업무 역량 및 성과를 거둘 수 있도록 업무를 배당하고 관리한다.

- 문제를 사전에 인지할 수 있도록 객실 승무원과의 기술적인 의사소통을 유지하고 문제가 인지되었을 경우 즉시 해결할 수 있도록 지원한다.

3) 운항 승무원

- 객실 승무원은 운항 승무원과 원만하게 협조하면서 근무한다.
- 객실 승무원은 Cockpit Briefing 시 운항 승무원의 이름과 얼굴 등을 확인한다.
- 객실 승무원은 Sterile Cockpit 규정을 준수하고 원활한 의사소통을 위해 운항 승무원의 업무를 이해하려고 노력한다.
- 소속 항공사의 정해진 지휘 계통을 준수한다.
- 운항 승무원과 문제가 발생할 경우 근무 중에는 지휘 계통을 준수하고 근무가 종료된 뒤에는 공식적인 방법으로 보고한다.

4) 정비사 및 운송 직원

- 객실 승무원은 정비사로부터 항공기 출발 · 도착 시 필요한 정보 및 인수인계 사항을 확인한다.
- 비행 전 준비과정에서 문제가 발생할 경우 객실 승무원은 상기 내용을 정비사에게 즉시 전달하고 신속한 조치가 이루어질 수 있도록 적극 협조한다.
- 출발 전이나 도착 후 업무 수행 중 필요할 경우 객실 승무원은 운송 직원의 업무에 적극 협조한다.
- 상호 상대방의 업무를 이해하려고 노력한다.
- 운송 직원의 업무 진행에 부당함이 발견되면 즉시 시정을 요구해야 하지만 고객과 함께 있는 경우에는 상대를 비난하거나 상대와 논쟁하지 않는다.
- 문제가 발생할 경우 객실 사무장/캐빈 매니저에게 즉시 보고하고 객실 사무장/캐빈 매니저의 지시에 따른다.
- 좌석 재배치 등과 같은 고객 관련 업무가 진행될 때는 신속하게 처리될 수 있도록 협조한다.

여기서 잠깐!

Human Factor의 이해

항공 업무에서의 Human Factor는 보통 사람과 사람 간의 기술적 관계를 의미한다. 포괄적인 의미에서 Human Factor는 사람이 일하고 살아가는 환경에 대한 것이며 사람과 사람, 사람과 기계, 사람과 절차 간에 발생하는 관계에 대한 개념이다.

- 예측 가능한 인간의 능력 및 제한 조건에 대한 이해와 이를 반영한 응용 업무는 Human Factor의 주요 관심 사항이며, 이러한 Human Factor의 기본 개념을 반영한 각 분야의 업무는 Human Factor 측면에서 현재보다 나은 발전과 결과를 만들어낸다.
- Human Factor의 개념은 승무원의 작업 동선, 의사결정 업무, Flight Deck, Cabin Layout 설계 등 항공 산업 전반에 걸쳐 적극적으로 고려되어 각 분야에 걸친 Human Error를 최소화하고자 노력하고 있으며, 항공사들은 Human Factor의 중요성을 인지하고 운영 업무 전 분야에 걸쳐 그 기본 개념을 적극적으로 반영하고 있다.
- 비행 근무 시 정확한 의사소통 및 상황 인지에서 문화적 차이가 초래될 수 있고, 따라서 이러한 오해를 예방하고자 동승한 외국인 운항 · 객실 승무원의 국적에 따른 문화적 차이를 인정하고자 비행 근무 전 단계에 걸쳐서 노력한다.

Crew Resource Management(CRM)의 이해

- CRM은 효율적 운항을 위해 정보, 장비, 사람, 환경 등의 유용 가능한 모든 자원을 알고 활용하는 것이다.
- CRM은 효과적인 Human Factor의 현실 적용의 한 예이며, 효과적인 CRM에서는 Human Error가 일상적으로 발생할 수 있음을 인정하고 Human Error로 인해 발생하는 심각한 결과의 발생 가능성을 줄이는 것을 목표로 삼는다.
- CRM은 실수가 부정적인 결과로 표출되기 이전에 해결하고 조절하기 위한 일련의 전략적인 대응 방안으로 인간 자원, 설비, 정보 등 이용 가능한 모든 자원의 효과적인 활용을 포함한다.
- 효과적인 CRM의 선결 조건은 업무 전반의 효율성에 도움을 줄 수 있는 숙련된 업무 지식을 갖춘 승무원이다. 항공기 내에서 기장이 최종 결정 권한이 있지만 올바른 결정을 내릴 수 있도록 모든 가용 정보를 제공하는 것은 모든 객실 승무원의 임무다. 이렇게 객실 승무원과 운항 승무원 간의 팀워크는 최상의 결정을 내리는 데 도움을 준다.
- CRM은 의사소통, 승무원 협력, 직무 계획 및 업무 관리, 상황 인식, 의사 결정, 인간 행동의 여섯 가지 범주를 구성 요소로 하며, 이 여섯 가지 구성 요소는 모두 팀워크의 상승효과(Synergistic Effect)를 만들어내기 위한 필수적 요소다.

객실 승무원 CRM의 구성 요소

- **의사소통**(Communication) : 안전 운항에 필요한 정보를 효과적으로 교환하는 데 필요한 정보 전달 방법
- **승무원 협력**(Crew Coordination) : 개인과 개인, 집단과 집단 간의 상호간 이해와 신뢰를 바탕으로 자발적 참여를 통해 팀워크의 상승과 창출
- **직무 계획 및 업무 관리**(Planing & Workload Management) : 개인에게 주어진 업무 역할에 대한 올바른 상황 인식 능력을 유지하며 제한 시간 내에 효율적 업무 달성을 위한 준비와 계획의 업무 분장에 대한 관리 방법
- **상황 인식**(Situation Awareness) : 현재 상황에 대한 올바른 판단으로 미래에 미칠 영향력을 예측할 수 있는 능력을 배양시키므로 업무 중 발생할 수 있는 상황 변화에 대한 올바른 이해 능력과 대처 능력 배양
- **의사 결정**(Decision Making) : 종합적이고 합리적인 상황 판단 인식에 기초하여 느끼고, 찾아보고, 결정하고 이를 다시 재구성할 수 있는 과정의 단계를 통해 비행 중 최선의 행동과 의사를 결정할 수 있는 능력 배양과정
- **인간 행동** : 업무적 환경(스트레스, 피로 등)이 승무원의 행동과 신체에 미치는 영향과 반응을 이해하고 업무 수행에 필요한 최적의 상태(Optimal Condition)를 유지할 수 있는 관리 능력
- **CRM의 실천 방법은 자신과 다른 팀원의 생각과 결정, 어떤 사실의 안전성과 객관성을 재검토하여 확신 가능한 신념으로 팀 내 갈등 상황을 원만히 해결하고 업무가 끝난 뒤에도 올바른 지적과 지도를 통해 합리적 업무 수행 자세, 즉 남에게 전가하지 않는 합리적이고 건전한 의사 결정 자세를 잃지 않도록 하는 것이다.**

7 객실 승무원의 근무 환경과 건강 관리

1. 근무 환경에 대한 이해

객실 승무원은 시간, 공간, 생리적으로 매우 특수한 근무 환경에 노출되어 있다. 따라서 근무 환경에 대한 각별한 이해를 토대로 개인의 건강 관리에 유념해야 한다.

1) 기내 기압

일반적으로 항공기의 순항고도는 3만 5,000피트에서 4만 피트, 기압은 0.2프사이 수준이다. 즉 순항 중인 항공기의 외부 환경은 대기압이 낮아 산소가 희박하고 기온이 낮아 인간이 생존할 수 없다. 그러나 항공기의 여압 장치는 기내 기압을 0.8프사이 수준으로 상승, 유지시켜 기내고도는 7,000피트에서 8,000피트 수준인 셈이다. 이로 인해 정상인의 경우 기내에서 불편함을 전혀 느끼지 못하는 수준이지만 건강하지 못한 사람은 그렇지 않을 수도 있다.

2) 기내 온도, 환기, 습도

순항 시 항공기 외부 온도는 영하 40도에서 50도 수준이다. 항공기 온도 조절 및 환기 시스템은 외부로부터 유입된 공기를 고온의 엔진 장치에 통과시켜 멸균의 따뜻한 상태로 기내에 유입시킨다. 그래서 기내 온도는 24도 내외로 유지될 수 있고 3분에서 4분마다 완전히 교체되어 매우 깨끗한 상태로 유지된다.

기내 습도는 비행시간, 탑승률, 온도 등에 따라 달라지지만 통상 10퍼센트에서 20퍼센트 수준으로 매우 건조한 상태다. 이로 인해 점막과 피부가 건조해져 눈, 코, 입안 등에 불편함이 초래될 수 있다. 따라서 비행 시에는 물을 충분히 마셔 탈수되지 않도록 각별히 유의해야 한다.

3) 진동, 가속도, 소음

비행 중에는 다양한 종류의 소음과 진동, 기체 동요(Turbulence) 및 가속도로 인해 난청증, 현기증, 멀미, 복부 팽창 등이 유발될 수 있다. 그러나 항공기의 방음 처리 및 소음 감소 장치 등으로 기내로 유입되는 소음을 최소화하고 있어 비행 중 기내 소음은 50데시벨에서 60데시벨 수준이며 정상적인 대화를 하는 데 큰 무리는 없다.

4) 불규칙한 근무시간과 시차

인간의 생체 기능은 각기 특이한 리듬을 가지고 있는데, 대부분 명암(낮과 밤)의 변화에 따라 결정된다. 이 변화가 파괴되면 생체 리듬은 장애를 받는데, 특히 장거리 비행 시 현지 시간과 생리적 시간 간의 부조화로 인한 수면장애, 소화 기능 저하, 집중력 저하 등이 대표적인 장애 증상이다.

2. 객실 승무원의 건강 관리

– 규칙적인 식생활을 한다.

객실 승무원들은 직업의 특성상 불규칙적으로 식사를 하게 되므로 음식물 섭취에 각별히 주의해야 하며 식사 시 영양분을 균형 있게 고루 섭취해야 한다. 아침식사는 소화하기 쉬운 음식을 선택하고 밤늦게 음식을 먹지 않도록 한다.

– 적절한 휴식과 수면을 취한다.

단시간 내에 여러 시간대를 통과함으로써 시차(Jet Lag)에 대한 부적응 및 졸음과 불면, 배고픔, 정신, 신체적 능률 저하, 피로 등의 증상이 나타나게 된다. 이때는 가능한 한 목적지 현지 시간에 맞추어 생활하도록 하고 짧은 낮잠으로 수면 부족과 피로 누적을 막는다. 약물 복용이나 음주는 시차 적응에 도움이 되지 않으므로 삼가도록 한다.

– 규칙적인 운동을 한다.

건강 유지를 위해 일주일에 3회에서 5회가량 30분에서 60분씩 규칙적인 유산소 운동(조깅, 수영, 자전거)과 근력 강화 운동을 실시하도록 한다.

– 비행 전 반드시 스트레칭을 실시한다.

기내 기압의 변화, Turbulence 및 가속도로 인한 혈액 순환장애가 발생될 수 있으므로 근육의 긴장을 풀어주어 객실 서비스 시의 안전사고와 요통 발생을 예방한다.

– 비행 중에는 소량의 식사를 한다.

비행 시에는 기압, Turbulence, 가속도, 불안 등이 원인이 되어 복부 압박감, 구토, 현기증, 식은땀이 나는 멀미 증상을 보일 수 있다. 이때는 얼음을 입에 물거나 찬 공기를 얼굴에 쐬도록 하고 기내에서는 가능한 한 소량의 식사를 함으로써 이러한 증상을 사전에 예방하도록 한다.

– 수분 섭취를 늘려 신체 수분 손실을 줄이도록 한다.

객실 내 습도는 10퍼센트에서 20퍼센트 수준으로 피부가 건조해지기 쉬우므로 수분 섭취를 충분히 하며, 콘택트렌즈 착용 및 유지에 주의를 요한다.

– 객실 안전 수칙을 준수하여 산업재해를 예방한다.

객실 내 제한된 공간에서 무거운 물건을 들거나 흔들리는 기내에서 지속적인 서비스를 수행해야 하는 승무원은 안전사고에 노출되기 쉬우므로 객실 안전 수칙을 준수하여 산업재해를 예방하도록 한다.

기내 산재/공상 예방을 위한 가이드

- 승객 탑승 전 개인 스트레칭 실시
- 승객 짐 Handing 시 또는 Cart를 Compartment에서 넣거나 뺄 경우 정자세 유지
- 항공기 Door를 여닫을 때, Turbulence 발생 시, 안전 업무 수행 시 정해진 절차 준수

Galley 작업 시 기내 부상 방지를 위한 유의 사항

Galley에 앉아서 작업 시 발생되는 객실 승무원 부상 방지 유의 사항은 다음과 같다.

- 모든 C/Box나 Compartment는 열어둔 상태로 방치하지 말고 즉시 닫는다.
- 앉아서 작업하는 승무원의 머리 위쪽 Overhead Bin에 물건을 놓지 않는다.
- 일어날 때는 먼저 위쪽에 위험 요소가 없는지 육안으로 확인한 뒤 일어선다.
- 앉아 있는 승무원 주변에서 작업하는 승무원은 반드시 조심하라는 주의를 준다.

8 객실 승무원의 교육 및 훈련

최근 항공사 교육 방향은 이론보다는 실습 위주의 교육과 이러닝(E-Learning) 등의 사이버 교육으로 전환되고 있는 추세다. 실습 위주의 교육은 첨단시설 및 교보재를 통한 교육을 강화시키고 있고, E-Learning 교육은 사이버를 통해 언제든 원하는 곳에서 개별 학습 형태로 교육을 진행하도록 하고 있다. 이러한

E-Learning을 통한 개별 학습은 기내에서 필요한 각종 항공 전문 지식, 방송 교육, 외국어 교육 등으로 승무원 스스로 익힐 수 있으며, 교육 내용을 사전 숙지하도록 하여 교육의 효과를 높이고 있다. 보통 항공사별로 교육 체계는 다르지만 국내 항공사에서는 신입 승무원에서부터 객실 사무장/캐빈 매니저에 이르는 전 단계에서 교육과정을 세분화하고 있으며 이를 크게 전문 훈련과 보수 훈련으로 나누어 실시하고 있다.

우선 신입 승무원 직무 훈련은 최고의 객실 서비스 창출을 위해 투철한 직업의식 확립, 서비스 맨으로서의 기본자세 확립, 완벽한 객실 업무 이해라는 목표하에 이루어진다.

교육과정은 기본예절, 인성 교육, 항공사 절차 기본 교육, 안전 훈련, 서비스 지식, 서비스 실습, 외국어 등으로 나눌 수 있으며 소양 교육(매너, 직업관)을 비롯하여 태도, 말씨, 화장술, 걸음걸이 등의 세세한 부분까지도 철저히 교육하고 있다. 요즘은 특히 고객의 불만을 적시에 대응할 수 있도록 대화법과 응대 태도 등을 강화하고 있다.

또한 모든 객실 승무원을 대상으로 연 1회의 비상 탈출 및 비상 착수 훈련을 의무적으로 실시하고 있으며 객실 승무원의 안전 의식 고취, 비상 탈출 대처 능력 배양, 비상 착수 시 승객 구조 및 탈출 지휘 능력 배양, 응급 처치 능력을 향상시키고 있다.

아울러 국내 항공사의 경우 현장감 있는 교육 실시를 위해 객실 훈련용 실습 시설인 기종별 서비스 Mock-Up 시설과 Emergency Mock-Up 교육시설을 설치하여 기내와 똑같은 상황에서 훈련할 수 있도록 함으로써 교육효과를 배가시키고 있다.

그 밖에도 국내 항공사들은 완벽하고 세련된 각 직급별 전문 교육과 보수 교육을 실시하고 있으며 직급이 높아질수록 직무와 객실 지휘 능력을 배양하는 리더십 교육 등을 실시하고 있다.

항공사별로 조금씩 차이가 있으나 대표적으로 A항공사의 경우 다음과 같은 교육 훈련을 실시하고 있다.

- 국제선 신입 직무 훈련 12주 3일(504시간)
- 외국인 신입 직무 훈련 8주 3일(344시간)
- 국내선 신입 직무 훈련 8주 3일(344시간)
- 캐빈 매니저 교육 9일(72시간)

1 에미리트항공의 객실 승무원 트레이닝 센터 2 비상 훈련을 받고 있는 에어차이나 승무원들

- 캐빈 매니저 향상과정 2일(16시간)
- First Class 직무 9일(72시간)
- Business Class 직무 9일(72시간)
- 방송 평가 및 교정 교육
- 안전 훈련

표_ 객실 승무원 훈련 요구량 사례

번호	훈련 프로그램	훈련시간
1	초기 안전 훈련(Initial Training)	112
2	객실 승무원 운항 경험(S. L. E)	8
3	기종 훈련(Transition or Aircraft Type Training)	23
4	정기 훈련(Recurrent Training)	13.5
5	E-Learning에 의한 정기 훈련	5.5(E-Learning) * 8(집체)
6	재자격 훈련(Re-Qualification Training)	24.5(27.5)
7	캐빈 매니저 초기 훈련 (Purser initial Training)	16
8	초기 교관 훈련(Initial Instructor Training)	98
9	정기 교관 훈련(Recurrent Instructor Training)	30
10	항공사 절차 기본 교육 I	40
11	항공사 절차 기본 교육 II	20
12	항공 보안 양성과정	8

더 알아볼까요

하늘의 미소, 각 나라별 승무원 유니폼의 모습은?

Dmitry Birin / Shutterstock.com

에미리트항공

Sorbis / Shutterstock.com

말레이시아항공

Dmitry Birin / Shutterstock.com

카타르항공

Sorbis / Shutterstock.com

싱가포르항공

Sergey Kohl / Shutterstock.com

루프트한자항공

Sorbis / Shutterstock.com

ANA항공

memo

Dmitry Birin/Shutterstock.com

2

항공 객실 서비스의 이해

1. 항공기 객실 구조 및 설비
2. 항공 객실 서비스의 개념과 특성 구분
3. 항공 객실 서비스 내용

1 항공기 객실 구조 및 설비

1. 항공기 외장

각 항공사들은 저마다 특색 있게 고안된 디자인으로 항공기 외장을 도장하여 사용하고 있다. 항공기는 노후화 정도와 정비기술의 차이만 있을 뿐 용도별로 여러 기종을 도입하여 사용하므로 항공사별로 차이는 거의 없다고 볼 수 있다. 하지만 항공기의 시각적인 외형 이미지와 내부 공간은 승객이 느낄 수 있는 항공사의 CIP(Corporate Identity Program)로 기업 이미지의 인지 및 관심도를 유발하는 중요한 요소다.

아시아나항공은 1988년 출범 당시부터 색동저고리를 입은 여인이 두 팔을 활짝 벌린, '환영하는 색동 한국인상'을 심벌로 사용해왔다. 하지만 2006년 2월 1일 CI(Corporate Identity) 선포식에서 지금의 CI로 변경했다. 현 CI로 변경하기 위해 미국의 CI 전문회사 '랜도'가 2005년 4월 처음 제안한 것이 현재의 윙을 포함한 대여섯 개의 스타일이지만 색상, 형태, 조형미, 조화를 감안한 변형까지 포함하면 수백 개가 넘었다. 리뉴얼과정의 중요 사안을 결정하는 회의에서는 박삼구 그룹 회장이 직접 참여하여 결정했다. 새 CI에는 1986년 금호의 'K' 심벌과 1988

아시아나항공 로고 및 항공기 외장

년 아시아나항공 설립으로 만들어진 '색동 날개'로 나뉜 '그룹 아이덴티티'에 대한 고민도 깔려 있다. 윙의 두 선은 금호와 아시아나항공, 기업과 고객의 만남을 상징한다. 새 CI는 고객과 함께 아름다운 미래로 비상하는 아름다운 기업이 되겠다는 의지를 형상화한 것이며, 항공기의 견고한 정자(正字) 형태의 로고 타입은 기존에 확립된 브랜드 자산 가치를 연상시킴으로써 신뢰의 이미지를 가지는 데 기반적 역할을 하고 있다.

대한항공 출범 당시 마크는 창공을 상징하는 원 안에 평화와 안녕을 상징하는 고니가 그려져 있었다. 고니는 비행기 형상을 하고 있을 뿐 아니라 국민들에게 안전과 평화의 이미지를 전달했다. 현재의 대한항공 마크, 로고 타입, 항공기 외장 변경은 민항 10주년이 되던 해인 1979년 5월부터 검토되었다. 처음에는 프랑스의 유명한 항공기 외장 전문회사인 에카(ECA2)로부터 새로운 안을 접수, 검토했으나 채택되지 못했다. 그 후 대한항공은 1983년 미국의 보잉사와 함께 항공기 외장안과 마크, 로고 타입 변경을 협의했고 수차례에 걸친 수정과 보완을 거쳐 1987년 6월 20일 다음의 태극 마크를 사용하기로 결정, 공표했다. 국적기로서의 이미지를 강렬하게 부각시키기 위해 음양 원리를 바탕으로 하는 태극 문양을 응용하여 적색과 청색을 조화시킴으로써 다이내믹한 힘을 표현하도록 했다. 아울러 적색과 청색 사이의 흰색은 프로펠러의 회전 이미지를 형상화

대한항공 로고 및 항공기 외장

한 것으로 엔진의 강력한 추진력과 무한한 창공에 도전하는 의지를 형상화했다. 또한 항공기 외장의 기조색인 담청색은 무궁한 미래와 창공을 상징하며, 기조색을 받치고 있는 중앙부의 은백색 선은 항공기 하부 동체의 백색과 더불어 무궁한 발전과 실현의 의지를 상징하고, 마크와 함께 새로 개발된 영문 로고 타입은 시각적 효과와 전달효과를 극대화시키기 위해 'KOREAN AIRLINES'를 줄여 'KOREAN AIR'만 표기하도록 했는데, 동일 면적상에서 가장 크고 뚜렷이 보일 수 있도록 굵고 곧은 글자체를 사용함으로써 힘차고 강한 이미지를 나타내도록 했다. 그 당시 새로운 외장으로 도색된 항공기가 외국 항공기와 나란히 김포공항에 계류해 있는 것을 본 사람들은 많은 항공기 중에서도 가장 선명하게 보이는 대한항공의 태극 마크에 찬사를 보냈다. 기존의 고니 마크는 국적기 항공사를 상징하기에는 부족한 점이 있었으나 한국을 상징하는 새로운 태극 마크는 사람들 누구나 국적기 항공사를 떠올리게 했다.

대한항공이 설립한 진에어는 처음 에어코리아로 정했으나 CI 작업을 거치면서 사명을 바꾸고 파격적인 항공기 색상과 객실 승무원의 유니폼을 도입했다. 형광 배경에 파란색과 보라색 나비 날개가 그려진 진에어 로고는 나비처럼 자유롭게 날아다니며 여행을 즐긴다는 의미를 담고 있다. 또한 에어부산의 CI는 바다 물결과 하나 되어 힘차게 날갯짓하는 모습의 역동적인 갈매기 심벌로 부산의 바다, 갈매기, 하늘 세 가지를 조합하여 하나의 이미지 요소로 표현했으며 부산을 상징하는 갈매기 심벌과 BUSAN이 강조된 워드 마크의 조화로 고객의 기대에 부응하는 에어부산의 글로벌 도약 의지와 희망을 표현했다.

과거에는 항공사 이름과 로고가 항공기 외장의 전부였지만 요즘에는 화려한 색상과 다채로운 디자인으로 고객의 눈길을 끌고 있다. 항공기 외장 디자인은

1

2

1 진에어 항공기 외장 2 에어부산 항공기 외장

항공사 홍보효과와 더불어 승객들의 관심을 유발하여 고객 만족을 위한 성공적인 마케팅 방법으로 사용되고 있다. 2006년 독일 월드컵 기념을 위해 전면에 축구공을 그려 넣은 독일 항공사 루프트한자 A320, 2006년 독일 월드컵 응원을 위해 우리 태극전사를 그려 넣은 아시아나 B747, 2002년 한일 월드컵 응원을 위한 대한항공 B747-400 등 월드컵을 기념하는 외장 도색뿐 아니라 여러 가지 도색 기법을 통해 단순한 탈것에서 효과적인 홍보 매체로 탈바꿈했다.

대한항공은 초대형 고효율 항공기 B747-8i도 2015년부터 최근까지 열 대 도입을 완료했으며 2019년부터 2025년까지 B737MAX-8(50대)과 A321NEO(50대)를 들여와 비행에 나설 계획이다. 최근 미국 델타항공과 맺은 조인트벤처(JV)로 미국 델타항공과 공동 운항 중인 미주 노선은 190여 개, 도시는 370여 개로 승객에게 편리한 여정을 제공할 수 있게 되었다.

1

2

3

1 디즈니 캐릭터로 디자인된 알래스카항공의 외장 디자인 2 헬로 키티로 디자인된 에바항공의 외장 디자인 3 "내가 그린 예쁜 비행기" 대회에서 수상한 어린이 작품으로 디자인된 대한항공의 외장 디자인

2. 항공기 객실 내부 구조

항공기의 기체는 보통 주 날개(Main Wing), 동체(Fuselage), 꼬리 날개(Tail Wing) 세 부분으로 구성되어 있으며 승객이 탑승하는 항공기의 기내를 객실 또는 Cabin이라고 한다. 각 항공사로 보급된 항공기는 에어버스사와 보잉사에서 제작한 것이 대부분이다. 항공기의 실질적인 내부 구조와 시설은 큰 차이가 없으나, 항공기의 크기에 따라 비상시 사용하게 되는 비상구(Exit Door)와 비상구 사이로 구분하여 Class와 Zone으로 나누며, 항공기는 대 · 중 · 소형기로 구분할 수 있다.

1) 대형기

대형기는 일반적으로 꿈의 비행기라 불리는 A380, B747, B777-300 등의 항공기를 말한다. 보통의 대형기는 경유 없이 10시간 이상의 장거리 비행과 300명에서 800명의 승객 탑승이 가능하다. 통상 A, B, C, D, E의 다섯 개 Zone으로 구분되며 Main Deck 전면과 Upper Deck은 주로 상위 Class로 운영된다. 객실에는 Lavatory, Overhead Bin, 벽장, Passenger Seat, Jump Seat, Galley, 비상구로 구성되어 있으며 기종별로 위치는 서로 다르다.

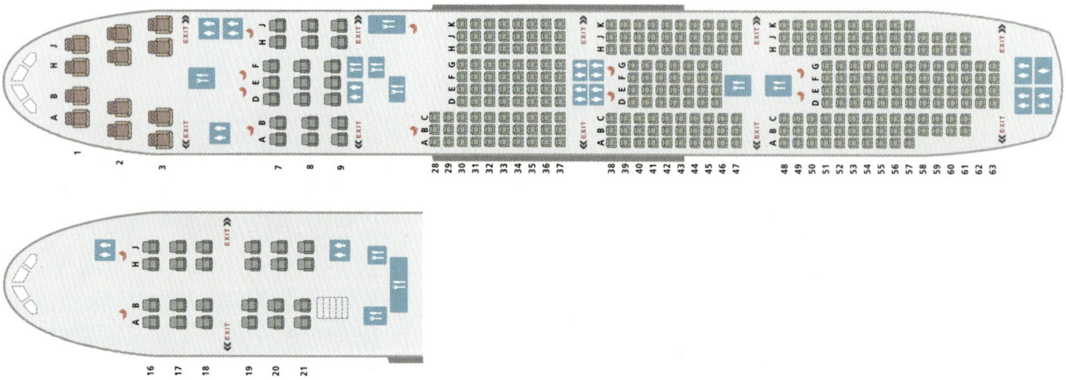

그림_ Boeing 747-400

2) 중형기

중형기는 A300-600, A330, A777-200 등의 항공기로 대형기와는 달리 5시간 이상 10시간 미만의 중거리 노선에 주로 취항하며 200명에서 300명 정도의 승객이 탑승한다. 객실은 A, B, C, D Zone으로 구성되어 있고 항공기 특성상 First Class가 운영되지 않는 경우가 많다. 승객이 많은 국내선에서도 운영된다.

그림_ Boeing 777-200/300

3) 소형기

소형기는 B737, F100을 비롯한 그 밖의 소형 항공기를 말한다. 특히 B737 같은 경우에는 베스트셀러 비행기로 유명한데, 이는 5시간 미만의 중거리 노선, 국내선 등 그 활용도가 높은 것이 이유라 할 수 있다. 소형기의 경우 100명에서 200명의 승객을 운송할 수 있으며 작은 비행기의 특성을 고려하여 상위 Class의 운영이 어려운 경우가 많다. 객실 구역은 Forward(FWD)와 After(AFT)로 구분된다.

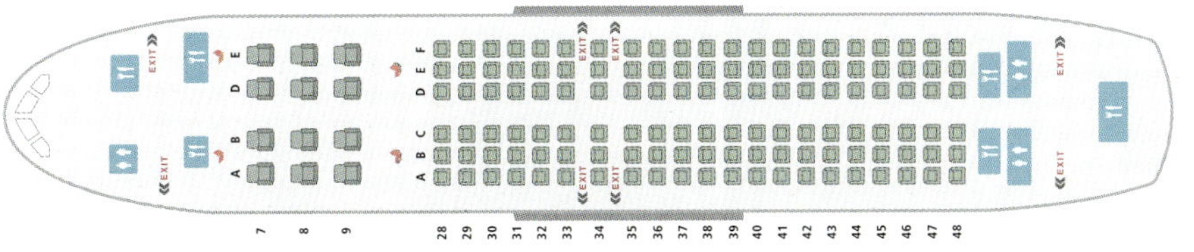

그림_ Boeing 737-800/900

3. 항공기 좌석 등급과 좌석

1) 항공기 좌석 등급

항공기 좌석 등급은 크게 세 가지로 일등석(First Class), 이등석(Business Class), 일반석(Economy Class)으로 구분되며 항공사마다 해당 Class의 명칭이 다르다. 항공사에 따라 단일 등급(Mono Class)으로 전 객실을 지정하여 탑승 수속 시간을 절약하여 운영하기도 한다. 좌석 등급 구분의 기준은 좌석 간격과 제공되는 기내식의 질로 해당 Class마다 차이를 보인다. 근래에 들어 좌석 간격을 넓혀 제공함으로써 고객 유치에 힘쓰는 항공사가 많아지고 있으며 항공사마다 차별화된 좌석과 서비스가 두드러지는 양상을 보여주고 있다.

First Class는 항공기의 소음과 요금을 최소화하기 위해 Ship Side이나 Upper Deck에 위치하며 다른 Class에 비해 좌석 간격이 가장 넓다. 극소수의 승객을 위해 호화스러움과 편안함을 추구하며 좌석 수도 8석에서 16석 정도로 제한하고 있는 것이 보편적이다. 이는 넓은 공간 확보로 인해 장거리여행 시 더욱 안락하게 쉴 수 있는 공간을 제공하고 옆 사람에게 방해받지 않는 독립된 공간을 제공하기 위한 것이다. 현재는 '꿈의 항공기'라 불리는 A380의 도입으로 기존의 방식을 뛰어넘는 편의시설(샤워장, 수면 침실 등)이 제공되기도 한다.

Business Class는 일반적으로 First Class의 다음 구간, 항공기 앞에서 두 번째 Zone이나 Upper Deck에 위치하며 항공기 종류에 따라 몇 개의 Zone을 Business Class로 운영할 것인지 결정된다. 보통 Business Class 좌석 수는 20개에서 60개 정도로 B747 기종의 경우 400여 명이 탑승하는 것을 감안했을 때 소수 인원에게 Special Service를 제공하고자 마련된 공간이라 할 수 있다. Business Class는 모

1 에어프랑스의 La premiere class 2 타이항공 B747-400 Royal First Class 3 카타르항공 B737 Dreamliner Business Class 4 에미리트항공 A380 Economy Class

든 항공사의 마케팅 전략 핵심 Class로 특색 있는 서비스와 명칭으로 경쟁하며 승객에게 Economy Class보다 우수하고 다양한 서비스를 제공한다. 네덜란드항공 KLM은 최초로 First Class를 없애고 Business Class만 운영함으로써 승객들에게 적은 요금으로 First Class와 같은 대우를 받는다는 기분을 주어 좋은 평가를 받고 있다.

Economy Class는 기종에 따라 좌석 수가 달라지며 100명 정도에서 400명까지 탑승이 가능하다. 하지만 현재 도입된 A380 기종의 경우 최대 800명까지 탑승할 수 있다. 최근 항공사들은 Economy Class 고객이 더욱 편안하게 여행할 수 있도록 신형 기종 및 시설을 도입했다. 좌석 간 거리를 넓혀 등받이(Seat Back) 각도를 좀더 넓게 조절할 수 있게 하고 Footrest를 장착하는 등 다양한 혜택으로 안락한 여행이 될 수 있게 노력하고 있다. 특히 Business Class나 First Class만의 특권처럼 여겨지던 Individual Monitor를 Economy Class에 도입하는 항공사들이 많아지며 개별적으로 다양한 엔터테인먼트를 이용하여 여행의 지루함을 해소할 수 있도록 변모해가고 있다.

2) 항공사별 좌석 등급

❶ 대한항공

대한항공에서는 좌석 등급을 'First Class, Prestige Class, Economy Class'로 나누어 운영하고 있다. 일등석은 First Class, 이등석은 Prestige Class, 일반석은 Economy Class에 해당한다.

First Class

대한항공의 최고 좌석인 First Class Kosmo Suites는 VIP 품격에 어울리는 최고의 좌석을 제공하며 우드 컬러를 사용하여 숲에 있는 듯한 느낌을 준다. 좌석 간 간격이 211센티미터, 좌석 길이 201센티미터, 좌석 너비 67센티미터의 넓은 공간으로 기존의 First Class에 비해 좌석 폭이 15센티미터 이상 넓어졌다. 또한 좌석 Seat Back과 다리 받침대 각도를 자유롭게 조절할 수 있고 23센티미터 초대형 LCD Monitor와 Wide Screen이 장착되어 있다. 이음새가 없는 원피스 좌석 매트는 침대의 편안함을 제공하며 중앙과 후면에 Screen을 장착하여 독립된 공간을

1 대한항공 B777 Sleeper Seat 2 대한항공 B747 Kosmo Suites 2.0 내부 3 대한항공 B747 First Class 4 대한항공 A380 Kosmo Suites

제공하는 것이 특징이다. 로스앤젤레스, 시애틀, 애틀랜타, 상파울루, 뉴욕 등 주요 미주 노선과 프랑크푸르트, 프라하, 이스탄불, 두바이를 비롯한 동남아 주요 노선에서 서비스하고 있다.

코쿤 스타일의 First Class인 Kosmo Sleeper Seat는 누에고치 형태의 좌석으로 설계되어 개인 프라이버시를 지켜주는 독립된 공간에서 아늑함을 느낄 수 있는 것이 특징이다. 칸막이를 설치하여 개인 전용 공간 확보와 180도 완전 평면이 가능(좌석 길이 211센티미터)하며 28.5인치 폭으로 발 · 다리 받침대와 허리에 전동식 지지대를 설치했다.

침대형의 First Class Sleeper Seat는 최고의 휴식 공간을 제공하기 위해 현재 로스앤젤레스, 뉴욕 등 미국 주요 노선과 유럽 일부 노선 등 장거리 주요 노선에서 서비스 중이다. 180도로 펼쳐지는 완전 평면형 좌석과 17인치 대형 Monitor로 즐기는 엔터테인먼트가 특징이다.

Prestige Class

A380 항공기에 운영되고 있는 Prestige Sleeper Seat는 좌석 간 간격이 188센티미터, 좌석 너비 56센티미터인 Business Class 좌석으로 15.4인치 LCD Monitor가 장착되어 있으며 좌석은 180도까지 Seat Back 조절이 가능하다. Prestige Seat는 앞뒤 좌석 간격이 50인치(1.3미터)로 유압식 발 · 다리 받침대와 허리 지지대, 139도의 좌석 Seat Back과 조절 가능한 머리 받침대가 장착되어 있다.

Prestige Plus Seat는 좌석 간 간격 152센티미터, 좌석 너비 55센티미터인

1

2

1 대한항공 Prestige Suites 2 대한항공 B777 Prestige Plus Seat

Business Class 좌석으로 10.4인치의 LCD Monitor와 다양한 기내 엔터테인먼트가 특징이다.

Economy Class

Economy Class 중 A380과 B777-300 기종에 운영되고 있는 New Economy는 기존 좌석에 쿠션을 더욱 보강하여 장시간 앉아 있는 데 따른 불편함을 줄여준다. 또한 좌석 뒷면을 얇게 하여 뒷사람이 다리를 뻗을 수 있는 공간을 넓혔고 Seat Back을 뒤로 젖힐 경우 방석이 앞으로 이동하도록 설계하여 뒷좌석 승객에 대한 불편도 줄였다. 좌석 간 간격 86센티미터, 좌석 너비 46센티미터와 118도까지 젖혀지는 Seat Back이 있다. Economy Class는 8.4인치 LCD Screen이 장착되어 있는 반면, New Economy는 10.6인치의 LCD Wide Screen이 장착되어 있다. 하지만 기종에 따라 Individual Monitor가 설치되지 않은 것도 있다.

❷ 아시아나항공

아시아나항공에서는 좌석 등급을 'First Class, Business Class, Travel Class'로 나누어 운영하고 있다. 일등석은 First Class, 이등석은 Business Class, 일반석은 Travel Class에 해당한다.

First Class

아시아나항공의 First Class는 180도 최첨단 침대형 시트와 좌석 간 간격이 211센티미터인 안락한 좌석을 갖추고 최고급 기내식과 와인을 서비스하는 등 탑승객에게 훌륭한 기내 환경을 제공하고 있다.

아시아나항공 A380 First Class

Business Class

'오즈 쿼드라 스마티움'은 아시아나항공의 신규 브랜드로 '아시아나항공의 네 가지 특별한 장점을 지닌 Business Class'를 의미한다. 국내 최초로 지그재그식 좌석 배열(Staggered Layout) 도입으로 모든 좌석의 승객이 옆자리 승객에 대한 방해 없이 자유로운 출입(Direct Access)이 가능해졌다. 특히 기존 B777 항공기 32개의 Business Class 좌석을 24개로 축소하여 기존 좌석보다 피치(Pitch, 앞뒤 좌석 간격)가 38센티미

1

2

3

1 아시아나항공 Business Class(Smartium) 2 아시아나항공 Business Class 3 아시아나항공 Travel Class

터 정도 넓어졌다. 통상 First Class 좌석에만 적용되는 풀 플랫(Full Flat, 좌석이 180도 수평으로 펼쳐지는) 침대형 시트로 구성, 회전형 식사 Table을 도입했고 식사 도중이라도 언제든지 이동이 가능하도록 설계되었다.

Travel Class

아시아나항공은 Economy Class의 명칭을 Travel Class로 변경하여 운영하고 있는데, '여행의 즐거움을 누릴 수 있는 좌석'이라는 새로운 뜻을 부여한 것이다. 현재 운영되는 B777 열 대 중 다섯 대의 Travel Class 및 B767 항공기의 Travel Class는 개인형 주문형 오디오 · 비디오(AVOD)가 지원되고 있지 않지만 보다 편리한 여행을 위해 많은 노력을 기울이고 있다.

❸ 싱가포르항공

First Class

싱가포르항공은 영국항공 컨설팅 기관인 '스카이트랙스(Skytrax)'가 뽑은 2009년 최고의 First Class 항공사로 선정되었다. 싱가포르항공의 First Class는 완벽한 프라이버시를 보장하고 넓고 안락한 개인 공간을 갖추고 있으며 격조 높은 디자인으로 높은 평가를 받고 있다. 또한 7시간 이상의 야간 비행과 9시간을 초과하는 주간 비행 스케줄로 여행하는 승객들은 싱가포르항공만의 턴다운(turn-down) 서비스를 제공받을 수 있다. 턴다운 서비스란 잠자리에 들 준비가 되었을 때 승무원에게 알려주면 승무원이 신속하게 좌석을 침대로 바꾸고 부드러운 솜털 매트리스와 이불, 크고 안락한 Pillow를 제공하는 것을 의미한다.

1 싱가포르항공 Suite Class 2 싱가포르항공 A380 Business Class

Business Class

싱가포르항공은 세계적인 여행 전문지 『콩드 나스트 트래블러(Conde Nast Traveler)』가 선정한 2009년 최고의 태평양 노선 Business Class 항공사로 선정되었다. 고객들에게 최고로 인정받은 싱가포르항공의 Business Class는 82도로 눕혀지는 좌석과 다양한 의자 각도를 연출할 수 있으며 차별화된 우수한 디자인으로 설계되어 완벽한 프라이버시를 보장한다. 넓고 안락한 개인 공간과 격조 높은 기내 프로덕트로 승객 개개인에게 최상의 서비스를 제공하는 것으로 유명하다.

❹ 에미리트항공

First Class

에미리트항공에서는 A380 도입으로 First Class인 Private Suites를 운영하고 있다. 총 14석의 Private Suites에는 자동문, 미니바, 책상, 옷장, 23인치 Wide LCD

1 에미리트항공 A380 First Class 2 에미리트항공 A380 First Class 샤워 스파

1 에미리트항공 B777 Business Class 2 에미리트항공 A380 Business Class

Screen 등이 마련되어 있으며 마사지 기능과 함께 180도로 눕혀지는 좌석이 있다. 또한 First Class 이용 고객을 위해 두 개의 스파시설도 운영하고 있다. 세계 최초로 시도된 A380의 기내 샤워 스파는 샤워 부스, 세면대, 탈의실, 화장대를 갖추고 있으며 샤워 부스 내에는 15.4인치 LCD Monitor가 장착되어 실시간으로 기내 상황과 비행 장면을 확인할 수 있다. 또 바닥에는 열선이 내장되어 있고 헤어드라이어, 전신 거울, 가죽 의자를 비롯하여 향수, 샴푸 등 스파 제품이 준비되어 있다.

Business Class

2-4-2 구조의 Business Class 좌석 배열은 특별히 고안된 디자인으로 모든 좌석에 통로가 있어 다른 승객에게 폐를 끼치지 않고 편한 여행이 가능하다는 것이 큰 장점이다. Business Class도 개인 미니바와 프라이버시를 위한 좌석 간 전동 Screen이 갖추어져 있으며 180도로 젖혀지는 좌석에 17인치 Screen이 장착되어 있다.

4. 항공기 객실 내부시설

객실 내부를 구성하는 주요시설은 Passenger Seat, 승무원 좌석, Galley, Communication & Calls System, Lavatory, Door로 나누어 살펴볼 수 있다. 같은 보잉사와 에어버스사에서 항공기를 도입했다 하더라도 항공사에 따라 주문 제작되기 때문에 항공기 실제 내부 구조는 항공사마다 다를 수 있다.

항공기 객실 내부

1) Passenger Seat

Passenger Seat는 열 형태로 배치되어 있는데, 한 열의 좌석은 왼쪽 창 측에서 오른쪽 창 측까지 위치한다. 각 열은 좌석으로 구성되어 있고, 좌석의 열은 번호로 지정되어 있으며, 각 좌석은 영문 알파벳으로 구분되어 있다. Seat Cover는 천으로 되어 있는데, 모든 Cover는 불연 재질 또는 불연 가공으로 처리되어 있다. 좌석은 Armrest, Footrest, Seat back, Tray Table, Seat Pocket, Seat Restraint Bar 등의 요소로 구성된다.

승객이 비행 시 사용하는 좌석에는 여행을 편안하고 즐겁게 해주는 여러 가지 기능이 갖추어져 있다. 비행 시 안전을 지켜주는 Seat Belt, Instruction Sign, Folding Table, Passenger Control Unit(P.C.U), Individual Monitor 등이다. P.C.U에는 독서등(Reading Light)과 승무원 호출 버튼(Attendant Call Button)이 있고 Class에 따라 Individual Monitor의 채널을 조절할 수 있는 버튼이 있다. 그 밖에도 산소마스크가 내장되어 있는데, 기내 감압 현상이 발생했을 때 자동으로 내려오게 되어 있어 산소마스크를 잡아당겨 코와 입에 가져다 대면 자동으로 산소가 공급된다.

또한 좌석 Seat Back의 각도를 조절할 수 있는 버튼이 있는데, 젖혀지는 최대 각도는 항공기의 Class별로 서로 다르다. 좌석 하단에는 비상 착수 시에 사용할 수 있는 구명조끼(Life Vest)가 장착되어 있고 유아용 Life Vest는 항공기의 지정

여기서 잠깐!

Passenger Seat의 구성 요소

- **Armrest** : 좌석을 뒤로 젖힐 수 있는 조절 버튼이 있고 종류에 따라서는 음악 및 Reading Light 조절 스위치, Attendant Call Button이 있다.
- **Footrest** : First Class와 Business Class 좌석에 설치되어 있으며 신형 장거리용 항공기 Economy Class에도 설치되어 있다(조절 장치는 Armrest에 장착되어 있다).
- **Seat Back** : 좌석 Seat Back의 조절 장치는 Armrest에 있으며 모든 좌석의 Seat Back은 바로 세운 상태로 고정 가능하고 대부분 뒤로 젖힐 수 있다.
- **Tray Table** : 대부분 좌석 Seat Back에 있으며 아래로 내려서 사용하고 사용하지 않을 때는 'Twist Lock'을 이용하여 고정시킨다(First Class와 Business Class 좌석은 Armrest에 장착되어 있다).
- **Seat Pocket** : 좌석 Seat Back에 부착되어 있으며 Safety Instruction Card, 기내 잡지, 그 밖의 인쇄물 등이 들어 있다.
- **Seat Restraint Bar** : 좌석 발 부분에 있으며 좌석 밑에 놓인 휴대 수하물을 고정시키기 위한 장치로 좌석의 전방과 옆면에 설치되어 있다.

된 곳에 있다. Economy Class에서 상위 Class로 올라갈수록 좌석 간격과 폭은 더욱 넓어져 개인 프라이버시를 위한 공간이 확보된다.

1 Individual Monitor

비행 중 승객이 원하는 다양한 Entertainment Program(영화, Air Show, 게임, 항공 관련 정보)을 개인용 텔레비전(Personal TV)을 통해 제공함으로써 즐거운 여행이 될 수 있게 도와준다. Individual Monitor는 현재 모든 Class에 장착된 것

항공기 Individual Monitor

은 아니지만 점차 확대되는 추세이며 최대 60여 편의 영화를 원할 때 볼 수 있는 시스템을 갖춘 항공기도 있다. Class에 따라 Monitor의 크기는 차이가 있으며 장착 위치도 Class별로 다르다.

최근 AVOD System의 업그레이드를 위한 항공사의 차별화된 노력이 이루어지고 있다. 이는 장시간 여행 시 좌석 간격이 좁아 불편할 수 있는 Economy Class의 단점 보완을 위한 노력으로 대한항공은 최신형 항공기 A380의 경우 종전보다 5.6센티미터 확대된 26.9센티미터 Monitor를 사용하여 엔터테인먼트 기능을 보강했고 영화 60편, 단편물 60편, 음악 CD 300장, 게임 40여 종을 비롯하여 항공기 외부 전경 감상 서비스, Audio Book 등의 콘텐츠를 제공한다. 또한 대용량 기억 장치(USB) 포트를 마련하여 승객들이 직접 가져온 콘텐츠를 감상할 수도 있다.

또한 실용 항공기에 장착되지 않은 개인용 AVOD를 보완하기 위해 진에어는 소니컴퓨터엔터테인먼트코리아 측과 공동 마케팅을 실시하여 기내에서 PSP를 제공하여 승객들이 비행시간 동안 게임 등의 콘텐츠를 즐길 수 있도록 하고 있다.

❷ Passenger Control Unit(P.C.U)

비행 중 승객이 좌석에 앉아서 이용할 수 있는 기내 편의시설 조정 장치로 보통 Armrest에 장착되어 있다. P.C.U를 통해 좌석에서 각종 기능들을 제어할 수 있다. 기종과 Class별로 P.C.U의 위치와 기능은 차이가 있지만 보통 Audio를 감상할 수 있는 버튼, 헤드폰 콘센트, Attendant Call Button, 좌석 Seat Back 버튼, Reading Light를 작동할 수 있는 버튼이 포함되어 있다. 머리 위 Overhead Bin 아래의 P.C.U에는 감압 현상 시 자동으로 내려오는 산소마스크가 내장되어

기종별 다양한 P.C.U

있고 Attendant Call Button을 눌렀을 때 불이 들어오는 Attendant Call Light와 Seat Belt와 금연을 알리는 Instruction Sign이 있다.

❸ 기내 전화

기내 전화는 통신위성을 이용하여 세계 어느 곳과도 연결이 가능한 위성 전화다. 하지만 이용료가 비싸고 일부 지역에 따라서는 접속 상태가 원활하지 못한 결점도 있다. 그런데도 고객들의 시대적 요구에 따라 비즈니스 용도로 많이 이용되고 있다. 보통 P.C.U와 함께 각 좌석에 장착되어 있거나 각 Zone의 정해진 위치에 부착되어 있고 사용료는 신용카드로 결제한다. 지상에서 공중으로 비행 중인 항공기로의 송신은 기계적으로는 가능하나 항공기 안전 운항을 위한 정부의 허가 사항으로 현재는 불가능하다.

2) Attendant Station

Attendant Station은 승무원들이 이용하는 공간을 말한다. 이를테면 안전한 이착륙을 위해 앉을 수 있는 승무원 좌석과 장거리 비행 중 휴식을 취할 수 있는 Crew Rest Room(Bunk), 비행 전반에 관한 사항을 승무원들이 작동할 수 있는 Control System Panel 등이 집중되어 있는 Door Side 공간이다.

❶ Jump Seat

Jump Seat는 앉았다가 일어서면 의자가 재빨리 접힌다고 하여 붙여진 승무원 전용 좌석을 말한다. Passenger Seat와는 달리 비상시 비상구 이용을 원활히 하기 위해 자동으로 접히는 형태를 취하고 있으며 Zone마다 고르게 분포되어 있다. 앉아 있을 때도 승객의 안전에 유의해야 하므로 승객이 보이는 방향으로 제작되어 있다. Jump Seat 주변에는 여러 가지 비상 장비가 있다. Jump Seat 위치에 따라 비상 장비의 종류는 다르지만 승무원의 안전을 위한 Seat Belt에는 X 형태의 Shoulder Harness와 Waist Belt, Flash Light, Life Vest, 산소마스크, 소화기, P.B.E, Interphone 등 비상 보안 장비가 장착되어 있다. 항공기 전방의 객실 사무장/캐빈 매니저의 Station에는 객실 설비를 일괄적으로 제어할 수 있는 Cabin Control Main Panel(Attendant Panel) 등이 있다. 또한 Jump Seat는 1인용, 2인용으로 나뉘며 2인용에 착석할 때는 외부에 Senior 승무원이, 안쪽에 Junior 승무원이 착석하도록 규정되어 있다.

승무원 전용 좌석

여기서 잠깐!

Attendant Panel

Cabin에 제공되는 전기, 통신, 조명, 온도, 급수 등 관련 시스템을 제어할 수 있는 장치로 소형기의 경우는 L1 Door에서 전 Cabin을 통제할 수 있게 설치되어 있고, 대형기에서는 기능과 Station별로 설치되어 있다.

- Interphone : 승무원 상호간에 통화를 위한 장비
- Public Address : 기내 방송 기능
- Cabin Light : 객실 조명 조절 기능(On/Off, Dim, Bright)
- Cabin Music : 기내 음악 선곡 및 음량 조절 기능
- Pre-Recorded Announcement : 녹음된 기내 방송 작동 기능
- Evacuation Alarm : 비상 탈출 신호 작동 기능

2 Crew Rest Room

장거리 비행 시 첫 번째 식사 서비스가 끝나고 승객들이 휴식을 취하며 영화를 감상하는 시점에 승무원들은 2개조로 나뉘어 휴식을 취한다. 휴식 때 사용되는 공간을 Crew Rest Room, 즉 Bunk라고 한다. 항공기 구조에 따라 위치는 다르지만 주로 항공기 객실 뒤편에 있거나 지하에 있다. Crew Rest Room에는 승무원들이 누워서 쉴 수 있는 2층 침대와 개별 Reading Light, Interphone, 각종 비상 장비가 장착되어 있다.

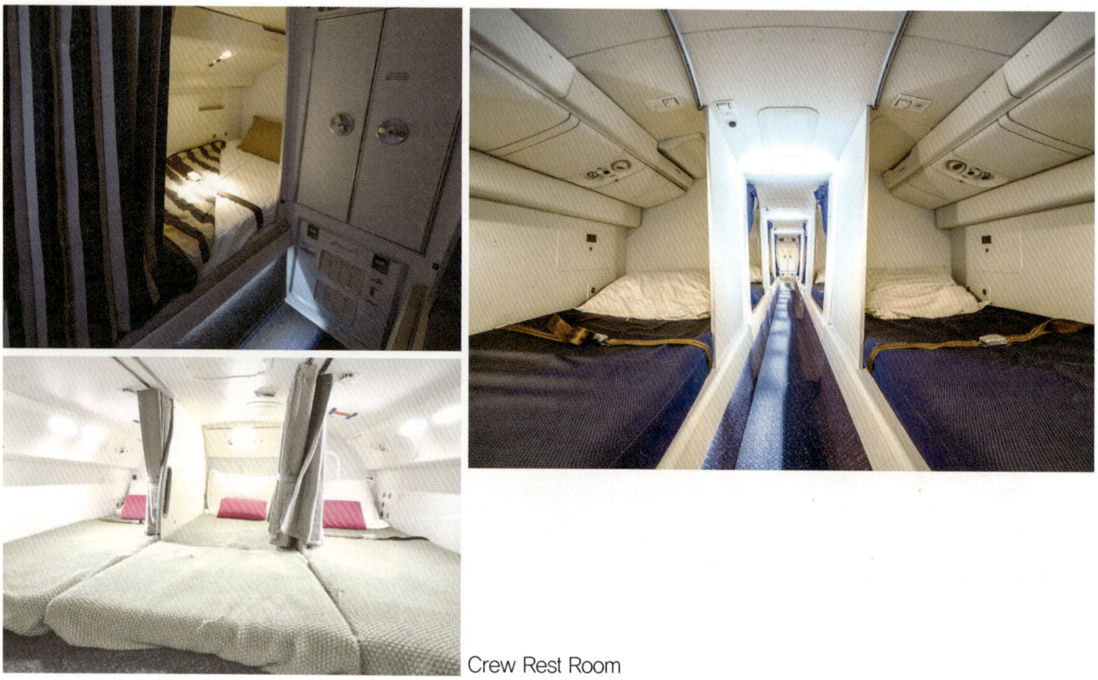

Crew Rest Room

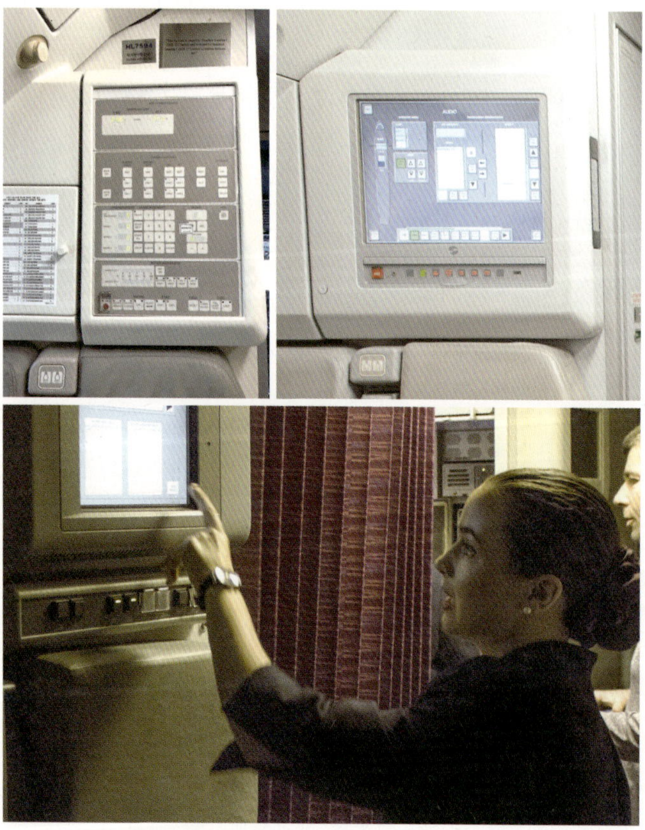

Control System

❸ Control System

항공기 내에서 제공되는 Video, 음향 등 기내의 시스템을 총괄적으로 제어할 수 있는 장치를 말한다. Control System의 위치는 일반적으로 객실 사무장/캐빈 매니저 좌석 옆 또는 항공기 앞부분에 설치되어 있다.

Air Show 및 기내 온도, 객실 조명 등을 제어하는 패널도 항공기별로 정해진 위치에 설치되어 있다. 일반적으로 Control System의 작동은 객실 사무장이나 캐빈 매니저, Senior 승무원들이 하지만 비상시를 대비하여 일반 승무원들도 조작 시점과 내용을 숙지해두는 것이 필요하다.

비행 준비 시 Control System이 잘 작동되는지 사전 점검하여 승객들이 불편을 겪지 않게 준비해야 한다. 비행 중 승객이 불편을 느끼지 않도록 적정 기내 온도를 항시 점검해야 하며 영화 상영 시나 서비스 시작 시에는 조명을 조절하여 상황에 맞는 조명 상태가 될 수 있게 하고 전체 화면으로 나가는 Air Show나 영화는 수시로 점검해야 한다.

3) Galley

Galley는 승객의 식음료를 준비하고 각종 비행 용품을 보관하는 공간으로 주방 역할을 하는 작업 공간이다. Galley는 일반 장비(Galley Equipment), 보관 공간(Stowage Space), 작동 패널(Control Panel)로 구성된다. Galley Equipment로는 승객의 식사 조리 시 사용되는 Oven, Refrigerator, Coffee Maker, Microwave, Warmer, Hot Jug & Cup, Water Boiler 등이 있으며, Stowage Space로는 각종 Cart 및 Carrier Compartment가 들어가는 공간 등이 있다. Control Panel은 기내 온도, 조명, Oven, Refrigerator, Warmer 등을 조절할 수 있는 장치를 말한다.

Galley에는 최상의 식음료 서비스를 위해 음식을 상하지 않게 보관하는 Chilling 기능이 있고 뜨거운 식사와 Coffee, Tea를 준비할 수 있는 Oven, Coffee Maker, Water Boiler, Hot Jug & Cup 등이 설치되어 있다. 그 밖에도 기종에 따라 Refrigerator가 있으며 Compartment, Main Deck, Upper Deck을 연결하는 엘리베이터, 쓰레기 배출 공간을 줄이기 위한 Trash Compactor가 장착되어 있다.

Galley의 구성은 기종에 따라 다르지만 Class와 Zone에 따라 독립된 Galley가 있어 서비스 절차에 따라 단독으로 서비스 준비를 할 수 있다. 또한 비행 중 Turbulence에도 안전하게 수납되어야 하므로 잠금장치(Locking)가 각각의 Compartment와 Cart에 설치되어 있다.

1 2 3 Galley 4 Galley Control Panel 5 Galley 내에서 업무 중인 승무원

가열 장비(Heat Mechanic)	냉장 장비(Cooling Mechanic)
Oven, Water Boiler	Air Chiller
Coffee Maker	Refrigerator
Hot Cup, Hot Jug	

1 기내 Refrigerator

기내 Refrigerator는 모든 기종의 항공기에 장착되는 것이 아니며 공간이 협소하여 모든 식사나 음료를 보관하기 어렵다. 서비스 시점과 양을 고려하여 Item을 보관하되, 차갑게 서비스해야 하는 음료와 냉장이 꼭 필요한 음식 보관에만 이용된다. 식사 서비스 시 제공해야 할 음식들은 기내 Refrigerator 외 Chilling 기능이 있는 보관 장소에 넣고 스위치를 켜면 차가운 바람이 나와 상하지 않게 보관할 수 있다.

2 Oven과 Microwave

Oven은 승객에게 제공되는 식사의 가열 처리를 위한 장비로 폐쇄 공간 내 고열 강제 순환 방식이다. 내용물을 넣는 Oven Deck과 온도 및 시간을 조절하는 Control Switch Panel로 구성되어 있다. 기내식은 미리 조리된 상태의 음식을 냉동하여 기내에 탑재하므로 제공될 때는 적정한 시점에 Oven에 재가열하여 따뜻한 최상의 기내식으로 승객에게 제공되어야 한다. Oven을 이용할 때는 데우는 내용물이 무엇인지 반드시 살핀 후 적정한 온도와 시간으로 가열하고 그에 대한 규정을 준수해야 한다.

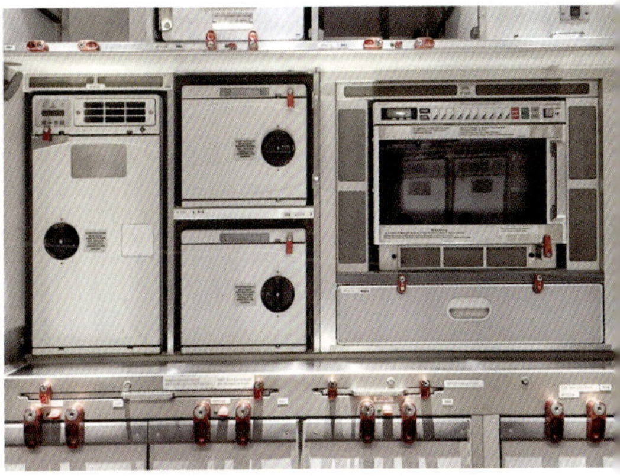
Galley 내의 Oven

여기서 잠깐!

Oven 사용 시 유의 사항
- 사용 전에 화재 예방을 위해 Oven 내의 이물질 잔류 여부를 반드시 확인해야 한다.
- 반드시 석면 장갑을 사용하고 화상에 유의한다.
- 작동 중 반드시 Oven이 닫혀 있는지 여부를 확인한다.
- Oven을 열기 전 Oven 내의 잔열을 반드시 확인한다.

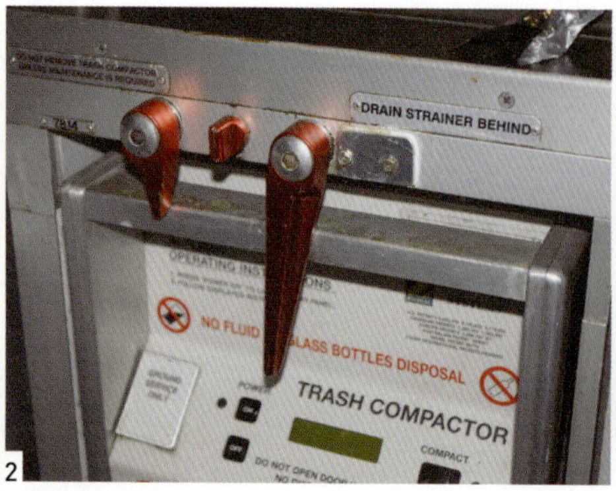

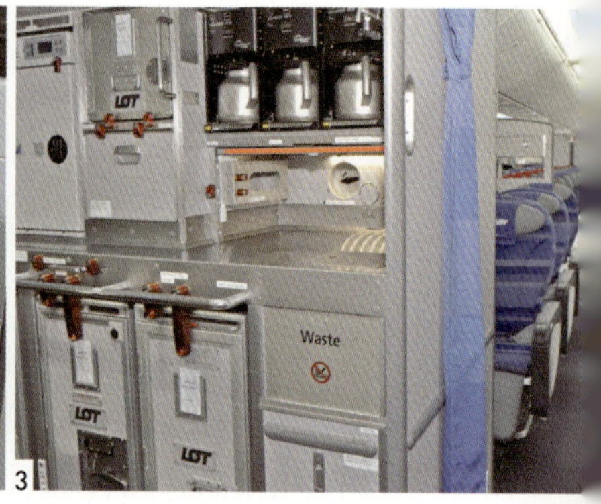

1 Galley 내의 Compartment 2 3 Trash Compactor

Microwave는 보통 상위 Class에만 장착되어 있으며 Oven보다 단시간 내에 조리되어야 하거나 우유 같은 것을 따뜻하게 데우는 데 사용된다. Oven이나 Microwave 같은 경우 사용하지 않을 때는 반드시 Close & Lock을 해야 하며 Landing 전에는 반드시 전원을 Off하도록 한다.

❸ Compartment

Compartment는 Service Item 보관을 위한 공간이다. 기내에서 서비스되는 모든 것은 노선에 맞게 준비되어 탑재되므로 지상에서 준비된 Cart나 Carrier Box가 탑재될 수 있는 공간이 필요하다. 일반적으로 항공기 내 모든 Item은 위치가 정해져서 탑재되기 때문에 사용 후에는 제자리에 놓아야 한다. 또한 비행기의 갑작스러운 요동으로 Compartment 내의 물건이 떨어질 우려가 있으므로 사용할 때만 열어서 쓰고 평상시와 이착륙 시에는 고정 상태와 Locking 상태를 반드시 확인해야 한다.

❹ 쓰레기통

일반적으로 쓰레기통은 Galley와 Lavatory에 있다. 장시간 비행에서 많은 양의 쓰레기가 나오기 때문에 모든 플라스틱 컵은 비워서 겹쳐 넣고 캔 같은 것은 Trash Compartment 같은 곳에 보관하여 공간 확보에 유의해야 한다. 쓰레기통은 사용하지 않을 경우 Close 상태를 유지할 수 있는 스프링 타입의 뚜껑이 달려 있다. 최신 기종의 경우에는 쓰레기를 압축할 수 있는 시스템을 갖춘 Trash Compactor가 장착되어 있다.

5 Coffee Maker와 Water Boiler

Coffee Maker

Coffee Maker는 Brewed Coffee를 얻기 위한 장비로 Grind Coffee의 여과 방식에 따라 캔을 사용하는 Inventum Type과 Pillow Pack을 사용하는 Grimes Type으로 구분할 수 있다. 보통 대형기에는 10개에서 15개의 Coffee Maker가 설치되어 있다.

기내에 설치된 Coffee Maker는 주로 원두 Coffee Pack을 넣고 버튼을 눌러 Brew시키는 형태인 Grimes Type으로 밑판에 전기 보온 장치가 있어 Brew된 Coffee를 따뜻하게 보관할 수 있다. 하지만 시간이 오래 지나면 Coffee 향이 변하기 때문에 Coffee 서비스 시작 전에 Brew하여 Coffee의 그윽한 향을 느낄 수 있게 서비스해야 한다.

최근 에스프레소, 카푸치노같이 Coffee 전문점에서나 즐길 수 있는 다양한 Coffee를 항공기 내에서도 서비스할 수 있도록 커피머신이 장착되어 있기도 하다. 유나이티드항공은 모든 Class에서 스타벅스 Coffee를 제공하고 있다.

또한 기내에서는 여러 가지 티백을 우려내 차 서비스를 하기 위한 Water Boiler가 설치되어 있다. Water Boiler는 전기적인 가열에 의해 뜨거운 물을 얻을 수 있는 장치로 내장된 Water Heater에 의해 가열 공급되는 Hot Water Faucet과 Cold Water Faucet으로 구분되어 공급된다. Water Boiler의 물 저장 능력은 4리터에서 5리터 정도이며 물을 사용하면 자동으로 채워지는 시스템이다. Water Boiler 사용 시에는 반드시 꼭지를 틀어 기포 없이 물이 나올 때까지 물을 빼내는 Air Bleeding을 실시한 뒤 사용해야 한다. Air Bleeding을 실시하지 않고 뜨거운 물을 받을 경우 기포가 빠져나오는 소리가 나며 뜨거운 물이 튀어 손에 화상을 입을 수 있다.

최근에는 Coffee Maker와 Water Boiler가 통합된 형태를 사용하기도 한다.

여기서 잠깐!

Grimes Coffee Maker 사용법

- Brew handle을 들어올린다.
- Pack Holder에 Coffee Pack을 넣고 Coffee Pot을 Hot Plate에 올려놓은 상태에서 Handle을 아래로 내린다.
- Power/Brew/Warmer 스위치를 차례로 누른다(3분 정도 경과 후 수온이 91도가 되면 자동적으로 Coffee Brew가 시작되고 Pot 내 Coffee의 양이 일정량에 도달하면서 자체 센서에 의해 Brew가 중단된다).

❻ Hot Cup & Hot Jug

Hot Cup은 Galley에 설치된 장치에 접속하여 용기 내의 전자 장치에 의해 내용물(라면 등)을 끓이는 장치로 외양은 기종에 따라 차이가 있지만 사용 방법은 동일하다.

Hot Jug는 따듯한 음료의 장시간 보관을 위한 보온 장비로 뜨거운 물 확보가 불가능한 항공기에서 주로 사용된다.

4) Communication & Call System

기내에서 근무하는 승무원들은 각자의 구역에서 서비스를 하다보면 다른 구역으로의 Call, 객실 사무장/캐빈 매니저의 해당 구역 Call, 기장의 전체 Call 등 많은 일을 경험하게 된다. 이때 필요한 장비가 Communication & Call System(기내 통신 시스템)이다. Communication & Call System에는 비상사태 시 위험을 알리는 Evacuation Command Switch, 승무원 간 Call 시 사용하는 Interphone, 기내 방송으로 전체 승객에게 정보를 전할 때 사용되는 Public Announcement(P.A), 승객이 좌석 또는 Lavatory에서 승무원의 도움을 요청할 때 누를 수 있는 Attendant Call Button이 있다. P.A System과 Interphone System은 따로 분리되어 있지 않고 기종별로 사용 방법이 다르다.

❶ Evacuation Command Switch

Evacuation Command Switch는 조종실과 Cabin Attendant Station에 하나씩 장

Communication & Call System

착되어 있다. 조종사와 객실 승무원 간에 비상사태 시 사용하는 Communication System으로 Switch를 누르면 Cockpit과 전 객실에 경보음이 울려 위험 상황을 알리고 경보음은 Horn Shut Off Switch를 눌러 해제한다.

❷ Interphone System

객실 내 승무원 간의 의사소통을 위한 시스템이다. 작동 방법은 기종별로 약간의 차이가 있다. Interphone을 통해 소통되는 내용은 객실 승객에게는 들리지 않으며 Call을 하고 싶은 Station을 누르면 해당 Station에서는 Call을 알리는 Chime과 Call Light(Pink)가 켜진다. Interphone의 종류에는 객실 내 긴급한 상황이 발생한 경우 운항 승무원에게 알리기 위한 Pilot Alert Call, 객실 승무원과 운항 승무원 간의 일반적인 Pilot Call, 모든 Station의 승무원과 연락을 위한 All Call, 원하는 Station으로 연락을 위한 Station to Station이 있다.

❸ P.A System

P.A System은 전체 승객에게 비행에 관련된 정보를 제공하는 중요한 장치다. 따라서 객실 승무원은 승객 탑승 전 비상 장비와 기내 장비 점검 시 P.A System이 정상적으로 작동하는지 여부를 파악하고 비행에 임해야 한다.

P.A System 작동 방법은 항공기 종류에 따라 다소 차이가 있다. 일반적으로 Push To Talk(PTT) 버튼을 누르면 객실 전체에 방송이 되는 시스템과 P.A 버튼을 누르는 시스템으로 구분된다. P.A System이 설치되어 있는 장치를 들고 모든 승무원이 한꺼번에 방송할 경우 우선순위에 따라 방송된다. 첫 번째 우선순위는 Cockpit으로부터의 P.A, 두 번째는 객실로부터의 P.A, 세 번째는 Prerecorded Announcement, 네 번째는 Video 시스템의 Audio, 마지막으로 Boarding Music 순서다. 예를 들어 승객 Boarding 시에 Boarding Music이 흘러나오고 있는데, 객실 사무장과 Cockpit의 운항 승무원이 동시에 P.A를 할 경우 객실에는 Cockpit의 운항 승무원의 P.A만 들린다. 또한 승객이 기내에서 배포된 헤드폰을 착용하고 영화나 게임을 할 경우 영화와 게임 소리가 중단되고 P.A가 들리게 된다.

1

2

1 P.A를 이용하여 기내 방송하는 모습
2 P.A System

A380의 경우 모든 Jump seat 주변에 Additional Indicator Panel(AIP)이 설치되어 비정상 상황인 경우 붉은색을 표시하여 작동 여부 상태를 알 수 있다.

5) Lavatory

승객의 편의를 위해 항공기 전체에 고르게 설치되어 있으며 항공사와 항공 기종별로 크게 차이가 없다. 여성들이 유아용 기저귀를 교환할 때 편리할 수 있게 Table을 설치한 Lavatory, 장애인용 편의시설이 보강된 Lavatory도 있다.

기본적으로 Lavatory에는 거울, 비누, 좌변기, 세면기 등의 시설이 갖추어져 있으며 안전을 위한 연기 감지 Smoke Detector, 비상시 승무원의 도움을 요청할 수 있는 Attendant Call Button이 있다. 여성용 Lavatory에는 비행 시 사용할 수 있는 화장품과 클렌징 티슈, 워터 스프레이 등이 탑재되어 있고 남성용 Lavatory에는 애프터 셰이브와 밤(Balm)이 탑재되어 있다. 또한 식사 후 양치할 수 있게 치약과 칫솔도 준비되어 있다.

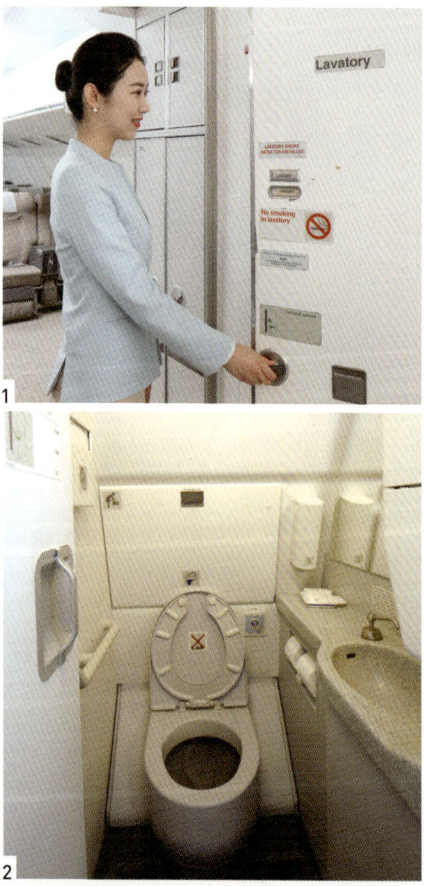

1 Lavatory Door Open 2 Lavatory 내부

최근에는 몇몇 항공사의 마케팅 전략으로 초호화 Lavatory가 First Class에 설치되었다. 신형 항공기의 경우 First Class에 스파시설을 갖춘 Lavatory가 등장하기도 했다. 또한 Lavatory에서 밖을 볼 수 있는 창문이 설치되기도 했다. 첨단 기종일수록 Flushing 방식의 Vacuum을 Type화하여 기능성을 높이고 있다. Lavatory에는 Cabin 내 폐쇄 공간의 화재 취약성을 보완하기 위해 자동 작동 화재 진압 장비가 장착되어 있다. Lavatory 내의 누수 현상 발생 시 물 공급을 차단하기 위해 변기 아랫부분에 Water Shut-Off Valve가 설치되어 있다.

❶ Indicator

다른 승객이 사용 중일 경우 Indicator에는 'Occupied'가 표시되고 사용 가능할 경우 'Vacant'라 표시되어 Lavatory 이용 시점을 알 수 있다. 신규 기종인 경우에는 승객들이 좌석에 앉아 Lavatory 사용 가능 여부를 알 수 있는 안내판이 설치되어 있다.

1 2 Indicator 3 세면대

❷ 세면대

냉 · 온수로 구별하여 사용할 수 있게 되어 있다. 승무원은 수시로 Lavatory를 점검하여 부족한 물품이 없는지 확인하고 부족한 물품을 채워놓아야 하며 Lavatory에 환자가 발생하지 않았는지도 확인해야 한다. 특히 Lavatory 점검 시 세면대 및 변기 주변을 청결하게 유지하도록 노력해야 한다. Lavatory 점검 중 고장이 발견되면 고장을 알리는 Tag를 붙여 승객이 사용하지 못하도록 알려야 한다. 세면대 옆에는 스킨, 로션, 빗, 칫솔 등이 있다.

❸ Lavatory 변기

Lavatory 변기의 오물 처리 방법은 공기 흡입식과 수세식이 있다. 공기 흡입식(Vacuum Type)은 B747-400, A300-600, A330, B777/767 등 신형 항공기에 설치되어 있는데, 물을 전혀 사용하지 않고 오물을 진공으로 흡입하는 방식으로 악취 발생이 줄어 쾌적한 Lavatory 유지에 도움이 되지만 처리 시 압력 차에 따른 흡입 소음이 난다. 흡입된 오물은 항공기 맨 뒤쪽 객실 아래 화물칸 탱크에 버려지게 설치되어 있다.

수세식(Flush Type)은 B747, A300, MD-80, F-100 등 주로 구형 항공기에 설치되어 있으며 일반적인 변기 구조와 유사하다. 변기에서 물을 흘려서 오물을 처리하고 처리된 오물을 펌프로 계속 순환하여 세척하는 방식으로 악취가 많이 발생한다. 수세식의 단점을 보완하기 위해 청색의 세정제를 사용하고 있다.

❺ Smoke Detector

담배 연기가 감지되거나 화재 발생 시에 승무원에게 자동으로 알려줌으로써 신속하게 화재 진압을 할 수 있도록 도와주는 장치다. 승무원은 비행 전 Smoke

1 Lavatory 내 Attendant Call Button 2 Smoke Detector

Detector가 잘 작동되는지 확인해야 한다. 담배 연기 때문에 Smoke Detector가 작동되면 객실 승무원은 연기가 감지된 Lavatory 휴지통을 확인하여 담배꽁초로 큰 화재가 발생하지 않게 초기에 진압해야 한다. 화재 발생이 없을 경우에는 뾰족한 것(볼펜 심)을 이용하여 버튼을 Reset하여 작동을 멈춘다.

6) Storage Area

❶ Overhead Bin

항공기의 길이 방향으로 실내에 장착되어 있으며 승객의 휴대 수하물을 보관할 수 있는 장소다. 항공기 종류 또는 동일 항공기라도 구간에 따라 Overhead Bin은 위쪽으로 열리거나 아래쪽으로 열린다.

❷ Coatroom

객실 여러 곳에 있고 걸어야 하는 옷가지나 Overhead Bin 및 좌석 밑에 들어가

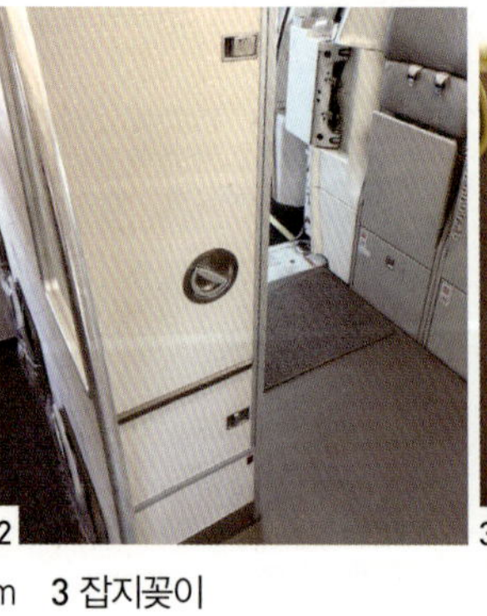

1 Overhead Bin에 짐을 넣는 모습 2 Coatroom 3 잡지꽂이

지 않는 형태의 짐을 보관하는 데 사용된다. 최대 허용 무게를 반드시 준수해야 한다.

❸ Additional Cabin Storage

잡지꽂이나 사물 보관함 등이 있다.

7) Door

항공기의 Door는 승객의 탑승 및 하기를 위한 출입구(Entrance Door), 각종 Service Item의 탑재 및 하기용 Door(Service Door), 평상시에는 사용하지 않지만 비상사태 발생 시 항공기 외부로 탈출을 위한 비상구(Emergency Exit Door)가 있다. 항공기의 Door에는 비상 Landing 시 Ground까지 안전한 탈출을 위해 Escape Slide가 설치되어 있으며 비상 착수를 대비하여 Raft가 탑재되어 있다. 기종에 따라서는 Landing과 착수 구분 없이 사용 가능한 겸용 Slide 또는 Raft가 장착되어 있다.

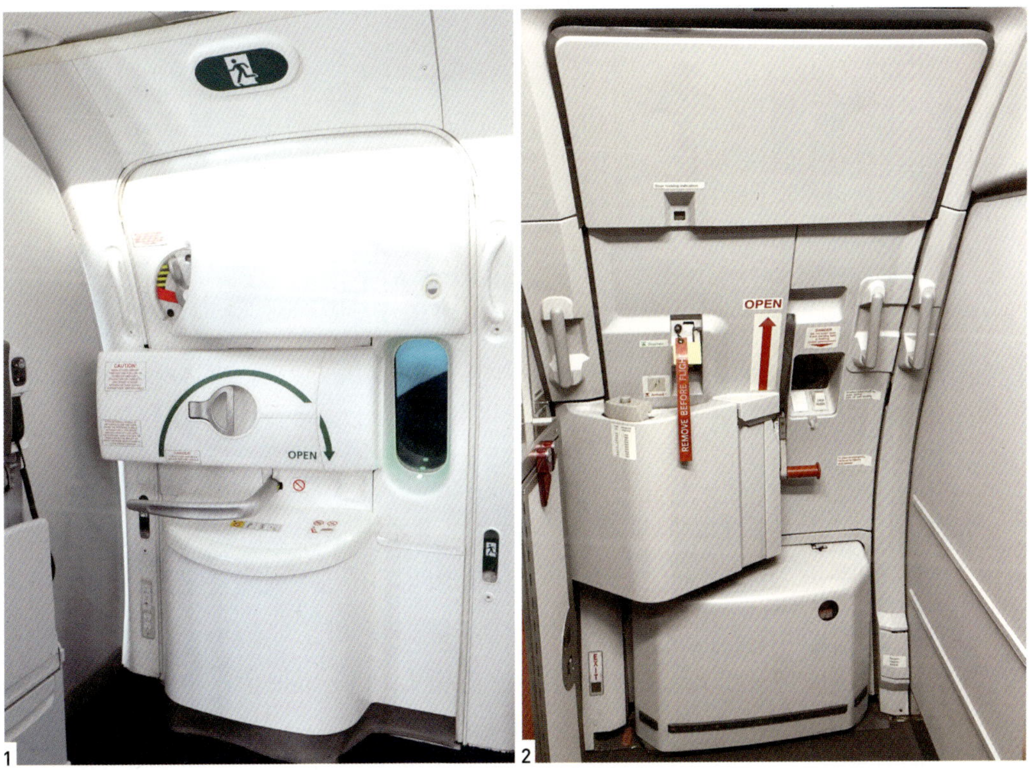

1 Hatch Type Door 2 Plug Type Door

1 Plug Type Door가 열린 모습 2 Sliding Type Door 3 Overwing Exit Door 4 Hatch Type Door가 열린 모습
5 Entrance Door가 열린 모습 6 화물 탑재용 Door

항공기의 각 Zone에 장착된 Door는 평상시 승객의 탑승 및 하기를 돕는 출입구 역할뿐 아니라 비상시 탈출구로 이용되기 때문에 승무원들은 그 위치와 Handling 방법을 항시 숙지해두어야 한다. 모든 항공기의 Door는 Door Control Handle, Slide Mode Control Lever, Door Locking Indicator, Viewing Window, Door Warning System, Evacuation System Container를 갖추고 있다.

Door의 유형에는 항공기 안과 밖으로 이동시켜서 여닫는 방식의 Plug Type

Door, 개방 시 항공기 내부 위아래, 즉 Ceiling 방향 위로 이동시켜서 여닫는 방식의 Sliding Type Door, 평상시 고정 안착된 Door를 비상시 항공기에서 분리하여 비상구로 사용하게 고안된 Narrow Body, 항공기의 Over Wing Emergency Exit Door Type의 Hatch Type Door, 항공기 내부 Door에서 Ground를 연결하여 직접 승객을 탑승, 하기시킬 수 있는 Stairway Type Door가 있다.

2 항공 객실 서비스의 개념과 특성 구분

1. 항공 객실 서비스의 개념

항공사의 객실 서비스는 기내에서 승객에게 제공되는 제반 물적 · 인적 서비스 설계에서부터 생산에 이르기까지의 모든 과정과 업무를 말한다. 즉 승객이 탑승하기 이전부터 객실 시설물이나 Service Item의 설치, 탑재와 관련된 여러 준비 업무를 포함하여 승객이 항공기에 탑승하여 목적지에 도착할 때까지 객실 승무원이 서비스하는 모든 업무를 객실 서비스라고 할 수 있다.

객실 서비스는 한정된 공간에서 한정된 시간에 제공되는 점이 다른 서비스와 구분되는 가장 큰 차이이자 특징이다. 항공기 기종, 식음료 종류, 엔터테인먼트 종류, 좌석 등의 차이는 있지만 항공사마다 제공되는 서비스 절차와 내용은 유사하다. 따라서 인적 서비스야말로 항공사별 서비스 차이를 만들어낼 수 있는 가장 중요한 핵심 요소이자 차별화 요소다.

2. 항공 객실 서비스 구분

객실 서비스 구성은 크게 물적 서비스와 인적 서비스로 나뉜다. 과거의 객실 서비스는 유형, 즉 물질적인 서비스를 중시했으나 근래에는 더욱 편안한 신형 항공기 도입으로 항공사 간 경쟁이 치열해지면서 보다 다양해진 고객의 욕구를 맞출 수 있는 인적 서비스의 중요성이 강조되고 있는 추세다.

물적 서비스란 승객이 객실 내에서 필요로 하는 각종 시설물과 Service Item을 기내에 장착하거나 탑재하여 승객에게 편의를 제공하는 업무를 말한다. 물적 서비스는 기내 식음료 서비스, 기내 음악, 영화 상영, Boarding Music, Air Show,

게임 서비스, 기내 전화 서비스, 팩스 서비스, 노트북 전용 콘센트 서비스, 인터넷 서비스, 기내 이색 Entertainment Program Service 등을 말한다.

한편, 기내에서의 인적 서비스 업무란 장착된 설비와 탑재된 물품을 사용하여 승객이 보다 안전하고 편안하게 여행할 수 있게 객실 승무원이 수행하는 업무를 말한다. 항공사 서비스 중 가장 많은 고객과의 접점시간을 가지기 때문에 지상에서의 서비스가 부족했다 하더라도 객실 승무원의 서비스 정도에 따라 항공사 서비스에 대한 승객의 평가가 우호적으로 바뀔 수도 있다. 그러므로 항공사의 객실 서비스는 다양한 승객의 욕구에 맞는 물적 서비스와 인간적이고 세심한 인적 서비스가 함께 제공되어야 한다.

3 항공 객실 서비스 내용

1. 기내 식음료 서비스

기내 식음료 서비스는 항공기 서비스의 주된 서비스 중 한 가지로 여겨진다. 고객 입장에서 가장 선택의 폭이 넓고, 종류가 다양하며, 항공사 고유의 특성을 가장 잘 나타내는 서비스이기 때문이다.

1919년 런던과 파리의 정기 항공 노선에서 샌드위치, 과일, 초콜릿 등을 상자에 담아 제공한 것이 기내식의 시초였다. 이후 서양식을 기준으로 획일적인 스타일의 기내식이 제공되었으나 항공사 간 경쟁이 치열해지면서 오늘날에는 새롭고 참신한 아이디어로 제작된 기내식, 고급스러운 기내 식기, 노선에 따른 메뉴의 차별화 등으로 고객 유치 전략에 힘쓰고 있다. 따라서 오늘날의 승객은 기내식을 단지 배고픔을 충족시키기 위한 대상으로서가 아니라 즐거움을 경험할 수 있는 수단으로 인식하고 있다. 그러나 기내에는 언어, 식습관, 종교가 다른 수백 명의 승객이 탑승하고 있기 때문에 승객 모두를 만족시킨다는 것은 사실상 어렵다. 왜냐하면 서비스가 이루어지는 공간의 한정성과 경제성 때문이다. 이러한 이유로 항공사들은 승객 대다수가 공통적으로 선호할 수 있는 식사류를 선정하여 제공하는 것이 일반적이다. 또한 항공 교통수단을 자주 이용하는 상용 고객을 배려하는 차원에서 식사 메뉴를 정기적으로 교체하는 사이클 메뉴(Cycle

1 카타르항공의 기내 식음료 서비스 2 3 4 기내식으로 제공되는 각종 한식과 라면

Menu)제를 시행하고 있으며 기호의 차이, 종교나 건강상의 이유로 일반식을 섭취하기 힘든 고객을 위한 특별식(Special Meal)이 제공되고 있다.

마케팅 차원에서 항공사 노선별 탑승 승객 구성에 따라 도착지 국적에 해당하는 음식을 일반 기내식으로 제공하기도 한다. 국내에 취항하는 외국 항공사들도 한국인 승객의 점유율이 높아짐에 따라 고추장이나 김치를 제공하고 있다. 에어프랑스는 파리-서울 간 노선에 프랑스 요리와 더불어 불고기나 갈비 같은 한국 스타일의 기내식을 제공할 뿐 아니라 원하는 승객에게 라면도 제공한다.

우리나라 항공사들도 서양식을 기본으로 하던 기존의 기내식에서 벗어나 한국인 입맛에 맞는 식단을 구성하려 노력하고 있다.

대한항공은 한식 개발을 통해 승객으로부터 호평을 받고 있다. 스페인 마드리드에서 열린 '2012 스페인 국제관광박람회'에서 비빔밥과 불고기덮밥 기내식 시연회를 열어 관람객의 호평을 받은 바 있다.

아시아나항공은 조선왕조 궁중음식 기능 보유자 한복려 원장의 '궁중음식연구원'과 제휴하여 개발한 First Class Menu를 통해 차별화된 한식 서비스를 제공한다. '영양쌈밥'은 한국인뿐 아니라 외국인에게도 인기가 좋은 불고기 메뉴를 10여 종의 신선한 야채와 함께 구성하여 건강과 입맛 모두 만족시키는 대표 메뉴로 자리 잡았다. 또한 전통 발효주인 막걸리도 서비스하고 있다. 한식 세계화에 기여하고 있는 막걸리에는 항암 물질이 와인보다 더 많이 들어 있고 맛도 좋아 일본, 중국을 비롯한 해외 VIP에게 매우 인기가 좋다. 또한 민어매운탕, 블루베리 디저트 등 계절별 특화된 서비스를 제공하기도 한다.

에미리트항공은 First Class, Business Class 승객에게 재료 고유의 맛과 영양소를 그대로 간직한 건강식을 제공한다. 상대적으로 낮은 온도에서 장시간 끓이는 진공 상태라는 뜻의 '수비드(Sous Vide)' 기술로 조리한 기내식은 웰빙 식습관 및 비만, 심장병, 당뇨병 예방 등을 염두에 두고 저칼로리 식단으로 구성하고 있다.

카타르항공도 중동의 멋과 향을 가미한 메뉴로 시선을 사로잡고 있는데, '뉴 제너레이션'이라는 아랍 스타일의 기내식으로 승객의 입맛을 사로잡고 있다. 뉴 제너레이션은 빵, 샐러드 등을 에피타이저로 추가하여 중동 항공사의 특색을 부각시키고 쇠고기, 닭고기 등 주요리는 한식 스타일로 조리하여 한국인 입맛에 맞춘 기내식이다. 그 밖에도 카타르항공은 다양한 아랍식 케이크 등을 디저트로 제공하고 있다. 카타르항공은 항공 리서치 전문기관 스카이트랙스에서 선정한 세계 여섯 개뿐인 5성(5-Star) 항공사로 Business Class 기내식(Best Catering) 수상의 영예를 안은 바 있다.

서양 항공사인 스위스항공, 독일의 루프트한자항공, 영국항공, 에어프랑스, 네덜란드항공 KLM 등은 전통적인 서양식인 육류와 생선 요리를 중심으로 주요리를 구성하고 샐러드, 빵, 주스, 케이크, 초콜릿 등으로 디저트를 장식한다.

그 밖에도 아시아 항공사들은 저마다 전통과 문화의 특색을 살린 음식들로 관심을 모으고 있다. 이와 같이 정선된 기내식 품질은 항공사의 서비스 품질을 평가하는 데 중요 요소로 작용한다. 따라서 각 항공사들은 다른 항공사와의 서비스 차별화를 위해 다양한 기내식 음료 메뉴 개발과 품질 향상에 노력해야 한다.

1) 기내식 서비스에 대한 이해

기내식의 특징은 제한된 좁은 공간이라는 항공기의 조건 때문에 승객의 운동 부족으로 인한 소화장애나 고칼로리식으로 인한 비만 등을 방지하기 위해 소화가 잘 되고 흡수되기 쉬운 저칼로리 식품으로 구성된다는 점이다. 또한 좁은 공간에서 무리 없는 서비스가 가능하도록 알맞게 고안, 제작된 식기류나 운반구가 사용된다. 지상의 일반 음식점과는 달리 기내식은 항공기 운항 계획에 맞추어 지상의 음식 공장에서 미리 조리된 음식을 정해진 그릇에 담아 잠시 저장했다가 항공기 출발시간에 맞추어 기내에 싣고 알맞은 시간에 Galley에서 다시 조리한 다음 승객에게 제공한다. 기내식 메뉴를 짤 때는 많은 전문가가 동원된다. 기내식 메뉴를 선택하기 위해서는 20여 가지 이상의 음식을 나열해놓고 전문가들과 함께 시식하고 선정한다.

객실 승무원은 승객의 친절한 식음료 Coordinator로서 승객의 요청에 수동적인 태도가 아니라 승객의 기호와 취향에 맞게 기내식을 적극 권유해야 하며, 해당 메뉴의 특징과 승객의 기호를 잘 판단하기 위해 항상 노력해야 한다.

2) 기내식 구성에 따른 분류

❶ 시간대별 기내식 형태에 따른 분류

기내식 형태(Code)	서비스시간
Breakfast(BRF:BT)	03:00~09:00
Brunch(BRCH:BH)	09:00~11:00
Lunch(LCH:LH)	11:00~14:00
Dinner(DNR:DR)	18:00~21:00
Supper(SPR:SR)	21:00~24:00
Snack(SK)	14:00~18:00
Heavy Snack	24:00~03:00

❷ 구간별 기내식 형태에 따른 분류

형태	탑재 노선 및 특징
Cold Meal	짧은 비행시간 노선에 탑재된다.
Hot Meal	기본적인 기내식 형태(1 Choice, 2 Choices)로 노선, Class 및 비행시간에 따라 메뉴의 종류가 다르며, 장거리일 경우 3, 4 choices까지 서비스된다.
한식	특정 노선에서 탑재되어 서비스된다.
일본식 도시락	특정 일본 노선에서 Cold Meal 형태로 탑재되어 서비스된다.
Sandwich	Movie Snack, Light Snack으로 구성되며 냅킨, 음료와 함께 서비스된다.

❸ 비행시간별 기내식 형태에 따른 분류

항공기시간을 기준으로 다음과 같이 분류할 수 있다.

표_ 비행시간에 따른 기내식 서비스 제공 횟수

비행시간	기내식 서비스 횟수
6시간 미만	1회
6시간 이상 13시간 미만	2회 + Snack
13시간 이상	3회 + Snack

❹ 좌석 등급별 분류

First Class 기내식

First Class에 제공되는 식사로 해당 항공사에서 엄선한 최고의 물적 · 인적 서비스로 제공된다. 선택의 폭을 넓혀 고객 만족을 높이고자 기본 메뉴 수는 세 가지 이상이며 그 구성도 서양식에서부터 동양식까지 코스별로 서비스된다. 또한 일부 항공사에서는 사전에 예약된 승객에게 전화로 취식 요구 메뉴를 문의하여 개별적인 선호도의 식사를 탑재하여 제공하기도 한다.

First Class에서 제공되는 기내식은 식사의 내용물과 더불어 서비스에 사용되는 기물, 제공되는 식기, 음료 등 모든 Item을 최상의 것으로 준비하며 승객의 취향과 원하는 시간대에 제공받고자 하는 메뉴를 적극적으로 반영하여 서비스하기 위해 On-Demand 서비스를 기본으로 제공하고 있다.

Business Class 기내식

Business Class 식사를 말하며 First Class와 Economy Class의 중간 코스인 Semi Course로 제공되는 것이 일반적이다. 메뉴 선택은 세 가지 이상이 일반적이며 전채 요리를 비롯하여 수프, 빵 등이 개별적으로 제공되나 First Class에 비해 코스가 비교적 간단하다.

Economy Class 기내식

Economy Class의 식사를 말하며 서양식을 기준으로 제공되지만 국적 항공사의 경우 내국인의 선호도를 높이고 경쟁력을 갖추기 위해 한식 서비스를 제공하고 있다. 제공되는 메뉴의 선택은 일반적으로 두 가지이며 Pre Setting 방식으로 제공되는 Tray에 모든 코스 메뉴가 On-Tray되어 서비스된다.

1 에미리트항공 First Class 기내식 2 에어프랑스 First Class 기내식 3 에미리트항공 Bussiness Class 기내식 4 타이항공 Bussiness Class 기내식 5 카타르항공 Bussiness Class 기내식 6 루프트한자항공 기내식 7 대한항공 기내식 8 아시아나항공 기내식

3) 기내식 구성 및 서비스 시 주의 사항

1 기내식 구성

Dinner & Lunch의 구성

- Appetizer(Hors D'Oeuvre) : 식사를 시작할 때 먹는 간단한 요리로 신맛, 짠맛을 주어 입맛을 돋울 수 있는 산뜻한 맛의 샐러드, 훈제 연어, 일식 초밥, 새우 칵테일 등으로 구성된다.
- Soup : 육류, 조류, 어패류, 채소 등을 고아낸 국물로 만든다. 주요리 전에 식욕을 돋우고 뒤따르는 음식의 소화를 돕고 위벽을 보호한다. Economy Class에서는 Soup 서비스는 생략한다.
- Salad : 익히지 않은 여러 가지 채소를 그대로 먹을 수 있게 준비해둔 것으로 Dressing을 뿌려 먹는다(Dressing의 종류 : French Dressing, American Dressing, Thousand Island Dressing).
- Bread : 여러 음식 고유의 맛을 느끼기 위해 입안에 남아 있는 맛을 깔끔하게 씻어내는 역할을 한다(Dinner Bread : Hard Roll, Soft Roll, Breakfast Roll : Croissant, Brioche, Muffin).
- Main Dish : Entrée, Starch, Vegetable로 구성된다.
  - Entrée : 육류 요리로 중심이 되는 요리를 말한다.
    - * Meat : 소고기(Beef), 송아지 고기(Veal), 돼지고기(Pork), 양고기(Lamb)
    - * Poultry : 닭고기(Chicken), 오리고기(Duck)
    - * Sea Food : 생선(Fish), 조개류(Shellfish)
  - Starch : 곡물, 감자 등 탄수화물을 다량 함유하고 있는 식품을 말한다.

1

2

1 Lunch로 제공되는 기내식 2 Breakfast로 제공되는 기내식

* 곡물과 감자류

* Rice & Noddle

– Vegetable

- **Dessert** : 식사의 마지막 코스를 장식하는 Dessert는 단맛이 강하여 식욕을 억제시켜서 식사를 마무리하게 하는 역할을 한다. 시각적으로 구미가 당길 수 있도록 화려하게 만들고 산뜻한 맛을 주는 것이 특징이다(Cheese, Fruit, Cake, Pudding).
- **Coffee & Tea** : 아침 식사의 경우 식사와 함께 서비스하며 그 밖의 식사에서는 식사 서비스 후에 제공한다.

Breakfast의 구성

- **Continental Breakfast** : Fruit Juice, Fruit, Breakfast Roll, Hot Beverage
- **American Breakfast** : Hot Beverage, Fruit Juice, Cereal, Yoghurt, Egg, Grill
  - Breakfast Roll : Muffin, Croissant, Danish Roll, Brioche
  - Egg : Omelette, Poached Egg, Scrambled Egg, Fried Egg, Boiled Egg
  - Grill : Ham, Sausage, Bacon

Snack의 구성

- **Heavy Snack** : Dinner나 Lunch의 일부를 생략하거나 축소한 형태의 식사
- **Light Snack** : Sandwich(Finger Sandwich, Triangular Sandwich, Open Faced Sandwich)

2 기내식 서비스 시 주의 사항

- 기내식 품질 상태를 확인한다(용기 및 포장 파손, 기내식 적정 온도 유지 여부 확인).
- 기내식에 유해 물질 오염 여부를 확인한다.
- 기내식 취급 시에는 먼저 자신의 손을 깨끗이 씻는다.
- 손에 심한 상처가 났거나 기침이 심한 자는 가급적 기내식 취급을 제외시킨다.
- 기내식 서비스 시 손톱 청결에 유의한다.
- 기내식 서비스 시 깨끗한 앞치마를 착용한다.
- Lavatory 출입 시에는 앞치마를 벗는다.

4) 기내식 사업소 업무

항공사의 기내식은 항공사가 자체적으로 Catering을 운영하거나 항공사와 항공 Catering사 간의 계약에 따라 생산되어 기내에 탑재된다. 국내에서는 일일 평균 8만 식 정도 소화가 가능한 대한항공 기내식 사업센터가 김포공항과 인천공항에 위치하고 있으며 대한항공 외에 영국항공, 싱가포르항공 등 국외 항공사 30여 곳에도 기내식을 준비해 공급하고 있다. 저비용 항공사는 대한항공, 아시아나항공과는 다르게 고객이 기내식을 사전에 주문한 경우에만 준비하여 항공기에 탑재한다. 미리 주문하지 못한 승객을 위해 샌드위치, 라면 등 간단한 기내식은 기내에서 주문할 수 있다. 보통 항공사별로 다르나 국적 대형 항공사의 경우에는 4사이클(사이클별 3개월 주기)로 운영되어 승객의 취향에 맞는 기내식 메뉴로 변경하고 있으며 항공사의 메뉴는 해당 항공사와의 Meal Presentation을 통해 선정하고 있다.

항공사별 기내식은 자체 탑승 승객의 승객 분포를 분석하고 회사의 서비스 이미지를 부각할 수 있는 메뉴를 Catering 업체에 의뢰한다. Catering 업체에서는 항공사에서 요구하는 기내식 메뉴의 식자재 공급이 용이한지 조리의 제반 요건을 확인하고 현지에서 실제 Meal Presentation을 통해 확정한다. 신 메뉴들은 대부분 이러한 Meal Presentation을 통해 결정하며 Catering 업체에서 기내식 생산 계획을 수립하기 위해서는 먼저 항공편의 항공기 사양, 출발시간, 예약 승객 수의 정보 등을 필요로 한다. 기내식 생산은 항공기 출발시간을 기준으로 생산량에 따른 생산 소요시간을 역산하여 생산 일정을 수립하며 생산량에 따른 식재료 준비과정을 필요로 한다.

대부분의 Catering에서는 식자재 구매부터 생산, 탑재까지의 전 과정을 엄격한 제조 공정 관리를 하고 있으며, 특히 작업장과 냉장고 · 냉동고 온도 관리 및 손 세척 등 개인 위생에 초점을 맞추어 위생 관리를 철저히 강화하고 있다. 기내에서 위생 사고가 발생하면 치명적일 수 있기 때문이다. 기내 식중독 등 응급 환자가 발생했을 시 정도에 따라 다르겠지만 가급적 가까운 공항에 착륙하려고 시도할 것이고 여의치 않을 경우 간단한 기내 응급 처치만이 가능하다. 이러한 특수성으로 인해 위생은 생명과 직결된 문제로 철저한 위생 관리 개념이 필요하다.

국내 Catering에서는 최고 수준의 위생 관리 시스템을 구축하고 있으며 유럽 항공연맹(AEA)의 위생 기준인 HACCP(Hazard Analysis Critical Control Point) 시스템에 따라 철저한 관리가 이루어진다.

여기서 잠깐!

기내식 Catering 운영 절차

- 상황실에서는 Preliminary Meal Information(PMI) 고객사로부터 해당 항공편 출발 48시간 전에 출발일의 예약자 수를 받는 사전 Meal Order 정보를 작성하여 각 작업장으로 전달한다. 각 작업장에서는 PMI에 따라 기내식을 생산하고 Tray Setting장에서는 생산된 기내식을 승객 수에 맞게 카트에 1차 Setting을 해놓는다.
- 해당 항공편 출발 24시간 전 Preliminary Meal Order(PMO)는 해당 항공편 출발 24시간 전에 받는 PMI보다 정확한 상세 Meal Oder로 FLT NO, A/C No, Class별 기내식 수량, Special Meal 등에 관한 정보가 구체적으로 포함되어 있으므로 생산부에서는 기내식을 추가 생산하고, Tray Setting장에서는 생산된 기내식을 기내 Cart에 승객 수에 맞게 추가 Setting을 하며 Bar Packing장에서는 지정된 기내식 매뉴얼 아래 음료와 기물을 Setting한다. 보통 아침 FLT는 전일 야간에 작업을 완료하고 저녁 FLT는 그날 오전 내로 Setting 작업을 완료한다.
- Final Meal Order(FMO)는 해당 항공기 출발 6시간 전에 받은 Meal Order를 하달하는 상황실은 전날이나 당일 아침에 작업 완료한 Cart 내의 기내식 수를 담당 반장의 재확인을 거친 후 출하 냉동실로 이동 보관하여 Food Car에 탑재하기 전까지 신선도를 유지, 보관한다.
- Loading Supervisor는 기내식과 음료, 그리고 상황실에서 상황을 접수받은 후 늘어난 승객만큼의 Additional Meal을 그 밖의 Service Item(Ice 등)과 함께 확인한 후 Food Car에 탑재한다.
- 기내에 도착 한 후 Supervisor는 기내 승무원과 기내식을 인수인계하고 항공기 출발 전까지 승객의 변동 상황을 주시한다. 그리고 늘어난 기내식과 Service Item 등의 추가 지원 대비를 위해 항공기 출발 전까지 항시 승무원 주위에 대기한다.
- 항공기 출발 후 상황실에 탑재 상황 종료 통보를 끝으로 Catering의 기내식 탑재 지원이 종료된다.
- 항공기 도착 후 하기는 탑재 역순으로 승객 하기 후 세관 직원의 확인을 받은 후 하기 작업을 실시한다. 때때로 항공기는 공항 사정, 기후, 항공기 정비 상태에 따라서 장시간 지연되거나 운항이 취소되는 경우가 발생하기도 한다. 이때 기내식의 폐기 및 재활용은 위생 담당의 사전 협의를 통해 처리한다. 재활용의 경우에는 어떠한 이유에 의해서도 생산에서 승객의 취식 시까지의 시간이 최대 72시간을 넘어서는 안 된다. 만약 72시간이 넘는다고 판단될 경우 Catering 절차에 의거하여 폐기 처리하고 있다.

1 기내식을 포장하고 있는 모습 2 3 Cart에 준비된 기내식 4 5 Catering 차량 이동 및 기내식을 항공기에 싣는 모습

5) 특별 기내식

승객에게 서비스되는 기내식은 시간적 · 공간적 제약에서 보다 많은 승객에게 만족을 제공하기 위해 보편적으로 선호도가 높은 메뉴로 구성된다. 하지만 승객의 특성에 따라 종교, 병의학적 사유, 연령 등의 제한으로 정해진 기내식 메뉴를 먹지 못하는 경우가 종종 생긴다. 성인 음식을 먹지 못하는 영유아의 경우, 종교나 건강상의 이유 등으로 지정된 메뉴를 먹지 못하는 경우 특별 기내식, 즉 Special Meal(SPML)을 주문해야 한다. 이러한 고객을 위해 항공기 출발 24시간 전에 SPML의 종류에 해당되는 것을 선택하여 주문하면 비행기에서 식사 서비스를 받을 수 있다. 항공사별 SPML의 종류는 매우 다양하나 크게 종교상, 건강상, 연령상, 그리고 승객의 특별한 요구에 따른 특별식으로 구분할 수 있다.

❶ 종교상 이유의 특별 기내식

종교식은 특정 종교의 교리에 맞게 조리한 음식으로 유대교의 율법에 따라 고유의 전통의식을 치른 후 만드는 Kosher Meal, 돼지고기와 알코올을 넣지 않는 Moslem Meal, 쇠고기와 돼지고기를 넣지 않는 Hindu Meal 등이 있다.

표_ 종교상 이유의 특별 기내식

종류	약자	특징
Kosher Meal 	KSML	• 유대 정교 신봉자의 식사. 유대교를 위한 식사로 완제품을 구매하여 제공한다. 유대교 율법에 따라 고유의 전통의식을 치른 후 만들어진 완제품이다. • 다른 음식을 만드는 데 사용되는 기물이나 장소로부터 분리시키고 항상 밀봉되어 있는 상태로 서비스되어야 하며, 기물은 재사용을 금하고 있으므로 Disposable 용기를 사용한다. 육류는 Kosher 규정에 따라 준비된 것만 사용할 수 있으며 유제품과 함께 조리되거나 서비스되어서는 안 된다. • Meal Check 시 탑재 여부를 확인하고 절대 포장을 뜯지 않는다. 먼저 승객에게 주문 여부를 확인한 뒤 Box를 보여주고 승객이 직접 개봉하도록 한다. 따듯하게 데운 후 Box 채로 서비스한다. • 금기 식재 : 돼지고기가 포함된 음식, 조개류, 갑각류(굴, 새우, 게, 바닷가재 등), 비늘과 지느러미가 없는 생선류
Moslem Meal 	MOML	• No Pork • 돼지고기를 먹지 않는 이슬람교도의 식사. 알코올 사용을 금한다. • 주로 중동 및 인도네시아, 말레이시아인의 주문이 많다.

Hindu Meal 	HNML	• No Beef, No Veal, No Pork(주로 Lamb, Poultry, Fish 등으로 구성되며 유제품도 허용) • 쇠고기를 먹지 않는 힌두교도를 위한 식사 • 인도계 사람들이 많고 커리향을 선호한다.
Vegetarian Meal 	VGML	• 종교상, 건강상, 개인적인 기호에 따라 육류를 먹지 않는 채식주의자의 식사 • 동남아시아인들이 많고 불교 승려도 포함된다.

표_ Vegetarian Meal의 종류

종류	약자	특징
Vegetarian Vegan Meal Non Dairy, no-eggs 	VGML	• (극단적) 채식으로 엄격한 채소 요리 • 유제품, 달걀도 먹지 않는다.
Lacto-ovo Vegetarian Meal 	VLML	• 달걀, 유제품을 이용하여 조리한 채식
Vegetarian Oriental 	VOML	• 동양 채식주의 음식으로 중국 스타일로 준비된 채소 요리

❷ 건강상 이유의 특별 기내식

질병이나 건상상의 이유로 제한된 음식만 먹을 수 있는 승객에게 제공되는 건강식으로 여러 가지가 있다. 대표적인 건강식에는 소화장애 환자를 위해 부드럽게 조리한 연식, 당분이 포함되지 않은 당뇨식, 심장병이나 비만증 환자를 위한 저지방식, 신장 · 간장 질환 환자를 위한 저단백식 등이 있다.

표_ 건강상 이유의 특별 기내식

종류	약자	특징
Soft Bland Diet	SBDT	• 무자극성 음식으로 위염, 위궤양 환자를 위한 특별식이다.
Diabetic Meal	DBML	• 당뇨병 환자용 식사다(Sugar, 꿀 등의 사용이 금지되어 있으며 신선한 과일, 채소, 곡물류 등의 고섬유질 식재료를 이용하며 탈지분유, 우유와 같은 저지방 낙농 제품을 사용한다).
Low Cholesterol Meal, Low Fat	LCML LFML	• 저콜레스테롤, 저지방으로 조리된 식사다. • 심장 질환, 동맥경화 등 성인병 환자용 식사다(저지방 고기, 저지방 유제품을 사용하며 신선한 과일, 채소, 시리얼 등의 고섬유질 음식을 사용한다).
Oriental Meal	ORML	• 중국 스타일로 조리된 식사로 동남아시아 승객의 선호도가 높다.
Bland Meal	BLML	• 소화장애 환자 또는 수술 후 회복기에 있는 환자에게 제공되며 자극성 향신료를 넣지 않고 데치거나 끓이는 방법으로 부드럽게 조리하여 만든 식사다. 저지방 음식(지방이 적은 고기, 닭고기)과 위에 부담이 적은 섬유질, 자극적이지 않은 양념을 사용한다.
Low Sodium Meal (Salt Free Meal)	LSML	• 염분 조절 식으로 고혈압, 간 질환, 신장병이 있는 승객을 위한 식사다. 소금이나 간장류, 고염분 식재료 사용을 제한한다.
Low Protein Meal	LPML	• 신장 질환, 간 질환이 있는 승객을 위한 식사로 과일, 샐러드, 드레싱, Sugar, 꿀, 잼, 시럽 등은 자유로이 사용할 수 있다.
Gluten-Free Meal	GFML	• 글루텐 민감성 장 질환, 만성 소화장애, 곡물 알레르기, 스푸루 열대성 환자를 위한 특별식이다. • 글루텐은 밀, 귀리, 호밀, 보리에 있는 단백질로 빵, 과자 등에 많이 포함되어 있으므로 보리, 호밀, 밀, 귀리 등 글루텐 함량이 높은 식재료 사용을 제한한다.
High Fiber Meal	HFML	• 만성 변비와 과민성대장증후군, 동맥경화, 신진대사병의 예방이나 치료에 이용되는 특별식이다. • 완전 소맥분과 신선한 과일, 채소, 콩류, 땅콩류를 사용하여 조리한다.
Low Purine Meal	PRML	• 신장 담석 및 통풍 질환이 있는 환자를 위한 식사로 내장, 간, 고기 등 퓨린이 풍부한 음식은 피하여 조리한다.
No Lactose Meal	NLML	• 유당 알레르기가 있는 승객을 위한 식사다. • 두유, 코코넛 우유를 사용하고 신선한 과일, 채소, 고기, 가금류를 사용하여 조리한다.

1 LFML 2 BLML

❸ 연령상 이유의 특별 기내식

만 2세 이상 12세 미만 어린이도 입맛에 맞는 기내식을 미리 주문할 수 있다. 대한항공의 경우 인천 출발편은 자장면, 오므라이스, 김밥, 샌드위치, 햄버거, 피자, 스파게티, 치킨 너깃 중에서, 인천 도착편은 햄버거, 피자, 스파게티, 치킨 너깃 중에서 선택할 수 있다. 단, 비행시간이 짧은 일부 구간에서는 김밥이나 샌드위치같이 데우지 않는 메뉴만이 가능하다.

표_ 연령상 이유의 특별 기내식

종류	약자	특징
Infant Meal	IFML	• 12개월 미만의 유아식 • 주로 우유나 분유 및 가공 이유식 등을 제공한다.
Baby Meal	BBML	• 12개월에서 24개월 정도의 유아식 • 우유, 이유식을 제공한다. • 단거리 Cold Meal 구간 적용 시 거버 이유식, 거버 주스, 유기농 두유, 유기농 쿠키를 서비스한다(연령대에 맞추어 취식이 가능한 미음류, Entrée Menu와 구성 Item으로 적용 가능하다).
Toddler Meal	TDML	• 2세에서 6세 정도의 아동을 위한 기내식 • 씹어 삼키기 쉽게 조리된다(Child와 Baby의 중간 단계인 Toddler 단계 유아식으로 적용하여 유아의 취식 상태를 고려하여 진밥 메뉴로 구성된다).
Child Meal	CHML	• 12세까지의 어린이용 식사 • 햄버거, 오므라이스, 자장면, 피자 등 어린이가 선호하는 식단으로 제공되며 종류는 항공사별로 다르다. • 아시아나항공의 경우 인천 출발편 구간에는 일곱 종류의 CHML 식사 메뉴가 주문 가능하다. Cold Meal 서비스 구간에서는 Cold Meal인 샌드위치만 주문 가능하며, Hot Meal 구간에서는 일곱 가지 메뉴가 주문 가능하다.

1 BBML 2 CHML 3 에미리트항공에서 제공되는 CHML

④ 그 밖의 승객 요구의 특별 기내식

일반적으로 승객의 생일이나 결혼 등과 같은 기념일에 제공되는 것을 말한다. 승무원은 케이크와 함께 샴페인이나 와인을 서비스하면서 승객에게 축하의 메시지도 전달한다.

표_ 그 밖의 승객 요구의 특별 기내식

종류	약자	특징
Honeymoon Cake	HMCK	• 결혼 축하 케이크 • 서비스 방법 : 좌석 번호와 이름 등을 미리 살핀 뒤 손님에게 주문 여부를 확인하고 탑재 사실을 안내한다. 언제 서비스를 원하는지 물어본 후 원하는 시간대에 서비스한다.
Birthday Cake	BDCK	• 생일 축하 케이크
Anniversary Cake		• 각종 기념일 축하 케이크

⑤ 특별 기내식의 서비스 방법

각 Zone의 Galley Duty 승무원은 SHR상의 SPML의 주문 상태, 승객 이름, 좌석 번호를 확인하고 탑재 여부를 확인한다. SPML이 탑재되지 않았을 때는 지상 직원에게 즉시 확인하고 Catering 직원에게 조치하도록 요구한다.

승객 탑승 완료 후 승객에게 주문 사실을 확인하고 Passenger Seat 부착용 Tag를 해당 승객의 Head Rest 상단에 부착한다.

서비스 시에는 Meal Tray 측면에 부착된 Tag와 승객 Head Rest Cover 위에 부착된 Tag의 일치 여부를 확인하고 서비스한다.

기내식 서비스를 하는 승무원들

사전 주문 내용이 누락되어 SPML이 탑재되지 않았을 때는 승객의 양해를 구하고 의향을 물어 차선책을 강구한다.

2. 기내 Beverage Service

기내에서 제공되는 Beverage Service는 기내식과 더불어 승객에게 다양한 즐거움을 주는 서비스 중 하나다. Beverage Service는 기내식과는 달리 특정시간에 한하여 제공되는 것이 아니라 정규 Beverage Service 시간은 물론 정규 서비스 종료 후 승객이 휴식을 취하거나 영화를 상영하는 시간 등 비행 중에도 지속적으로 승객의 요구에 따라 제공된다. 비행 중 충분한 Beverage Service는 승객과의 친밀감 형성에 도움이 될 뿐 아니라 건조한 기내 환경을 고려할 때 승객의 건강을 위해서도 필요하기 때문에 적극적으로 이루어져야 한다. 최근에는 다양화되는 고객의 입맛을 사로잡기 위해 여러 가지 Beverage Service를 시도하고 있다. 대표적인 예로 아시아나항공은 국순당 쌀막걸리 서비스를 시작으로 미주, 유럽, 오세아니아 장거리 전 구간에 상위 Class 승객에게 한산 소곡주 서비스를 제공하고 있다.

1 Non-Alcoholic Beverage

Non-Alcoholic Beverage(비알코올음료)는 알코올이 함유되지 않은 음료를 말하며 기내에 탑재되는 Non-Alcoholic Beverage의 종류는 항공사별로 다르지만 일반적으로 다음과 같다.

Cold Beverage

	Item
Water	무색, 무미. 서비스 전에 잘 Chilling하여 차갑게 서비스한다. • Mineral Water : Plain Water(제주 산수, Evian, Selzer Water, Vicky Water, Diamond Water) • Sparkling Water(Perrier, San Pellegrino 등)
Juice	과일의 과즙에 무기질이나 Sugar 등을 첨가한 음료로 차갑게 서비스하지만 얼음은 넣지 않는다. • Orange Juice, Tomato Juice, Pineapple Juice, Guava Juice, Apple Juice, Lemon Juice, Lime Juice
Soft Drink	청량감을 높이기 위해 탄산을 첨가한 음료로 서비스 전에 차갑게 Chilling하고 얼음을 넣어 서비스한다. • Coke, Pepsi, 7-Up, Sprite, Diet Sprite(Coke)
Mixer류	칵테일의 부재료 • Tonic Water, Soda Water, Ginger ale
Milk	• Whole Fat Milk • Low Fat Milk • Pasteurized(살균 우유) • Non-Pasteurized(미살균 우유)

Hot Beverage

	Items
Tea	카페인과 타닌이 차의 고유한 맛을 내게 한다. 서비스 시 티백을 충분히 우린 후 각 차에 맞는 Accompaniment와 함께 제공한다. • Black Tea(Assam Tea, Ceylon Tea, Darjeeling Tea) • Green Tea • Jasmine Tea • Ginseng Tea(꿀과 함께 서비스)
Coffee	산지, 볶는 방법, 조합 방법에 따라 맛과 향의 차이가 있다. • Regular Coffee(Brewed Coffee, Instant Coffee) • Decaffeinated Coffee • Vienna Coffee • Espresso Coffee • Cafe Au Lait • Irish Coffee

2 Alcoholic Beverage

알코올이 함유된 음료는 제조법이나 특성에 따라 종류가 다양하다. 항공사들은 자사의 서비스 질을 향상시키기 위해 고객에게 세계적인 명성의 브랜드 제품을 주로 서비스하며, 이를 서비스하는 승무원들은 사전에 학습한 전문 지식을 바탕으로 승객의 기호에 맞게 Alcoholic Beverage(알코올음료)를 제공한다.

Alcoholic Beverage는 Non-Alcoholic Beverage와 마찬가지로 무료로 제공되는 것이 일반적이나 알코올의 특성상 기내에서의 난동이나 급작스러운 응급 상황 발생으로 이어질 가능성이 있어 3회 이상 Alcoholic Beverage를 제공받은 승객은 승무원의 각별한 주의와 관리가 필요하다. 또한 개인적으로 소지해온 Alcoholic Beverage는 기내에서의 취식이 금지되어 있다.

표_ 항공사의 Alcoholic Beverage의 종류

구분	종류	서비스 되는 제품
Wine	Still Wine	Red / White 각각 두 종류 이상
	Sparkling Wine	Champagne, Dry Vermouth
	Fortified Wine	Port Wine, Sherry Wine
Whisky	Scotch	Ballantine, Glenfiddich, Johnnie Walker, Chivas Regal, J&B/ Grants 등
	Canadian	Canadian Club
	Bourbon	Jack Daniel, Jim Beam
그 밖의 알코올 음료	Brandy	Remy Martin 등
	Liqueur	Bailey's, Cointreau, Creme De Menthe, Creme De Casis
	Compari	Compari
	Rum	Barcardi
	Gin	Beefeater
	Vodka	Smirnoff
	Beer	국내 맥주 및 현지 맥주(출발지 기준)

여기서 잠깐!

항공사별 와인 서비스

항공사는 20여 종이 채 되지 않는 와인을 선택하기 위해 무려 1,000종이 넘는 와인을 테이스팅할 목적으로 세계적인 와인 전문가를 초빙한다.

대한항공은 11개국에서 수입한 42종의 와인을 기내에서 제공하는데, 미주 노선에는 캘리포니아 와인이나 칠레 와인, 캐나다 노선에는 Ice Wine, 로마 노선에는 이탈리아산 Red Wine을 선보인다. 기내 와인 선정은 한국 와인 박사 1호로 알려진 방진식 차장(대한항공 기내식기판사업본부)이 주관하며 와인 품질을 최상으로 유지하기 위해 현지 와이너리를 통해 직접 구매한다. 대한항공은 최근 수년 간 명품 와인을 선보이며 기내 와인 서비스 고급화를 꾀하고 있다. 특히 Cuvee Rose Brut은 세계 항공사 중 대한항공이 유일하게 기내에서 제공하는 샴페인이다.

아시아나항공은 국제선 승객을 대상으로 연간 약 38만 병의 와인을 기내에서 제공하고 있는데, 프랑스산이 주축을 이룬다. 취항지에 따라 미국 캘리포니아, 독일, 칠레 와인이 제공되기도 한다. Bordeaux 2등급 Red Wine과 Bourgogne Grand Cru 등급 White Wine이 First Class 와인이며 기내 와인 선정은 스웨덴 출신의 유럽 소믈리에 챔피언 안드레아스 라르손(Andreas Larsson) 등 세 명의 유명 소믈리에로 구성된 '아시아나항공 와인 컨설턴트 그룹'이 담당한다. 2, 3년 주기로 품평회를 열어 기내 와인을 선정한다.

독일의 루프트한자항공은 세계 각국의 고품질 와인을 엄선하여 제공하는 '비노텍 디스커버리스(Vinothek Discoveries) 기내 와인 프로그램'을 운영하고 있다. 기내 와인 선정은 독일 출신의 세계적인 소믈리에 마르쿠스 델 모네고(Markus Del Monego)를 비롯한 항공사 내부 · 외부 와인 전문가로 구성된 위원회가 담당하고 매년 10회에서 12회 블라인드 테이스팅을 걸쳐 기내에서 제공할 와인을 선정한다. 독일을 대표하는 항공사답게 독일산 White Wine도 항상 마련해놓고 있다. 최근에는 독일 와인 연구소(German Wine Institute)와 협력하여 독일 와인 퀸(German Wine Queen)의 기내 시음회를 개최하기도 했다. 현재 장거리 노선 승객에게 포도 품종, 재배 지역, 생산 연도를 비롯하여 와인에 대한 상세한 설명이 기재된 와인 리스트를 제공하며 연평균 약 400만 병의 와인을 기내에서 소비하고 있다.

싱가포르항공은 세계적인 명성의 샴페인과 뉴질랜드 말보로에서 생산된 프리미엄 와인으로 서비스하고 있고 1989년부터 와인 자문단을 구성하여 1,000여 종의 와인을 시음하고 품질 및 기내 적합성을 기준으로 기내 제공 와인을 선정하고 있다.

카타르항공은 스카이트랙스가 선정한 5성급 항공사답게 엄선된 주류 서비스를 통한 차별화를 꾀하고 있다. 와인 선정은 세계적인 명성의 와인 컨설턴트가 담당한다. 2008년 주류 전문지 『와인 앤드 스피릿(Wine & Spirit)』과 영국 『비즈니스 트래블러(Business Traveller)』가 공동 주최한 '셀러 인 더 스카이(Cellars in the SKY)'에서는 First Class Red Wine, Business Class White Wine 부문에서 각각 1위에 오르기도 했다.

항공기 내부의 습도와 공기 흐름은 지상과 다르고 지상보다 기압이 낮으며 건조하고 공기 순환도 빨라 와인의 풍미를 느끼기에 알맞지 않기 때문에 와인 향이 코에 전달되기 전 상당 부분 공기 중으로 흩어진다. 또한 혀의 미각 세포도 기내에서는 기능을 제대로 발휘하지 못해 타닌의 떫은맛과 신맛이 더 강하게 느껴진다. 항공사들은 이를 감안하여 대부분 향이 풍부하고 당도가 높은 와인을 기내 와인으로 제공한다.

항공기 내 Bar 구조

❸ Cocktail

두 가지 이상의 술을 섞거나 부재료를 혼합하여 마시는 Alcoholic Beverage로 알코올 도수가 낮아 식욕을 증진시켜주므로 식전주로 알맞다. Cocktail은 맛과 향, 아름다운 빛깔의 조화로 분위기를 만들어내는 예술 작품이라고 할 수 있다. 기내에서는 식전주나 환영주로 제공하는 경우가 많으며 객실 승무원은 Cocktail 제조 방법을 익혀 적극적인 서비스로 고객 만족에 기여해야 한다.

Cocktail은 크게 세 가지의 기본 요소를 갖추고 있는데, Cocktail의 기본이 되는 Liquor인 Base, Base와 섞는 음료로 Soda Water, Ginger Ale, Tonic Water 같은 Mixer류, Cocktail의 맛을 더하거나 돋보이게 하기 위해 장식하는 것으로 레몬, 오렌지, 올리브, 체리, 파인애플 등으로 사용되는 Garnish가 있다.

Cocktail은 항상 차게(4~6도)해서 만드는 것이 원칙이며 On the Rocks는 2온스 정도, Straight는 1온스 정도가 적당하고 얼음이 들어가는 Cocktail은 Muddler를 함께 준비해서 제공해야 한다. 비행기에서 승객들이 선호하는 Cocktail 제조법을 간단히 살펴보면 다음과 같다.

Whisky base Cocktail

NAME	GLS	ICE	BASE	MIXER	MIXING
Scotch Soda	T	O	Scotch Whisky 1oz	Soda Water	Stir
Whisky Sour	W	X	Blended Whisky 1oz	Lemon/J 0.3oz	Sugar 1티스푼을 넣고 잘 저은 후 얼음을 넣고 차게 하여 W/G에 Strain한다. * Garnish : Lemon/S & Cherry
Bourbon Coke	T	O	Bourbon Whisky 1oz	Coke	Stir
John Collins	T	O	Bourbon Whisky 1oz	Lemon/J 0.3oz	Sugar 1티스푼을 넣고 잘 저은 후 얼음이 든 새 컵에 붓고 Soda Water를 채운다. * Garnish : Lemon/S & Cherry

Gin Base Cocktail

NAME	GLS	ICE	BASE	MIXER	MIXING
Gin Tonic	T	O	Gin 1oz	Tonic Water	Stir *Garnish : Lemon/S
Gin Fizz	T	O	Gin 1oz	Lemon/J 0.3oz Soda Water	Sugar 1티스푼을 넣고 잘 저은 후 얼음을 넣고 차게 하여 Strain한 다음 소다수를 채운다. * Garnish : Lemon/S
Orange Blossom	W	X	Gin 1.5oz	Orange/J 1.5oz	Sugar 1/2티스푼을 넣고 잘 저은 후 얼음을 넣고 차게하여 Strain한다.
Tom Collins	T	O	Gin 1.5oz	Lemon/J 0.3oz	Sugar 1/2티스푼을 넣고 잘 저은 후 얼음을 넣고 차게 하여 Strain한 다음 소다수를 채운다. * Garnish : Lemon/S & Cherry
Martini	T / W	O / X	Gin 1.5oz	Dry Vermouth 0.7oz	Dry로 주문할 경우 Gin의 양을 늘리고 Straight로 주문할 때는 Strain하여 W/G에 준비한다. * Garnish : Olive

Vodka Base Cocktail

NAME	GLS	ICE	BASE	MIXER	MIXING
Vodka Tonic	T	O	Vodka 1oz	Tonic Water	Stir
Bloody Mary	T	O	Vodka 1oz	Tomato/J	우스터소스와 핫소스 2~3방울, 소금, 후추를 첨가하여 젓는다. * Garnish : Lemon/S
Bourbon Coke	T	O	Vodka 1oz	Orange/J	Stir
John Collins	T	O	Vodka 1oz	Guava/J 2oz Lime/J	Stir * Garnish : Lemon/S & Cherry

Wine Base Cocktail

NAME	GLS	ICE	BASE	MIXER	MIXING
Kir	W	X	White Wine	Creme De Cassis	Creme De Cassis와 White Wine을 1:8의 비율로 채운다.

기내 면세품 책자는 모든 좌석에 배치되어 있다.

3. 기내 면세품 판매 서비스

국제선 항공편을 이용하는 승객에게는 또 하나의 특별한 혜택이 주어진다. 면세품을 구매할 수 있는 기회가 바로 그것이다. 이러한 혜택을 공항뿐 아니라 항공기에서도 누릴 수 있게 준비한 것이 기내 면세품 판매 서비스다. 협소한 항공기 공간에 다양한 제품을 구비하기 위해 선호도가 높은 면세품 위주로 엄선하여 술, 담배, 향수, 화장품, 선물용품 등 세계 유명 상품을 판매한다. 기내 면세품 판매는 승객에게 편의를 제공함과 동시에 항공사 수익을 올리는 데 일익을 담당하고 있으며 각 항공사에서는 항공사의 브랜드 이미지를 높일 수 있는 상품을 자체 개발하여 판매하기도 한다.

기내 면세품 판매 서비스는 해당 항공사별로 서비스 방법이 다를 수 있으며 대체로 특정시간에 Cart로 객실 내부를 순회하며 판매한다. 항공기 내에서 판매하는 기내 면세품의 시공간적 제약을 극복하기 위해 사전 주문제를 통해 예약서비스도 제공하고 있다. 사전 예약은 해당편에 물건을 탑재하기 위한 최소한의 시간을 확보하기 위해 출발편은 48시간 이전, 귀국편은 72시간 이전에 주문해야 한다.

또한 면세품은 관세법상 기내에서의 교환 및 환불이 불가능하며 상품 하자의 경우에만 동일 제품으로 교환이 가능하다. 승무원들은 판매되는 각 면세품들에 대한 정확한 상품 정보를 숙지할 의무가 있으며 간단한 제품 소개와 설명은 좌석 앞 기내 면세품 판매 책자를 통해 제공된다.

4. 기내 Entertainment Service

기내에서는 여행의 즐거움을 더하기 위해 다양한 프로그램의 엔터테인먼트를 서비스한다. 최근에는 항공기 신기종 개발로 차별화된 Entertainment Service가 항공사 간에 경쟁적으로 도입되고 있다. 기내 영화 상영, 음악 감상 등 획일화되었던 Entertainment Service를 넘어 인터넷, 전화 등 다양한 통신 서비스, 개인용 비디오 장착에 따른 오락기기 프로그램, 자유롭게 즐길 수 있는 음료 Bar 등을 비롯하여 최근에는 샤워실, 카지노, 침실 등 개인 취향에 맞춘 다양한 서비스가 시행되고 있다.

항공여행이 단순한 운송의 목적이 아닌 새로운 개념의 서비스를 제공받는 기회로 인식되면서 고객의 항공사 선택에도 Entertainment Service가 큰 비중을 차지하고 있는 추세다. 이렇듯 기내에서의 오락적 기능이 승객에게 높은 관심을 받게 되자 항공사들도 관련 하드웨어 설비에 상당한 비용을 투자하고 있으며 이러한 추세는 앞으로도 지속적으로 이어질 전망이다.

1) 기내 영화와 음악

기내에서 영화 서비스는 미국 TWA항공이 제공한 것이 처음이다. 「사랑이 머무르는 계절(By love Possessed)」이라는 영화를 1961년 뉴욕-샌프란시스코 구간에서 처음 서비스를 시행한 후 1988년 노스웨스트항공에서 처음 Individual Video System을 도입했다. 현재는 세계 대부분의 항공사가 장거리 노선에서 기내 영화 서비스를 시행하고 있으며 영화 종류와 서비스 방법이 다양화되고 있다. 여러 언어를 사용하는 승객들이 탑승하는 탓에 한국어, 영어, 일본어 등 다양한 언어로 더빙하고 자막으로 처리하여 보다 쉽게 볼 수 있게 상영하고 있으며 보통 한 달 주기로 내용을 교체하고 있다.

Individual Monitor

기내 음악 선정은 이별, 죽음 등 슬픈 주제의 음악은 지양하며 항공여행의 즐거움과 설렘을 유지할 수 있도록 선곡하고 있다. 승객의 다양한 국적과 인종, 연령을 고려하여 여러 취향을 고루 반영할 수 있게 하고 있다.

영화와 음악에 대한 정보는 좌석 앞의 안내지에 상세히 설명되어 있고 승무원들은 해당 항공편에서 제공하는 영화, 음악에 대해 간략한 정보를 사전에 숙지해야 한다.

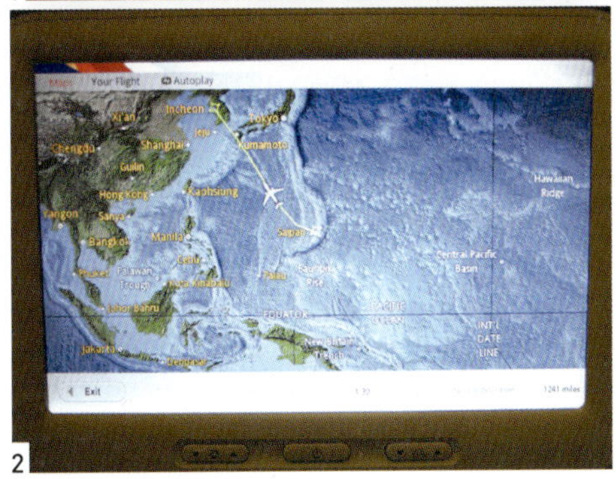

1 유나이티드항공에서 제공하는 한국 여행 정보 단편물 2 Air Show

2) 단편물 상영

영화와 음악을 제외한 단편물도 기내에서 상영한다. 국내에서 인기 있는 프로그램, 뉴스, 어린이를 위한 단편 만화 등 다양한 단편물이 상영되는데, 이를 통해 한국의 정치, 경제, 스포츠, 여행, 오락 등 여러 정보를 제공한다.

3) Boarding Music

승객 탑승 시 또는 하기 시 주로 접할 수 있는 기내 음악 중 Boarding Music이 있다. Boarding Music은 항공기에 처음 들어섰을 때 접할 수 있는 음악으로 항공사의 이미지를 전달하는 역할을 한다. Boarding Music은 해당 항공사를 알릴 수 있게 자체 제작하기도 한다. Boarding Music은 기내에 탑승했을 때 편안한 느낌을 가지게 하고 다소 생소할 수 있는 기내에 적응할 수 있게 도와준다.

4) Air Show

Air Show는 화면을 통해 비행과 관련된 다양한 정보를 전달해줌으로써 즐겁고 안전한 여행이 될 수 있게 도와준다. 일반적으로 현재 비행 고도, 비행 속도를 비롯하여 바깥 온도, 맞바람 세기, 남은 비행시간, 도착 예정시간, 목적지 현재 시간, 출발지 현재시간 등을 Air Show를 통해 제공한다. 더불어 비행기가 이동하는 경로에 따라 어느 해상을 이동 중에 있는지 동영상으로 표시하여 알려주기도 한다.

5) Reading Material

항공사들은 장거리여행의 지루함을 해소해주기 위해 다양한 Reading Material Service를 제공한다. 비행기에서 제공하는 Reading Material은 항공사 자체적으

1 에미리트항공 A380 Business Class에 비치된 잡지 2 타이항공 기내지 3 루프트한자항공 기내지

로 제작한 기내지, 신문, 잡지를 비롯하여 신간이나 베스트셀러, 도착 국가의 관광 정보가 담긴 책을 대여하여 제공한다. 서비스 방법은 항공사마다 다르지만 기내 도서는 서비스 후 반납하여 다음 비행의 고객에게 재사용된다. 최근에는 영화, 오락, 인터넷 등의 다양한 In-Flight Service가 등장하여 Reading Material Service의 선호도가 낮아지는 경향이 있어 일부 항공사에서는 Reading Material 대여 서비스를 중단하고 있기도 하지만 이동 공간이 부족한 기내에서는 장거리 여행에 개인 Reading Light를 사용하여 그동안 보지 못했던 도서를 읽는 것은 특별한 즐거움이 된다.

6) 기내 게임 서비스

전체 승객을 대상으로 제공하는 게임 서비스는 대부분 하드웨어적인 오락물을 구비하여 대여하는 형태로 서비스되며 체스, 바둑, 레고와 같은 조립용 장난감 등이 있다. 근래에는 항공기가 발달하여 Individual Monitor를 통한 개인 조작이 가능한 게임 서비스도 제공되어 승객에게 좋은 평가를 받고 있다.

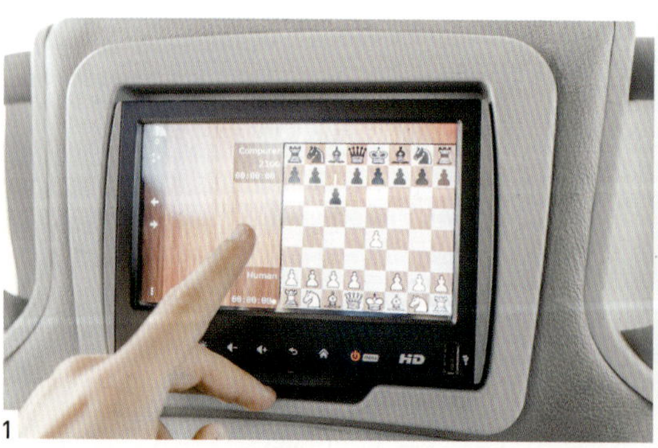

1 기내 게임기 2 에미리트항공 B777 First Class에서 제공하는 Room Service용 전화

7) 기내 전화

좌석에 설치된 위성 전화로 전 세계 어디로든 연락할 수 있다. 또한 항공기의 다른 좌석 사람들과 대화를 나눌 수도 있다. 최근에는 기내 인터넷 서비스가 보편화되면서 자신의 스마트폰을 사용하여 좀더 유익한 시간을 보낼 수 있다. 그러나 통화는 금지되어 있다. 보통 신용카드로 이용이 가능하며 전화를 거는 해당 국가와 이용시간에 따라 요금이 청구된다. 수신자 부담 전화와 국제전화번호 문의는 불가능하다.

8) 팩스 서비스

대부분의 항공사에서는 승객의 요청이 있을 때 승무원이 전송할 서류를 받아 팩스 대행 서비스를 제공하며 요금은 신용카드로 계산할 수 있다.

9) 노트북 전용 콘센트 서비스

일부 항공사에서는 기내에서도 배터리 걱정 없이 승객이 휴대한 노트북을 최고 속도로 사용할 수 있는 서비스를 실시하고 있고 이는 점차 확대되고 있는 추세다.

노트북 전용 콘센트 서비스를 이용하려면 유니버설 에어 파워 어댑터(Universal Air Power Adapter)를 소지해야 하는데, 이 어댑터는 일반적인 어댑터와 다르기 때문에 기내 또는 주요 컴퓨터 부품을 판매하는 곳에서 별도로 구매해야 하는 번거로움이 있다. 최근 일부 항공사에서는 기내에서 어댑터가 필요 없는 파워 콘센트를 장착하여 서비스하고 있다.

1

2

1 노트북 전용 콘센트 2 기내 무료 Wi-Fi 가능 표시

10) 인터넷 서비스

우리나라에는 기내 Wi-Fi 기술을 보유한 기업이 없는데, 미국에는 최대 기내 와이파이 업체 '고고'가 있다. 현재 대한항공과 JV를 한 델타항공이 고고와 기내 Wi-Fi를 제공하고 있으며 다른 대형 기내

Wi-Fi 업체 파나소닉은 아시아나항공과 협업, 서비스를 제공하고 있다. 기내 인터넷 서비스는 보유 기종에 장비를 탑재하는 방식과 Wi-Fi 장비가 탑재되어 있는 신형 비행기를 도입하는 방법이 있다. 신형 항공기에는 Wi-Fi를 제공하기 위해 위성 신호를 받는 안테나가 들어가는데, 대한항공은 B737-MAX 여섯 대, 에어버스 A321NEO 등을 추가 도입 준비를 하고 있다.

에미리트항공은 항공 통신 개발 업체 온에어(On Air)사와 합작하여 A380 항공기 내에서 무선 인터넷 서비스를 제공하고 있다. 승객들은 On Air Wi-Fi에 연결하여 웹 서핑을 하고 이메일을 확인하는 등 지상에서와 같이 다양한 업무를 볼 수 있다.

일본항공(JAL)은 2012년부터 일본–유럽 노선과 일본–미국 노선에서 기내 고속 인터넷 접속 서비스를 제공하고 있고 이후 노선을 더욱 확대할 계획이다.

기내 인터넷 서비스는 항공사별 차별화된 마케팅 전략의 일환으로 항공사마다 기내 인터넷 서비스 재개에 박차를 가하고 있다.

11) 기내 이색 Entertainment Service

기내 이색 서비스는 항공사별로 내용이 다양하며 항공사의 이미지와 결부되는 만큼 홍보효과도 크다. 항공사는 이러한 이색 서비스를 마케팅의 일환으로 점차 확대하고 있는 추세다. 미국의 사우스웨스트항공은 다양한 이색 서비스를 시행하고 있다. 비행 중 안전 수칙 등을 설명하는 기내 방송을 랩으로 하며, 즉흥적으로 승객들을 유도하는 노래자랑 같은 이벤트를 벌이고, 특이한 의상으로 승객들을 맞이한다. 이러한 내용을 벤치마킹하여 현재 우리나라 항공사들도 다양한 이색 서비스를 제공하고 있다.

제주항공은 제주 방언을 이용하여 기내 인사 방송을 시행하여 웃음과 기쁨을 선사하고 밸런타인데이나 화이트데이 때는 승객들이 프러포즈할 수 있게 도와준다. 기내 프러포즈 이벤트 방법은 탑승한 항공편 기내에서 객실 승무원이 사연 방송과 함께 미리 준비한 선물을 전해주고 프러포즈가 성공하면 탑승객 모두 축하해준다. 이를 위해 해당편의 객실 승무원은 프러포즈에 성공한 커플을 위해 풍선 아트, 사진 촬영, 소정의 선물 등을 준비하여 감동을 더해준다. 또한 국경일에도 이색 서비스가 이어진다. 식목일에는 꽃씨를 나누어주고 어버이날에는 카네이션을 제공한다.

아시아나항공의 플라잉매직팀은 지루한 항공여행을 즐겁고 아름다운 '추억의

시간'으로 바꾸어주는 '마술팀'으로 마술쇼와 생일 축하 라이브 음악 공연, 음료와 식사 서비스 도중 선보이는 칵테일 쇼, 만화나 캐리커처 그리기, 스트레칭 체조 서비스 등을 통해 고객에게 감동과 즐거움을 전해준다. 아시아나항공의 플라잉매직팀은 1998년 16명의 승무원으로 출발하여 현재 1,700여 명의 승무원 중 31명의 승무원이 세 개 팀으로 나뉘어 활동하고 있다. 각종 악기 연주자이자 마술사이자 행사 진행자 등을 맡고 있는 만능 탤런트인 팀원들은 마술과 칵테일 쇼를 위해 전문교육기관과 내부 교육과정을 거친 뒤 국제선 장거리 노선을 중심으로 서비스를 펼치고 있다. 특히 할리우드 마술교육기관 '매직 캐슬'의 연수를 받은 승무원들의 마술 솜씨는 가히 세계적인 수준이다. 또한 로스앤젤레스, 런던, 프랑크푸르트 등 장거리 노선 승객을 대상으로 전문교육을 받은 승무원들이 보습 마스크와 메이크업 서비스를 제공하는 '뷰티 마케팅'을 제공하고 있다.

그 밖에도 장거리여행에 경직되거나 피곤한 신체를 풀기 위한 기내 체조 프로그램 동영상 서비스, 5세 미만 아동에게 손가락 인형과 함께하는 동화 구연 서비스, 타로 카드를 이용한 타로점 서비스를 하고 있다.

대한항공은 노년 부부가 제주도에서 신혼여행을 재연할 기회를 제공하는 '리멤버 허니문' 서비스를 실시하고 있다.

세부퍼시픽항공은 승객과 승무원이 리조트 분위기에서 게임을 함께하는 서비스를 제공하여 유명해졌다. 객실 승무원이 사회를 보고 승객이 직접 참여할 수 있는 미니 농구 게임, 링 던지기, 가라오케 등의 게임을 서비스하고 있다.

5. 기내 의료 지원 서비스

해외여행의 보편화로 노약자를 비롯한 유아와 어린아이의 항공여행이 많아지면서 항공사는 항공기의 제약적인 환경에서 급작스러운 승객의 건강 문제 발생을 방치할 수 없게 되었다. 이러한 이유로 각 항공사들은 승객의 건강한 항공여행을 돕기 위해 스트레칭 체조시간, 비행 스트레스 방지 센터 운영, 기내 건강 안내 Video 상영, 사전 주문을 통한 건강식 제공, 기본적인 의약품 구비 등 자체적인 의료 지원 프로그램을 운영하고 있다. 또한 위급한 환자가 발생했을 때를 대비하여 간단한 수술 도구 구비는 물론 응급 처치를 위한 승무원 교육을 의무적

여기서 잠깐!

우리의 고민

Q 대한항공 기내에서 한 미국인이 아들을 출산했다는 기사를 봤는데, 이처럼 기내에서 응급 상황이 발생하면 어떻게 하나요? 기내에는 어떤 응급 조치 장비들이 갖춰져 있나요?

A 당시 승객은 임신 33주였습니다. 갑자기 복통을 호소해오자 승무원들은 우선 기내 방송으로 승객들 가운데 의사를 찾았고, 다행히 외과의사가 탑승해 있어 도움을 청해 기내에 비치된 간이 수술 장치를 이용해 무사히 분만할 수 있었습니다. 이 과정에서 기내 위성 전화로 지상의 항공 전문의사와 수시 연락으로 환자의 상태를 살피고 도착 공항에 인큐베이터 장착 구급차를 대기시키는 등 필요 조치들을 취했음은 물론입니다.

출처 : 『Skynews』 2008. 6. 14

으로 시행하고 있다.

항공사는 일반적으로 지상에 연락 가능한 24시간 응급 지원 시스템을 구축하여 기내 환자가 발생하면 언제든 항공 전문의사에게 원격 진료를 받거나 의학적 자문을 구하고 있고, 탑승객 중 의료인이 있다면 도움을 받아 지상과 협의 진료를 하기도 한다. 또한 질환이 있는 승객은 여행 전에 철저한 준비가 필요한데, 당뇨나 고혈압 등의 지병이 있는 경우에는 반드시 여행 전에 의사의 진단을 받고 필요한 약을 챙겨야 한다.

1) Portable Oxygen Bottle(PO_2 BTL)

항공기 비상 감압으로 산소 공급이 필요한 응급 상황 및 의료용으로 사용된다. 감압 현상 발생 시 승무원은 산소통을 휴대하고 승객의 안전 상태를 확인하며 원활한 응급 처치를 위해 탑재되어 있다.

주의사항

- 기름 같은 물질에 접촉되지 않도록 한다.
- 화기를 멀리해야 한다.
- 떨어뜨리지 않도록 한다.
- 완전히 다 사용하지 않도록 하고 500프사이 정도는 남겨둔다.

2) Medical Bag

비행 중 사용 빈도가 높은 의약품으로 필요시 승객에게 신속히 제공하기 위해 지정된 승무원이 항상 휴대해야 하며 소화제, 두통약, 진통제, 지사제, 일회용 밴드 등 간단한 구급상비약으로 구성되어 있다.

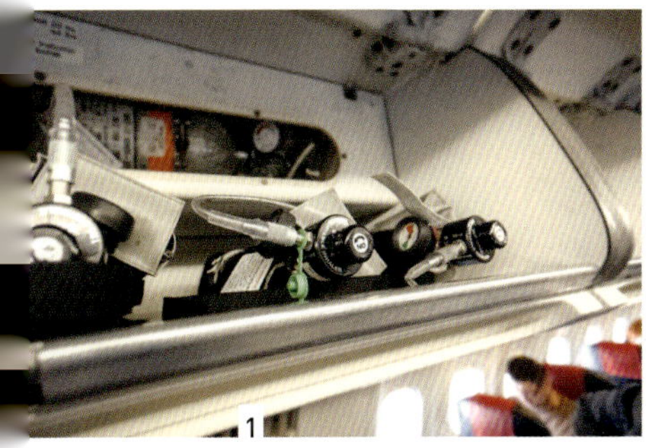

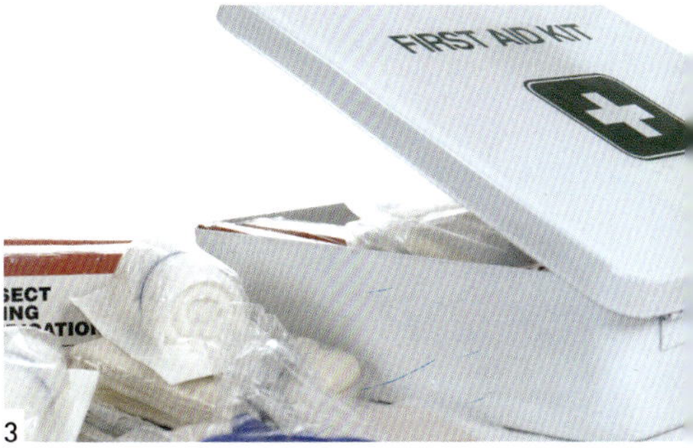

1 PO_2 BTL 2 Medical Bag 3 FAK

3) First Aid Kit(FAK)

항공법에 따라 의무로 규정되어 있는 탑재 장비로 비행 중 발생할 수 있는 응급 상황에 대비하여 승객의 응급 처치를 위해 탑재하며 의사의 처방 없이 사용이 가능하다.

FAK(구급 의료함)는 납으로 된 Seal로 밀봉되어 있으며 실이 뜯겨 있는 경우 FAK의 탑재로 간주되지 않아 비행 전 객실 승무원의 각별한 점검이 필요하다. 만약 실이 풀어져 있다면 새것으로 교체해야 한다. FAK는 먼지나 습기로부터 안전하게 보존되어야 하며 승무원이 쉽게 접근할 수 있도록 항공기 내 골고루 분산 배치되어야 한다.

4) Emergency Medical Kit(EMK)

비행 중 위급한 응급 환자가 발생했을 때 사용되는 의료함으로 전문적인 치료를 목적으로 하기 때문에 의사 면허를 소지한 자만이 사용할 수 있다. 오랫동안 Banyan에 의해 공급되어 Banyan Kit라고도 불린다. FAK가 단순 초기 구급 조치를 신속하게 하기 위해 존재하는 의료 장비라고 한다면 EMK(비상 의료함)는 의사가 환자의 상태를 진단하여 약물을 주사하고 간단한 수술까지 가능한 의사용 진료함이다. 한 항공기에 하나의 EMK를 비치해야 하는데, 장비가 미비한 상태에서는 비행할 수 없으므로 반드시 점검해야 한다. EMK는 기도유지기, 주사약제, 앰플주사제, 니트로글리세린 태블릿, 주사기, 의사용 장갑, 청진기, 맥박측정기, 약품설명서 등으로 구성되어 있다.

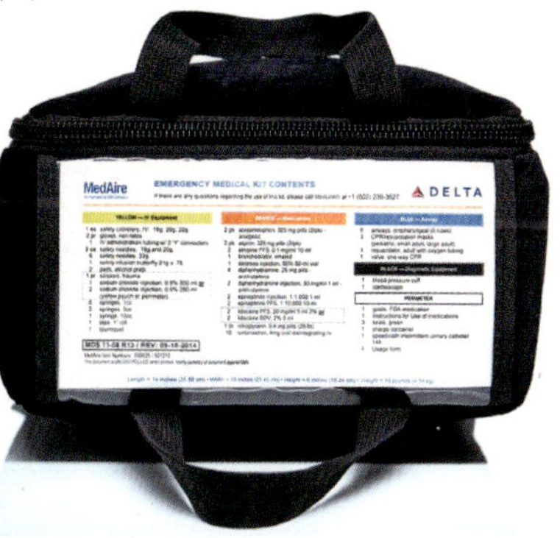

5) Automated External Defibrillator(AED)

심장마비가 일어난 지 4분 내에 치료하면 생존율이 80퍼센트 이상인 반면, 10분이 지나면 뇌에 혈액이 공급되지 않아 생존율이 10퍼센트에도 미치지 못하는 것으로 알려져 있다. AED(자동심실제세동기)는 기내에서 심장이 마비된 환자에게 순간적으로 고압의 전기 충격을 가해 심장 박동을 다시 되돌릴 수 있게 하는 장치다. 미국연방항공국(FAA)에 의해 모든 항공기에 의무적으로 탑재하도록 하고 있으며 의사나 일정 시간 의료 교육을 이수한 승무원들만 사용하도록 규정되어 있다. 미국에서는 사람들이 많이 모이는 장소를 비롯한 공공기관 등에 의무적으로 비치하고 있으며 우리나라도 2008년 6월부터 AED 같은 응급 처치 장비의 비치가 의무화되어 공공보건기관, 구급차, 항공기, 철도 차량, 선박, 지하철 등에서 AED를 쉽게 찾아볼 수 있다.

6) Resuscitator Bag

인공호흡을 실시할 때 사용하는 보조 기구로 환자의 호흡을 유도하고 산소를 추가적으로 공급하기 위해 사용된다. 청진기, 탈지면, 얼음주머니, 혈압계, 압박붕대, 체온계 등이 있다.

7) Universal Precaution Kit(UPK)

환자의 체액이나 혈액, 이물질의 직접적인 접촉을 막아 오염 발생 가능성을 줄이기 위해, 비행 중 환자로부터 발생할 수 있는 의료 폐기물을 별도로 수거하기 위해 사용되는 물품이다. UPK는 Resuscitator Bag에 들어 있으며 내용물은 장갑, 오염물 처리 봉투, 알코올 스펀지, 보호 가운, 마스크, 사용설명서 등이 있다.

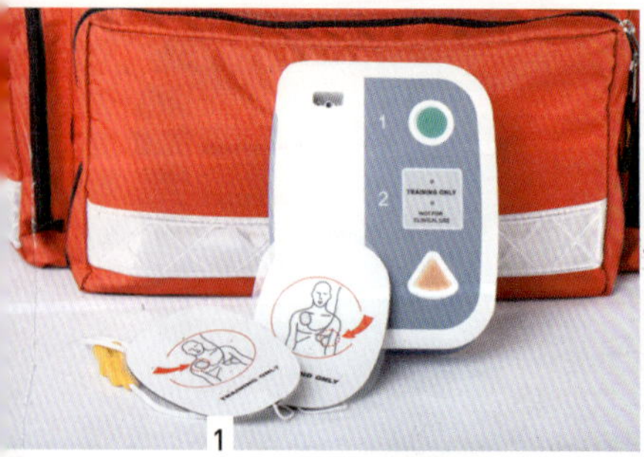

1

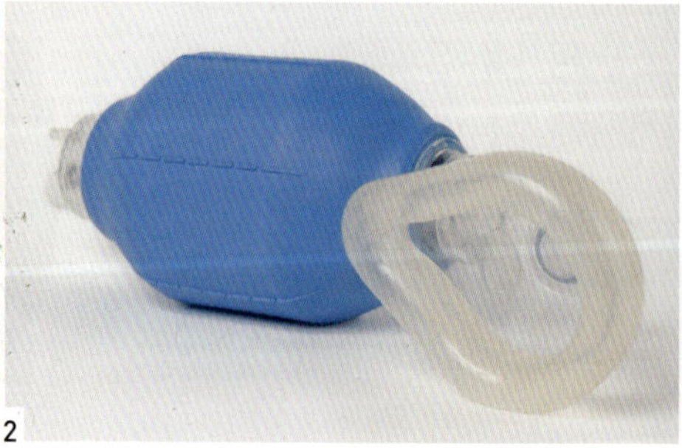
2

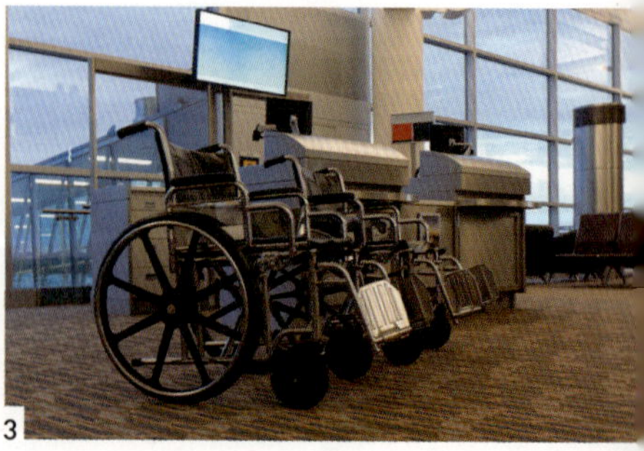
3

1 AED **2** Ambu Bag **3** Wheel Chair

8) Wheel Chair

항공기의 좁은 통로에서 사용할 수 있는 접이식 휠체어를 기내에 탑재했으며 이는 전 기종의 탑재화가 규정화되어 있다. 휠체어는 기내에서 승객의 활동과 이동을 용이하게 하여 좋은 호응을 얻고 있다.

6. Special Care Service

항공기에 탑승하는 승객은 일반인 승객과 더불어 장애 승객, 유아 동반 승객, 보호자가 탑승하지 않는 Unaccompanied Minor(UM, 비동반 어린이), 비동반 어린이, 환자 등 다양한 형태의 승객이 있다. 이렇게 도움이 필요한 승객에게 좀더 세심한 서비스와 배려를 하기 위해 각 항공사들마다 Special Care Service를 시행하고 있다.

Special Care Service는 항공기 객실에서뿐 아니라 예약, 발권, 운송 등 항공사 전 분야와 연계하여 서비스해야 한다. 해당 승객과의 사전 약속이므로 약속된 서비스는 철저히 제공할 수 있도록 승무원이나 해당 직원은 서비스 내용을 정확히 숙지하여 제공할 필요가 있다.

7. Complementary Service

각 항공사에서는 항공여행을 기념할 수 있는 기념품을 제작하여 승객에게 제공하고 있다. 항공사에 따라 다소 차이가 있지만 어린이를 위한 탑승 기념품에는 어린이 잡지, 퍼즐 게임, 인형, 모형 비행기 등이 있고, 상위 Class 승객에게는 Over Night Bag, 스카프, 넥타이, 편의복, 문구 세트 등을 제공한다. 또한 항공사에서는 계절에 맞는 기념품을 기획하여 제공하고 있는데, 특히 여름철에는 필수품인 물티슈를 무료로 증정하고 비행기 모양의 비치볼을 어린이 탑승객에게 선물한다.

에미리트항공에서 어린이에게 제공하는 Giveaway

항공기를 이용하는 모든 승객에게 제공되는 기념품으로는 자사의 기내지, 칫솔, Slumber Mask 등이 있고 종류나 모양은 항공사 특색에 맞게 다양하다. 또한 항공기 모형과 세계 여러 관광지가 그려진 엽서와 우편 봉투를 제공하고 있으며, 그 밖에도 승객이 직접 작성한 편지를 항공사의 경비로 발송해주는 Passenger Mail Service도 시행하고 있다.

더 알아볼까요

제주항공의 Fun Fun한 기내 Entertainment Service

제주항공은 대형 항공사와의 차별화를 위해 독특한 기내 Entertainment Service를 제공하고 있다. 제주항공 내에 'FUN 서비스팀'이라는 이벤트팀이 별도로 구성되어 있으며, 총 여덟 개의 이벤트팀이 운영되고 있다. 각 이벤트팀은 게임, 마술, 풍선 아트부터 악기 연주까지 다채로운 이벤트를 선보이며 승객들에게 잊지 못할 추억과 즐거움을 선사한다.

- **게임팀** : 가위바위보, OX QUIZ, 기내 빙고! 기내에서 즐거운 게임을 즐기고 싶다면 게임팀과 함께하세요.
- **매직팀** : 카드 마술, 딜라이트 공연, 무대 마술! 매직팀이 보여주는 놀라운 마술의 세계로 여러분을 모십니다.
- **뷰티풀플라잇** : 창밖으로 보이는 야경을 안내해줄 뷰티풀플라이트팀과 기내에서 아름다운 밤을 즐겨보세요.
- **일러스트팀** : 일러스트팀 승무원이 직접 그려주는 캐리커처와 페이스 페인팅! 여러분이 바로 그림의 주인공입니다.
- **풍선의달인** : '풍선의 달인 승무원이 나타났다!' 귀여운 하트 풍선에서 예쁜 꽃 팔찌까지! 다양한 풍선을 선물합니다.
- **악기연주팀** : 떠나요~ 둘이서~♪ 기내에서 즐겁고 신나는 음악을 즐기고 싶다면 기내 악기연주팀을 찾아주세요.
- **제이제이팀** : 소중한 고객님의 신청 사연에 깜짝 이벤트로 감동을 선물할 기내 이벤트팀, 제이제이팀입니다.
- **JAFUN팀** : '일본 노선 특화 서비스는 우리에게 맡겨라!' 일본까지 가는 길이 즐거운 이유! JAFUN팀이 함께 합니다.

memo

Sorbis/Shutterstock.com

3

객실 서비스 절차

1. Domestic Cabin Service Procedure
2. International Cabin Service Procedure

1 Domestic Cabin Service Procedure

Preparation before FLT	Pre Take-Off Duty	After Take-Off Duty	After Landing Duty
• 출근 • Show-up • Briefing 준비 • Grooming Check (Appearance Check) • Cabin Briefing • 보안 검색	• 승무원 탑승 및 개인 소지품 정리 • Cockpit Briefing • Pre-Flight Check • Ground Service 준비 • 승객 탑승 • Ground Service • Door Close & Slide Mode Check • Welcome Announcement & Greeting • Safety Demonstration • Take-Off 준비	• Fasten Seat Belt Sign Off • Beverage Service • Cabin Patrol(Walk Around) • Landing 준비	• Farewell Announcement & Duty During Taxing • Slide Mode Check & Door Open • Ship Pouch 인계 및 승객 하기 • After Landing Check • Debriefing

1. Preparation Before Flight(비행 전 준비)

출근 → Show-up → Briefing 준비 → Grooming Check → Cabin Briefing → 보완 검색

1) 출근

객실 승무원은 비행에 준한 유니폼을 입고 회사에서 정한 Make-up과 Hair-do를 하고 충분한 시간적 여유를 가지고 출근한다. 사복을 착용하는 경우에도 항공사의 승무원 품위 유지를 위해 단정한 정장 차림에 항공사 규정에 맞는 Make-up과 Hair-do를 유지한다.

2) Show-up(Sign-on)

Cabin Briefing 전에 회사 컴퓨터 단말기를 이용하여 본인의 ID와 Password를 입력하여 출근 여부를 확인한다.

3) Briefing 준비

객실 승무원은 해당 비행편 Cabin Briefing에 참석하기 전 반드시 비행 정보, 공

여기서 잠깐!

"결근(Miss), 지각(Late)은 곤란하죠!"

- Miss Flight : Cockpit Briefing을 마칠 때까지 Show-up을 하지 않은 상태
- Late Show Up : Cabin Briefing 시간에서 Cockpit Briefing 시간 전까지 Show-Up하는 것

지 사항 등을 숙지하고 메모하여 각자 Briefing 준비를 한다. 최근 업무 지시 사항, 서비스 정보 등의 공지 사항, 그 밖의 해당편 특이 사항 등을 회사 전산 단말기를 이용하여 확인할 수 있다.

Cabin Briefing 준비 사항

- Flight Information(해당 비행 일정, 비행시간, 목적지 정보, 기종)
- Crew List & Duty Assignment
- Port, Route & Service Information
- Review Safety & Service Procedure of Aircraft Type
- Updating with the Latest Notice & Information

4) Grooming Check(Appearance Check)

유니폼과 구두의 청결 상태, Make-up, Hair-do 상태를 다시 점검하고 비행에 필요한 준비물과 개인 지정 휴대품을 확인한다. In-Flight Service에 필요한 앞치마도 다림질 상태와 청결 상태를 확인한 후 Name Tag 부착을 확인한다.

필수 비행 준비물

- Passport, 승무원등록증(Crew Registration Card), ID Card
- 객실 승무원 업무규정집, 기내방송문
- 앞치마, 기내화(Low-heel Uniform Shoes)
- Time Table, 승무원 비행 수첩
- Safety Certificate
- 개인 지정 휴대품(Make-up Kit, 볼펜, 메모지, 세면도구, 알람시계, 스타킹)

5) Cabin Briefing

Cabin Briefing 시간은 비행 출발시간을 기준으로 김포, 인천, 그 밖의 공항 출발, 기종 등에 따라 차이가 있지만 대체로 국내선은 1시간 10분에서 1시간 30분

Cabin Briefing

전, 국제선은 2시간 10분 전에 실시하므로 비행 전에 반드시 확인한다. 객실 사무장, 캐빈 매니저가 주관하는 Cabin Briefing에 참석하기 전 비행 업무에 알맞은 용모를 갖추고 해당 비행편의 비행 정보, 최신 공지 사항 등을 숙지해야 한다. 객실 사무장, 캐빈 매니저는 승무원의 건강 상태, 해당 노선 비행 가능 자격, 비행 휴대품 준비 상태, 해당 비행기종 탑승 근무에 관한 지식 등을 확인한다.

Cabin Briefing 내용

- Introducing Crews to Each Other(승무원 소개)
- Crew List Check & Duty Assignment(승무원 명단 확인, 방송 담당자 및 업무 배정)
- Flight Information(해당 비행 일정, 비행시간, 목적지 정보 및 날씨, 기종)
- Pax Loading(예약 상황 및 특이 사항, VIP/CIP, SPML 신청 승객 확인, 면세품 사전 주문 신청자 확인, 운송 제한 승객 정보 파악)
- Service Procedure & Information(서비스 절차 및 내용, 기내 방송 및 영화 상영물 확인)
- Updating with the Latest Notice & Information(최신 공지 사항 및 지시 사항)
- Review Safety & Security Checklist(해당편 안전 및 보안 사항 확인)
- Travel Document

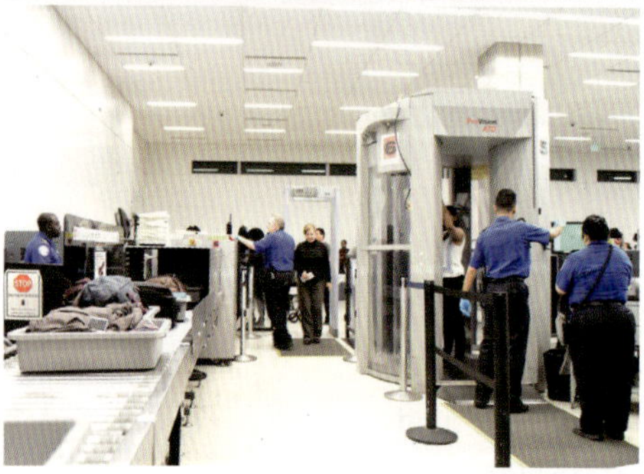

공항 보안 검색

6) 공항 보안 검색

Cabin Briefing이 끝난 후 Cockpit Briefing을 간단하게 진행하거나 공항의 승무원 전용 보안 검색대를 통과하여 항공기로 이동한 후 Cockpit Briefing을 진행하기도 한다. 보안 검색대를 통과할 때 객실 승무원은 반드시 ID Card를 착용해야 하며 항공기 안전 운항에 저해되는 위험물의 탑재를 방지하고자 모든 소지품과 가방을 X-ray 검색대에 올려서 검사받는다. Gate형의 금속탐지대를 통과하는 보안 검색을 받고 휴대용 금속 탐지기를 이용한 Body Check를 받기도 한다.

2. Pre Take-Off Duty(이륙 전 업무)

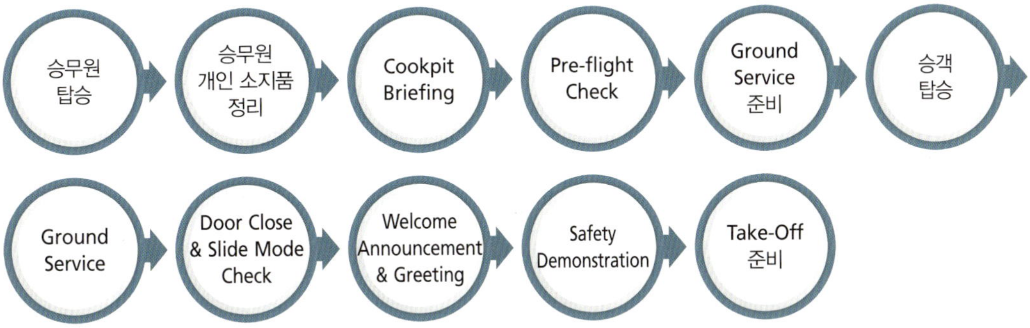

객실 승무원이 공항 보안 검색대를 통과한 후 항공기에 탑승하여 승객이 탑승하기 전까지 수행하는 업무로 탑승 후 소지품 정리, Pre-flight Check, 탑재 물품 확인 및 서비스 준비, Pax Boarding, Door Close, Welcome Announcement & Greeting, Safety Demonstration, Safety Check for Pre Take-Off 등의 승무원 업무를 말한다.

1) 승무원 탑승

보안 검색을 마친 승무원의 항공기 탑승시각은 객실 사무장/캐빈 매니저의 판단에 따라 당겨질 수 있으며 연결편 관계로 근무 예정인 항공기의 도착이 지연될 경우에는 해당편 출발시간의 지연이 발생되지 않도록 가능하면 항공기 도착 예정 장소 근처 탑승구 또는 주기장 근처 버스 안에서 대기하여 탑승을 준비해야 한다.

승무원 탑승

표_ 항공기 탑승시각

국제선	항공기 출발 55분 전	
국내선	B747	항공기 출발 50분 전
	그 밖의 기종	항공기 출발 40분 전

2) 승무원 개인 소지품 정리

객실 승무원의 휴대 수하물은 승객의 제한 기준과 동일하게 준수되어야 한다.

특히 국내선을 운항하는 기종은 소형 기종이 대부분이므로 공간 활용 및 보안을 위해 각자 업무가 배정된 Zone별 최후방 좌석 뒤편 하단에 보관하고 공간이 부족한 경우에는 Overhead Bin이나 Coatroom에 보관한다.

3) Cockpit Briefing

항공기에 탑승한 후 해당 항공편 기장의 주관하에 운항 승무원과 객실 승무원의 Cockpit Briefing이 항공기 출발 40분 전에 실시된다. Cockpit Briefing은 항공기가 지연되거나 주기장에 주기되어 있지 않을 경우 승객과 분리된 장소인 Ship Side나 공항 Gate 입구에서 실시되기도 한다.

Cockpit Briefing 내용

- Flight Information(비행시간, 항로, 고도)
- Weather Condition on the Flight Route & Destination(항로상 목적지 기상)
- How to Contact & Password in an Emergency(비상시 연락 방법)
- Safety, Security & Emergency Procedure(안전, 보안 사항 및 비상 절차)
- Access to Cockpit(조종실 출입 절차)
- Timing & Coordination of P.A(기장 및 객실 승무원 간 협조 사항)
- Cargo Loading & Condition(화물 탑재량 및 상황)
- Pax Loading, VIP, CIP, Special Care Pax, Extra Crew.

표_ Cockpit Briefing 시간

구분	국내선		
	김포공항	인천공항	그 밖의 공항
시간	40분 전	전 기종 40분 전	40분 전

※B747 기종은 인천 출발을 제외하고 국내선 Cockpit Briefing은 항공기 출발 50분 전에 실시한다.

4) Pre-flight Check

Cockpit Briefing 실시 후 객실 사무장/캐빈 매니저의 방송 지시에 따라 객실 승무원은 각자 근무를 배정받은 담당 Zone에서 비행 전 비상/보안 장비 점검, Door/Slide 위치 확인, 그 밖의 장비 및 시스템 점검, Catering Item 점검 등을 실시하고 그 결과를 객실 사무장/캐빈 매니저에게 보고한다. 안전 운항을 위해 가장 우선하여 해당 기종의 비상 보안 장비의 제 위치 여부 및 사용 가능 여부, 비상 장비의 종류 및 사용법, 비상구 작동 등을 먼저 확인하고 객실 사무장/캐빈 매니저에게 보고하면 객실 사무장/캐빈 매니저는 이를 기장에게 보고한다. 이어 서비스 관련 장비와 시스템 및 용품, 기내 설비 작동 상태, 객실의 청결 상태 등을 확인하고 Cabin Discrepancy List에 해당하는 이상이 있으면 기장에게 보고하고 Cabin Log에 기입한 후 즉각 조치를 해야 한다.

❶ 비상/보안 장비 점검

- Fire & Smoke Equipment(화재 진압 장비 : BCF Extinguisher, H_2O Extinguisher, Protective Breathing Equipment(PBE), Protective Gloves, Crow Bar)
- Ditching & Evacuation Equipment(비상 탈출 및 착수 장비 : Emergency Flashlight, Radio Beacon, Megaphone, Baby Floatation Cot, Additional Survival Pack, Infant Life Vest, Spare Life Vest)
- First Aid Equipment(응급 의료 장비 : AED, Portable Gaseous O_2, FAK, Split Pack, Resuscitatior Bag, In-Flight Doctor Kit)
- Demonstration Kit(Live Demo 장비)
- Security Equipment(보안 장비 : Taser Gun, Rope, Gas Gun, Handcuffs, Bomb Fragmentation Blanket, Bullet Proof Jacket)

비상/보안 장비 점검

❷ 그 밖의 장비 및 시스템 점검

- Communication System(Interphone & P.A)
- Cabin Lighting System(Light Control System)
- Temperature Control System
- Pre Recorded Announcement System
- Audio/Video System & Air show
- Water Gauge & Lavatory Tank Gauge

❸ Catering Item 점검

- Service Cart/Compartment/Carry-on Box Tag & Contents

- Standard Loading(Service Goods/Item, Drinks Loading)
- Video Tape(Safety Demonstration Video)

❹ 객실 설비 점검

- Lavatory System & Cleaning(Water Faucet, Flushing, Smoke Detector, Call Button, Mirror)
- Galley Equipment(Galley Power, Coffee Maker, Oven, Water Boiler, Air Bleeding)
- Curtain, Coatroom, Compartment, Aisle Cleaning
- Pax Service Unit System(Call Button, Reading Light, Seat Audio, Monitor)
- Pax Seat Area(Life Vest, Tray Table, Food Rest Folder, Head Rest Cover, Seat Pocket Item, Overhead Bin In & Out, Window & Blind)

5) Ground Service 준비

최종적으로 객실 사무장/캐빈 매니저는 승객 탑승 시작을 알리는 방송과 함께 Boarding Music을 켜고 객실 승무원은 Duty Code에 지정된 Boarding Position에서 대기한다.

- Newspaper Setting on Trolley(항공기 출입구 바깥쪽 Air Bridge 또는 Step Car 상단에 Trolley를 비치하고 신문 제호가 승객에게 보이도록 한글과 주요 일간지 상단, 영자신문과 스포츠신문은 2단, 그 밖의 신문은 하단에 배치)
- Magazine Setting On Magazine Rack(잡지꽂이에 제호가 보이도록 종류별로 가지런히 배열)
- Lavatory Setting(화장품 Setting 및 청결 상태 점검)
- Open Overhead Bin(승객 탑승 시 빈 곳에 짐 정리를 신속히 하도록 개방)
- Pillow & Blanket in Forward & Backward Overhead Bin (Blanket이나 Pillow를 요구하는 승객에게 제공)

Open Overhead Bin

6) 승객 탑승

국내선 탑승은 비행 출발 15분에서 30분 전에 시작한다. 승객 탑승 시 객실 사무장/캐빈 매니저는 탑승구에 위치하여 탑승이 원활히 진행되도록 안내 업무를 지휘하며 승객을 가장 먼저 맞이하며 환영 인사를 한다. 출입구에서 환영 인사를 하는 승무원은 환영 인사와 함께 좌석 방향을 안내하며 나머지 승무원은 담당 Zone 비상구 주변을 중심으로 승객이 도움을 요청할 때 유연성 있게 이동하며 안내하고 휴대 수하물을 알맞은 장소에 보관하도록 협조한다.

Passenger Boarding Priority

- Stretcher 승객
- UM, 운송 제한 승객
- 노약자, 유아 동반 승객
- VIP, CIP
- F/C 승객
- B/C 승객
- 객실 뒤 열 E/Y 승객
- 객실 앞 열 E/Y 승객

❶ Welcome Greeting

승객 탑승 전 Grooming Check 후 각자의 Boarding Position에서 밝은 미소와 환영의 마음을 담아 친절한 목소리로 승객을 맞이한다.

❷ Assist Pax Seating

승객의 탑승권을 보여달라고 한 후 편명, 좌석 번호, 이름, 날짜 등을 확인하고 좌석 번호에 따라 왼쪽, 오른쪽 방향을 안내한다. 이때 손끝을 모아 손바닥이 보이도록 하여 방향을 안내한다. 통로가 막히지 않도록 탑승의 원활한 진행을 유도하고, 특히 노약자, 환자, 어린이, 유아 동반 승객 등은 적극적으로 안내한다. Exit Row Seat 탑승 제한 규정에 의거하여 Exit Row Seat에 앉은 승객이 착석 불가 승객인지 확인하고 비상 탈출 시 행동 요령에 대한 Briefing을 하고 가방이나 짐을 비상구 주변에 두지 않도록 안내한다.

❸ Assist Pax Baggage

객실 승무원은 승객이 기내 반입 수하물을 Overhead Bin, Coatroom, Restraint Bar가 설치된 좌석 밑에 보관할 수 있도록 안내한다. 가벼운 짐은 Overhead Bin, 무겁거나 깨지기 쉬운 물건은 좌석 밑, 부피가 큰 것은 Coatroom이나 Restraint Bar가 설치된 좌석 밑에 보관한다.

1 Welcome Greeting 2 Assist Pax Seating 3 Assist Pax Baggage

Exit Door Seat 배정 불가 승객

- 15세 미만이거나 동반자의 도움 없이 Escape Slide 조작 장치를 조작하기 어려운 승객
- 글이나 그림 형태로 제공된 비상 탈출에 관한 지시를 읽고 이해하지 못하거나 승무원의 구두 지시를 이해하지 못하는 승객
- 시각장애, 청각장애로 인해 승무원의 탈출 지시를 수행하거나 이해하지 못하는 승객
- 다른 승객에게 정보를 적절하게 전달할 수 있는 능력이 부족한 승객
- 활동성, 체력, 민첩성 등이 충분하지 않은 승객
- 유아나 어린이를 동반한 승객 등 비상 탈출 기능을 수행하기 힘든 상태의 승객
- 비상 탈출 기능을 수행할 수 있는지 상태를 알 수 없는 승객
- 비상 탈출 시 협조자의 기능 수행을 거부하는 승객

승객의 위탁품 보관 시 유의 사항

- 위탁품을 보관할 때는 내용물을 확인하여 적절한 장소에 보관하도록 한다.
- Tag를 이용하여 승객의 좌석 번호, 목적지를 표시한 후 보관하고 보관한 위치를 승객에게 알려준다.
- 모든 위탁품은 승객 하기 시 탑승구 앞에서 반환한다는 점을 미리 안내하고 도착 전 다시 한 번 안내한다.
- 위탁품에서 현금, 유가증권, 중요 서류, 복용이 필요한 약품 등은 꺼내서 승객이 소지하도록 한다.
- 승무원 교대가 있을 경우 승객이 부탁한 냉장 물품 및 보관 물품은 중간 기착지에서 승무원 교대 시점에 반드시 승객에게 일단 반환해주고 다음 교대 승무원에게 다시 맡기도록 한다.
- 기내 허용 휴대 수하물(폭 : 40cm, 길이 : 55cm, 높이 : 23cm)

7) Ground Service

신문을 항공기 출입문 입구에서 직접 가져갈 수 있도록 Trolley Setting을 하고 탑승이 80퍼센트 이상 이루어진 시점에서 By Hand Service로 신문의 제호가 승객에게 보이도록 하여 통로에서 제공한다.

8) Door Close & Slide Mode Check

1 Door Close

승객 탑승이 완료되면 지상 직원은 객실 사무장/캐빈 매니저에게 Ship Pouch를 인수받은 후 Head Counting한 탑승객 수와 대조한 뒤 특이 사항 등을 기장에게 보고한다. 모든 휴대 수하물의 정위치 보관과 Overhead Bin의 닫힘 상태를 확인하고 지상 직원에게 '객실 준비 완료'를 통보한다. 기장에게 보고하고 동의를 구한 뒤 지상 직원의 하기를 확인하고 나서 항공기 Door Close 방송을 실시하고

1 Door Close 2 Slide Mode 변경

탑승 출입구를 닫는다. Door Close 전에는 반드시 추가 탑재 Service Item의 탑재 여부, 출항 서류, 지상 직원의 Weight & Balance 전달 여부 등을 확인한다.

❷ Slide Mode 변경

Door Close 직후에 객실 사무장/캐빈 매니저가 방송을 통해 Slide Mode 변경을 지시한다. 전 승무원은 지정된 담당 Door Slide Mode를 지상 모드에서 비행 모드로 변환한 후 보고한다. 이어 객실 사무장/캐빈 매니저는 기장에게 'Push Back' 준비가 완료되었음을 보고한다.

9) Welcome Announcement & Greeting

최상위 방송 자격자가 기내 방송을 담당한다. 방송 담당자를 제외한 전 객실 승

여기서 잠깐!

Ship Pouch

- 출항에 필요한 여객 및 화물 운송 관련 서류
- Flight Coupon
- Company Mail & Document
- Pax Mail Envelope
- SHR : 승객 인적 사항, 서비스 요구 사항, 임산부 및 고령자의 서약서, 병약 승객 운송 신청서 및 의사 소견서, UM, VIP/CIP, Transit Without Visa(TWOV) 등 승무원이 고객 서비스를 위해 참고해야 할 사항 등이 표기되어 있다.
- Restricted Item
- 귀중품 인수인계서

1 2 Safety Demonstration을 시연 중인 에어아시아의 승무원 3 각 좌석에 비치된 Safety Instruction

무원은 담당 Zone의 정해진 위치에서 Welcome Announcement의 첫인사 문구에 맞추어 승객들에게 정중하게 환영 인사를 한다. Welcome Announcement의 내용은 편명, 목적지, 비행시간, 기장 및 승무원 소개, 안전 규정, 유의 사항 등으로 구성된다.

10) Safety Demonstration

항공기가 Push Back한 직후 비행 안전에 관한 Safety Demonstration을 직접 시연하거나 항공기에 장착된 Video Projector를 이용하여 Video Tape를 상영한다.

❶ Safety Demonstration 순서 및 내용

- Seat Belt 사용법
- 비상등 및 비상 탈출구 위치
- Exit Row Seat 승객의 의무
- Life Vest 위치 및 사용법
- 산소마스크 위치 및 사용법
- 전자기기 사용 금지 안내
- Safety Briefing Card

❷ Safety Demonstration 실시 요령

- Safety Demonstration Video Tape를 Screen으로 상영할 때 객실 조명은 Dim으로 어둡게 조절하고 객실 승무원은 Jump Seat나 주변 Side Wall에 비켜서 있는다.

- Safety Demonstration을 객실 승무원이 시연할 경우 객실 조명은 Full Bright로 밝게 조절하고 각자 지정된 Exit Door Seat 주변 위치에서 내용이 정확하게 전달될 수 있도록 방송에 맞게 절도 있는 동작으로 실시한다.
- Safety Demonstration이 끝난 후 객실 승무원은 Life Vest를 착용한 채 담당 Zone별 통로를 통과하며 승객의 Seat Belt 착용, Seat Back, Footrest, Armrest, Tray Table 등의 정위치 상태, 수하물 보관 상태, Overhead Bin Locking 상태 등을 점검하고 Lavatory 내 승객의 유무를 확인한다.
- 담당 Zone에 UM, 노약자, 장애인 승객 등 비상 탈출 시 도움을 필요로 하는 승객 및 객실 구조상 Demo를 볼 수 없는 좌석에 앉아 있는 승객에게는 개별 Briefing을 실시한다.

11) Take-Off 준비

객실 승무원은 안전한 Take-Off를 위해 Take-Off 전 담당 Zone 승객의 Safety Check를 한다. 최종 Take-Off 준비 점검이 끝나면 지정된 승무원 좌석에 착석하여 충격 방지를 위해 Seat Belt와 Shoulder Harness를 착용하고 Take-Off 시 30Seconds Review를 실시한다. 객실 사무장/캐빈 매니저는 전 객실의 Take-Off 준비를 최종 순회 점검하고 기장의 Take-Off Signal이 나오면 Boarding Music을 끄고 객실 조명을 Dim 상태로 조절한다. Take-Off 안내 방송을 실시한 후 기장에게 'Take-Off 준비 완료'를 보고한다.

1 Safety Check for Pre Take-Off

- Passenger Seat Belt 착용 상태, 좌석 Seat Back, Tray Table, Footrest, Armrest 정위치 상태 확인
- Overhead Bin Locking
- 휴대 수하물 및 유동 물건 고정
- Lavatory 승객 유무 확인 및 Disposal Seat Toilet Cover 고정
- Galley 내 탑재물 및 유동물 고정, Compartment & Serving Cart Locking, Curtain 고정

Critical 11 & 30Seconds Review

항공기 Take-Off 3분간과 Landing 8분간이 항공기 사고의 78퍼센트를 차지하는 가장 위험한 순간으로 이 시간대를 'Critical 11'이라고 한다. 이착륙 시의 11분을 제외한 나머지 시간은 Take-Off한 후 목적지 공항에 도착할 때까지 일정 고도와 속도에서 순항하는 가장 안정된 상태라고 할 수 있다. 따라서 객실 승무원은 이착륙 준비를 위해 승무원 좌석에 착석해 있는 동안 'Critical 11'에는 Take-Off 직전과 Landing 직전 각각 30초씩 '침묵의 30초'라 불리는 '30 Seconds Review'를 행하며 발생 가능한 비상사태를 가상하고 자신이 취할 행동을 머릿속으로 되새긴다.

3. After Take-Off Duty(이륙 후 업무)

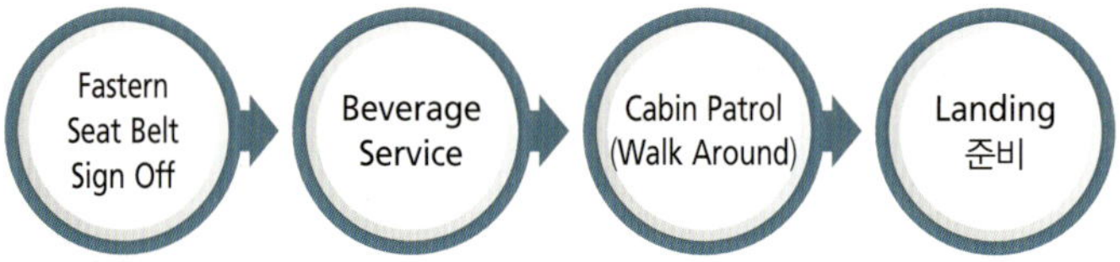

항공기가 Take-Off 후 순항 고도에 진입하면 Fasten Seat Belt Sign이 꺼지고 Take-Off 후 업무 절차가 시작된다. Take-Off 후 In-Flight Service는 항공사, 노선, 비행시간에 따라 다소 차이가 있으며 반드시 비행 전에 서비스 절차와 내용을 숙지해야 한다. 특히 국내선 저비용 항공사들은 Take-Off 후 In-Flight Service에서 Beverage Service 외에도 차별화된 다양한 서비스를 제공하고 있다.

Beverage Service

1) Beverage Service

여승무원과 남승무원은 서비스 복장을 착용하고 Beverage Service 준비를 시작한다. 먼저 Coffee Maker에 Coffee를 내려 Coffee의 온도와 농도가 적절한지 확인하고 뜨거운 물을 준비한다. 차가운 음료의 Chilling 상태를 확인하고 청결하게 닦은 후 음료와 Dry Item을 항공사 매뉴얼에 맞게 Cart 위에 Setting한다. 객실 사무장/캐빈 매니저는 Beverage Service 직전 Cabin Light를 Full Bright로 조절한다.

표_ 국내선 항공사 In-Flight Service 음료

항공사	In-Flight Service 음료
대한항공(KE)	M/W, Tea, Coffee, O/J, T/J, Coke, Milk/Soy Milk(조조편)
아시아나항공(OZ)	M/W, Coffee, O/J, T/J, Coke, 감귤 주스(제주), Milk(조조편), Green Tea
진에어(LJ)	M/W, Tea, 감귤 주스
에어부산(BX)	M/W, 감귤 주스, Coffee(부산)
제주항공(7C)	M/W, 감귤 주스
티웨이항공(TW)	M/W, Coffee, 감귤 주스, O/J, T/J
이스타항공(ZE)	감귤 주스

※ Milk와 Soy Milk는 조조편에서만 제공한다.

그림_ Domestic Beverage Cart Top Setting

Beverage Service 시 유의 사항

- 서비스 순서는 창 측 승객부터 통로 측 손님순으로 주문받고 서비스한다.
- 노인, 어린이, 여자, 남자순으로 서비스한다.
- 승객이 잘 볼 수 있게 Cart를 위치한 후 준비된 메뉴를 말한다.
- 주문 시 밝은 표정과 공손한 태도를 유지한다.
- Beverage Service 전 반드시 Tray Table을 펴고 냅킨을 놓은 후 음료를 제공한다.
- 뜨거운 음료를 제공할 때는 승객에게 주의를 준 후 제공한다.
- 조조편의 빵 서비스를 하는 경우 빵을 먼저 서비스하고 음료를 주문받는다.
- 음료를 쏟은 경우 먼저 사과와 함께 즉시 조취를 취한 후 객실 사무장/캐빈 매니저에게 보고하고 세탁 쿠폰 발급 등의 조치를 취한다.
- 자고 있는 승객에게는 시선 정면 위치에 Sleep Well Tag를 부착하고 수시로 확인한다.
- Used Cup Collection 시 Tray Mat를 Full Tray에 깔고 승객에게 간단한 대화와 함께 Refill을 권유하며 회수한다.

2) Cabin Patrol(Walk Around)

Beverage Service가 끝나면 승객의 동향을 파악하기 위해 미소를 지으며 천천히 통로를 통과한다. Passenger Seat 주변 및 Lavatory의 청결 상태가 유지될 수 있도록 통로를 통과한다. 빈 컵을 회수할 때는 승객의 의향을 물어본다. 어린이나 노약자에게는 더욱 세심한 배려와 관심을 기울이며 어린이에게는 Giveaway를 제공하고 대화를 시도한다. 야간 비행 시 독서를 하는 승객에게 의향을 확인하고 Reading Light를 켜준다.

3) Landing 준비

기장의 Approaching Signal이 뜨면 승객과 승무원의 안전을 위해 Take-Off 준비와 마찬가지로 Safety Check를 한다. Safety Check가 끝나면 승무원은 지정된 Jump Seat에 착석하여 Seat Belt와 Shoulder Harness를 착용한 후 30Seconds Review를 실시한다. 객실 사무장/캐빈 매니저는 전 객실 Landing 준비 상태를 순회 점검하고 객실 조명을 Full Bright에서 Dim으로 조절한다.

Approaching Signal 후 업무

- 방송 담당자는 Approaching Announcement 실시
- 승객의 Seat Belt 착용, Seat Back, Tray Table, Armrest, footrest 정위치
- Service Item 회수 및 정리
- Jacket/Coat 등 Baggage를 제외한 보관품 반환(취침 승객은 Landing Signal 전까지 반환)
- Overhead Bin Locking 및 그 밖의 유동물 고정
- Galley 장비, Compartment, Cart Locking
- Lavatory 승객 유무 확인 및 변기 덮개 고정

4. After Landing Duty(착륙 후 업무)

1) Farewell Announcement & Duty During Taxing

방송 담당 승무원은 항공기 엔진의 역회전(Engine Reverse)이 끝나는 시점에 Farewell 방송을 실시한다. 전 승무원은 Taxing 중 착석하고 Fasten Seat Belt Sign이 꺼질 때까지 모든 승객의 착석을 유도한다. 객실 사무장/캐빈 매니저는 Farewell 방송이 끝나는 시점에 Boarding Music을 켠다.

2) Slide Mode Check & Door Open

객실 사무장/캐빈 매니저는 항공기가 완전히 멈추고 Step Car 또는 Air Bridge의 접근을 확인한 후 P.A를 이용하여 Slide Mode 변경을 지시하고 전 승무원은 방송에 맞추어 Slide Mode를 비행 모드에서 지상 모드로 변경한 후 상호 점검을 한다. Fasten Seat Belt Sign이 Off되었는지 확인하고 지상 직원에게 Door Open 수신호를 주어 지상 직원이 외부에서 Open하도록 한다.

3) Ship Pouch 인계 및 승객 하기

객실 사무장/캐빈 매니저는 지상 직원에게 Ship Pouch를 인계하고 중요 승객이나 제한 승객에 대한 정보를 전달한 후 승객 하기를 실시한다. 지정 승무원은 탑

승구에서, 다른 승무원은 각자의 Jump Seat 주변에서 하기 인사를 실시하며 노약자 및 유아 동반 승객, 제한 승객 등에게는 보다 적극적으로 도움을 준다. 이때 객실 조명은 Full Bright로 조절한다.

Standard Deplaning Priority

- 응급 환자
- VIP, CIP
- UM, Special Care Passenger
- B/C 승객
- E/Y 승객
- 운송 제한 승객
- Stretcher 및 Wheelchair 승객

4) After Landing Check

모든 승객이 하기한 후 전 승무원은 담당 Zone별로 Lavatory 내 잔류 승객 유무를 확인하고 좌석 주변과 Overhead Bin, Coatroom 등에 L/B 유무를 점검한다. L/B를 발견하면 먼저 객실 사무장/캐빈 매니저에게 보고하고 도착지 지상 직원에게 인계하거나 L/B 창구에 인계한다. 객실 사무장/캐빈 매니저는 보고받은 L/B의 내용, 형태, 개수, 발견 장소, 인계한 지상 직원의 인적 사항 등을 Purser's Flight Report에 기재하고 회사에 보고한다. 전 승무원은 담당 Zone별로 Slide Mode가 지상 모드인지 확인하고 기내 보안 점검을 실시한다.

5) Debriefing

전 승무원은 항공기에서 하기한 후 객실 사무장/캐빈 매니저 주재하에 Debriefing을 실시한다. 비행 중 특이 사항이나 서비스 중 발생한 문제점에 대해 상호 의견을 교환하고 마무리 인사를 하며 비행 업무를 종료한다.

표_ 국내선 서비스 절차 및 방송 순서

시점	Announcement	Service Procedure
승무원 탑승	• P.A Test	• 비상 및 보안 장비 점검 • 그 밖의 장비 점검 • Service Item 점검 • 서비스 준비

시점	Announcement	Service Procedure
승객 탑승	• 탑승편 Announcement • Slide Mode Check Announcement • Welcome Announcement • Safety Demonstration Announcement	• 인사 및 좌석 안내 • 신문 서비스 • Ship Pouch 인수 • Door Close • Slide Mode 변경 • Safety Demonstration • Cabin Light 조절(Dim)
Pre Take-Off	• Take-Off Announcement	• Passenger Seat Belt 착용 및 객실 Take-Off 준비 • Galley, Lavatory 점검 • 승무원 Jump Seat 착석
In-Flight	• Seat Belt 상시 착용 Announcement • Approach Announcement • Landing Announcement	• Beverage Service • Used Cup Collection • Cabin Patrol(Walk Around) • Passenger Seat Belt 착용 및 객실 Landing 준비
Landing	• Farewell Announcement • Slide Mode Check Announcement	• 항공기가 완전히 정지할 때까지 승객 착석 유지 • Door Open • Slide Mode 변경
Deplane	• Deplane Announcement	• Ship Pouch 인계 • 승객 하기 • L/B 확인 및 기내 점검

표_ Standard Communication Signal

구분	Signal	발신자	대응 행동
Interphone	• Chime 1회	전 승무원	• 가까운 Handset 신속히 받음
Cockpit Entry	• Interphone 연락 후 노크 3회	승무원	• 기장은 Viewing Port 통해 확인
Take-Off	• Fasten Seat Belt Sign On & Off 3회 → On	Captain	• 객실 Take-Off 준비 • 승객, 승무원 착석
상승 중 1만 피트 통과	• Seat Belt Sign Off	Captain	• Seat Belt 상시 착용 Announcement 실시
	• Seat Belt Sign On + Chime 1회 (A330 : Interphone 이용)		• 승객 착석 유지 • Turbulence Announcement 불필요
	• Seat Belt Sign On + Chime 2회		• 승객, 승무원 착석 유지 • Turbulence Announcement 불필요
Approaching	• Fasten Seat Belt Sign On & Off 3회 → On/Off	Captain	• 객실 Landing 준비
Landing	• Fasten Seat Belt Sign On & Off 3회 → On	Captain	• 객실 Landing 준비 완료 승객 • 승무원 착석 • Sterile Cockpit 시작 시점

구분	Signal	발신자	대응 행동
Brace Position Signal	• Fasten Seat Belt Sign 4회	Captain	• "Brace"라고 Shouting하기 시작
Emergency Signal	• All Call 3회	전 승무원	• Handset 신속히 받음
비상 탈출	• Evacuation Horn 작동/비상등 작동	Captain	• 탈출 신호음 소거 • 즉시 탈출 지시

* B737 – Evacuation Horn 기능이 없으므로 P.A로 탈출 명령 지시
* 그 밖에 중대형 항공기는 P.A로 탈출 명령 지시 후 Evacuation Horn ON
* A330 기종의 경우 Take-off, Approaching, Landing Signal – Fasten Seat Belt Sign 4회

2 International Cabin Service Procedure

Preparation before Flight	Pre Take-Off Duty	After Take-Off Duty	After Landing Duty
• 출근 • Show-Up • Briefing 준비 • Grooming Check (Appeanance Check) • Cabin Briefing • Cockpit Briefing • 탑승 수속 및 C.I.Q.	• 승무원 탑승 및 개인 소지품 정리 • Pre-Flight Check • Ground service 준비 • 승객 탑승 • Ground Service • Door Close & Slide Mode Check • Welcome Announcement & Greeting • Safety Demonstration • Take-Off 준비	• Fasten Seat Belt Sign Off • Galley Briefing • Headphone & Giveaway Service • 1st Meal Service • Entry Document Service • In-Flight Sale • In-Flight Movie & Rest • 2nd Meal Service • Landing 준비	• Farewell Announcement & Duty During Taxing • Slide Mode Check & Door Open • Ship Pouch 인계 및 승객 하기 • After Landing Check • Debriefing

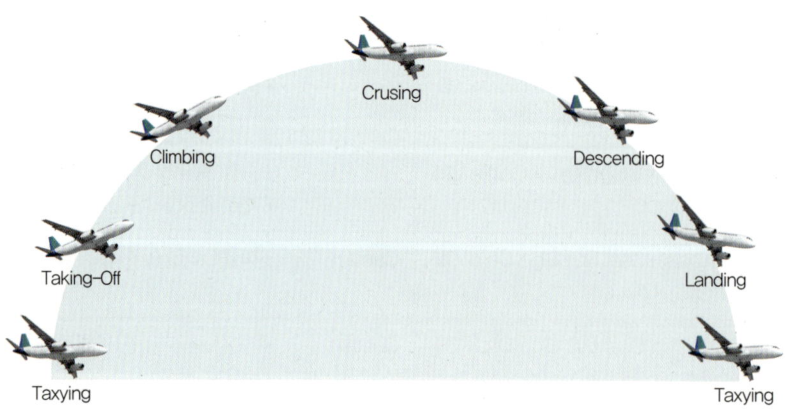

그림_ 항공기의 비행 단계

1. Preparation Before Flight

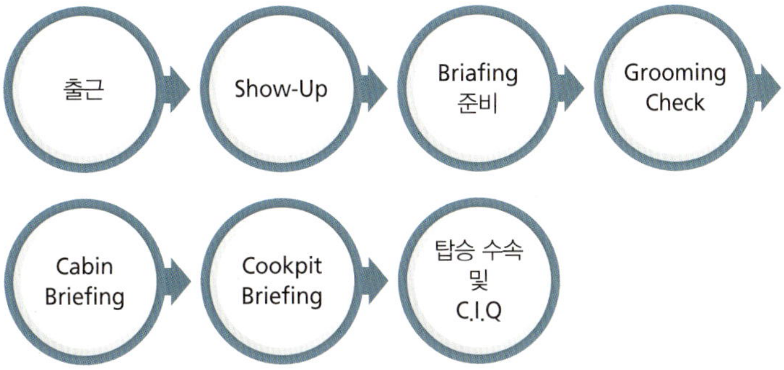

1) 출근

객실 승무원은 매달 할당된 본인의 비행 스케줄에 따라 계절, 기후, 교통 혼잡 등 여러 출근 상황을 고려하여 충분한 시간적 여유를 가지고 출근해야 한다. 이때 비행에 준하는 유니폼을 착용하고 회사에서 정한 Make-up과 Hair-do를 갖추어야 한다. 해외에서 체재하는 비행 스케줄의 경우에는 근무에 필요한 물품 이외에 개인 여행 용품도 준비해야 한다. 개인 여행 용품의 경우에는 Station의 기후와 일정, 상황에 맞추어 준비하는 것이 중요하다. 회사의 Crew 정보 시스템을 통해 해당 비행 편수에 대한 정보, 최근 업무 지시, 목적지 공항 정보, 날씨, 환율, 교통 정보, 유명 관광지에 대한 정보 등 다양한 정보를 얻을 수 있다.

2) Show-Up(Sign-On)

정시성을 중요시 여기는 항공사의 특성상 객실 승무원이 할당된 탑승 근무를 위해 회사에 출근한 후 최초로 수행하는 임무로 지정된 장소에서 Crew Show Up System에 본인이 직접 Check하여 입력해야 한다. Show-Up은 항공기 출발시각을 기준으로 한 회사의 규정에 따르며 정해진 출근시간보다 30분 이상 여유 있게 출근하는 것이 바람직하다. Cabin Briefing 실시 전에 우선되어야 하며 비행 근무를 위한 유니폼 착용 상태를 완전하게 갖추어야 한다.

3) Briefing 준비

유니폼 착용 후 해당 비행편 Cabin Briefing에 참석하기 전 반드시 비행에 준한 용모와 복장을 하고 최근의 업무 지시, 공지 사항 등의 서비스 정보를 수집하고 비행에 필요한 필수 휴대품의 이상 유무를 확인한다. 자택에서 Crew 정보 시스템을 통해 Briefing에 대한 전반적인 준비를 하고 회사에서 재확인한다.

4) Grooming Check(Appearance Check)

객실 승무원은 Cabin Briefing에 참석하기 전 유니폼과 구두의 청결 상태, Make-up, Hair-do의 상태가 흐트러지지 않았는지 다시 점검하고 비행에 필요한 준비물과 개인 지정 휴대품을 확인한다. In-Flight Service에 필요한 앞치마는 다림질 상태와 청결 상태를 확인한 후 필요하면 다림질을 하고 Name Tag 부착도 확인한다. 항공기 탑승 후 비행 중에도 수시로 복장 상태와 용모를 단정히 유지하기 위해 스스로 점검을 철저히 해야 한다. 만약의 경우 비행 스케줄이 변경될 수 있으므로 당일 단거리 국제선 비행일지라도 장거리 국제선 비행을 위한 개인 지정 휴대품을 구비하여 항시 갑작스러운 스케줄 변경에 대비해야 한다.

국제선 객실 승무원 필수 비행 준비물

- Passport & Visa
- ID Card & Crew Registration Card
- Cabin Operation Manual(Service Standard Handbook/In-Flight Announcement Manual)
- Time Table, 승무원 비행 수첩
- 기내화, 앞치마, 메모지
- Make-up Kit, 세면도구, 알람시계, 스타킹, 여벌의 유니폼, 사복과 구두

5) Cabin Briefing

객실 사무장/캐빈 매니저가 주관하는 Cabin Briefing은 근무의 첫 출발점이며 함께 비행할 팀원과의 첫 만남이 이루어지는 시간이므로 사전에 비행 스케줄과 Cabin Briefing 시간을 확인하고 지각하지 않도록 주의해야 한다. 개인별 비행 준비를 마친 승무원은 정해진 시간에 지정된 장소에서 해당 비행편 승무원을 공식적으로 첫 대면하게 되는 Cabin Briefing을 가진다. 비행 및 서비스에 관한 정보는 항상 최근 업데이트된 내용을 개인적으로 숙지하고 있어야 하며, 특히

Safety 관련 사항은 Cabin Briefing 시 있게 될 Random Check에 대비하여 철저한 학습이 필요하다. 일반적으로 Home Port에서는 Crew Building에서 실시되나 해외 Station에서는 지정 숙소인 호텔이나 공항에서 이루어지기도 한다.

Cabin Briefing의 활용도에 따라 해당편의 서비스 품질이 좌우되므로 그 중요성은 근무 전반에 걸쳐 상당히 높은 비중을 차지한다고 할 수 있다. 모든 팀원은 Team Power를 극대화시켜 고객 감동 객실 서비스를 창출하기 위해 한정된 시간 내에 최대 효과를 올리기 위한 전략적 사고와 자세를 견지하고 Cabin Briefing에 임해야 한다. 객실 사무장/캐빈 매니저는 승무원 상호간에 도착지 Station에 관한 정보를 공유하도록 하며 적절한 동기 부여로 노선 특성에 입각한 서비스가 이루어질 수 있게 독려한다.

표_ 국제선 Cabin Briefing 시간

구분	국제선			
	인천		김포/부산	그 밖의 공항
	00:00~11:00	11:01~23:59		
시간	1시간 10분 전	2시간 전	1시간 50분 전	1시간 10분 전
장소	Ship Side	Briefing Room	Briefing Room	Ship Side

* 국제선 Cabin Briefing 시간은 국내외 항공사별로 ±10분 정도 차이가 있다.

표_ 국제선 Cabin Briefing 내용

국제선 Cabin Briefing 순서	국제선 Cabin Briefing 내용
승무원 소개	• 인원 확인 • 직급, 이름, 담당 업무 등 소개 • Duty Assignment
비행 준비 사항 점검	• 용모 및 복장 점검 • 필수 휴대품 소지 여부 • Passport & Visa, ID Card, Crew Registration Card • Time Table • Cabin Operation Manual • 승무원 비행 수첩
비행 정보	• 비행 일정, 비행시간, 시차, 목적지 공항 정보 • 항공기 기종 관련 사항 • C.I.Q 관련 사항 • 승객 예약 사항(VIP, CIP, Special Care Passenger, SPML)

국제선 Cabin Briefing 순서	국제선 Cabin Briefing 내용
비행 안전 및 보안	• 해당 기종의 비상 장비 종류, 위치, 사용법, 비상 절차 • 해당 기종의 비상구 작동법 및 특성 • 그 밖의 안전 및 보안 관련 강조 사항
객실 서비스 관련 정보	• 할당된 Duty별 서비스 업무 • 해당 노선 서비스 절차 및 내용, 메뉴, 특별식 • 기내 방송 및 영화 상영물 • 기내 면세품 판매 관련 사항 • 신규 변경된 서비스 내용 • 그 밖의 서비스 관련 강조 사항

6) Cockpit Briefing

Cabin Briefing을 마치고 나서 객실 승무원 전원은 운항 승무원과의 Cockpit Briefing에 참석해야 한다. 해당 비행편의 기장의 주관하에 운항 승무원과 객실 승무원이 모두 함께 참석하여 지정된 장소에서 실시하며 일반적으로 Cabin Briefing 종료 후에 실시된다. 일부 항공사는 출국 수속을 마친 후 출발 Gate 또는 해당 항공기에 탑승한 후 Ship Side에서 실시하기도 한다. 해당 비행편의 총책임자는 기장으로 객실 사무장/캐빈 매니저는 객실에서 일어나는 특이 사항 및 객실 내 응급 환자 발생 등의 상황을 기장에게 최종 보고해야 한다.

7) 탑승 수속 및 C.I.Q.

국제선 청사 출국장에 도착해 승무원의 빠른 탑승 수속과 출국 수속을 위해 마련되어 있는 항공사 직원 전용 카운터를 이용해 Flight Bag과 Hanger를 제외한 모든 Baggage를 Check-In한다. 반드시 Crew Tag를 달아 도착지 공항에서 가장 먼저 Crew Baggage를 찾을 수 있게 한다. Duty Crew는 별도의 탑승 수속 절차를 거치지 않고 Baggage Check-In 절차만 거치면 되지만 Extra Crew는 항공사 직원 전용 카운터에서 Boarding Pass 발급과 Baggage Check-In까지 해야 한다.

Baggage 탁송 수속 후 승무원 출국 절차에 따라 승무원 전용 라인을 통과하여 관세청, 법무부, 보건복지부에서 심사하는 일련의 출국 수속 절차, 즉 Custom, Immigration, Quarantine(C.I.Q) 절차를 거쳐야 한다. C.I.Q 통과 후 객실 승무원은 해당편의 출발 Gate로 이동한다. 이때 서류 담당 승무원은 해당 카운터에서 출발 편명을 밝히고 도착지 입국에 필요한 승객 관련 서류를 지상 직원으로부터 수령하여 항공기로 향한다.

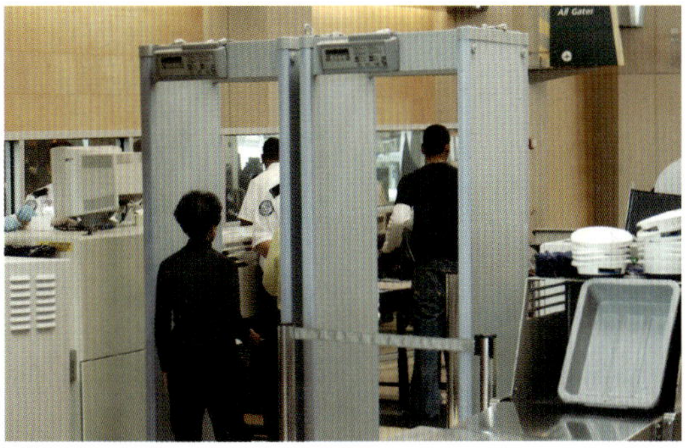

표_ 승무원 출국 수속 절차

구분	출국 수속 절차
Custom Check (세관 심사)	• 고가의 물품 소지 시 • 미화 1만 달러 이상 반출 시
Security Check (보안 검색)	• 안전 운항에 저해되는 기내 휴대 제한 품목의 기내 반입 방지(무기류, 폭발물) • 외화 해외 불법 반출 방지(미화 1만 달러 이상) • 휴대 수하물 검색(X-ray 검색대 통과) • 신체 부착물 검색(Gate형 금속탐지대 통과 및 Bar형 휴대용 금속탐지기)
Immigration Check (출국 심사)	• 법무부 출국 심사 • 승무원용 General Declaration 제출 및 Passport 심사

2. Pre Take-Off Duty

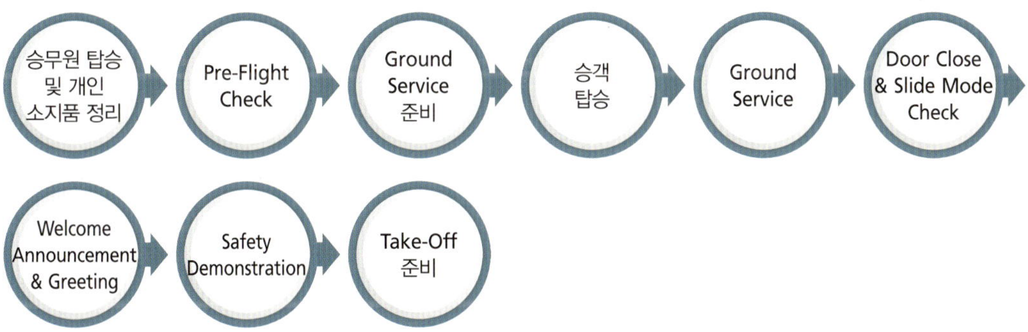

국제선 비행을 위해 객실 승무원의 항공기 탑승시각은 전 기종 항공기 출발 55분 전이며, Take-Off 전 업무는 객실 승무원이 항공기에 탑승한 시점부터 승객이 탑승하기 전까지의 업무를 말한다. 승무원 각자 개인 소지품 정리, Pre-Flight Check로 비상/보안 장비 점검을 한 뒤 각 Galley 담당 Senior 승무원이 주

관하는 Galley Briefing에 참석하여 해당 비행편의 같은 Galley에서 근무하는 객실 승무원들이 협업함으로써 안전하고 원활한 서비스가 이루어지도록 한다. Galley Briefing 후 각자 할당 업무를 수행한다. 승객 탑승 시 제공하는 Reading Material Service 준비 및 객실 서비스를 위한 준비를 신속히 마치고 탑승시각에 맞추어 승객 탑승이 끝나면 안전 운항을 위한 Safety Demonstration을 실시한다. Take-Off를 위한 객실 점검이 완료되면 전 승무원은 Take-Off를 위해 지정된 Jump Seat에 착석한다.

표_ Take-Off 전 업무

단계	기내 방송	Take-Off 전 서비스 절차
승무원 탑승	• P.A Test 방송	• 승무원 개인 소지품 정리 • Pre-Flight Check • Ground Service 준비
승객 탑승	• 탑승편 안내 Announcement(승객 탑승 80퍼센트) • Slide Mode Check Announcement • Welcome Announcement • Safety Demonstration Announcement	• 승객 탑승 • Ground Service • Door Close & Slide Mode 변경 • Welcome Announcement & Greeting • Safety Demonstration
Take-Off 전	• Take-Off Announcement	• Take-Off 준비 • Passenger Seat Belt, Seat Back, Tray Table 정위치 점검 • Galley, Lavatory 점검 • 승무원 Jump Seat 착석

1) 승무원 탑승 및 개인 소지품 정리

객실 승무원은 항공기 탑승 후 기내화로 탈착한 후 기내 반입 가능한 객실 승무원의 휴대 수하물인 Flight Bag, Hanger 등 승무원 개인 소지품을 정리한다. 개인 소지품은 회사 지급품으로 개수와 규격이 정해져 있으며 승객의 수하물과 구분하기 위해 반드시 Crew Tag를 부착해야 한다. 승무원의 기내 반입 수하물은 승객의 안전과 편의를 최우선으로 고려하여 Overhead Bin, Door가 장착된 Coatroom, 전방과 통로 측 방향에 고정 장치가 설치되어 있는 좌석 밑에 안전하게 보관해야 한다. 또한 비행 중 업무에 필요한 개인 용품은 보안과 편의를 위해 Galley 주변 Compartment 내에 보관한다.

2) Pre-Flight Check

객실 승무원은 항공기를 탑승한 뒤 개인 소지품을 정리하고 객실 사무장/캐빈 매니저가 P.A를 통해 Pre-Flight Check에 대한 지시를 내리면 승객의 안전한 여행과 객실 승무원의 원활한 업무 수행을 위해 각자 배정된 업무에 따라 담당 Zone에서 안전 및 보안, 서비스 분야에 대한 신속하고 정확한 Pre-Flight Check를 실시하고 객실 사무장/캐빈 매니저에게 결과를 보고해야 한다.

Pre-Flight Check해야 할 비상/보안 장비, 객실 시스템 점검, 객실 설비 점검, 객실 Cleaning 작업 상태 점검, Catering Item 점검 및 준비를 확인해야 한다. 비상/보안 장비는 정해진 점검 요령에 따라 점검하고 이상이 발견되는 경우 객실 사무장/캐빈 매니저에게 지체 없이 P.A나 구두로 보고하여 적절한 조치가 취해지도록 해야 한다. 객실 사무장/캐빈 매니저는 전 승무원의 Pre-Flight Check 실시 여부를 포함한 전반적인 기내 장비와 시스템의 이상 유무를 기장에게 보고하며 이상 발생 내용을 정비사에게 알린다. 보안 장비는 먼저 비행한 후 조치가 가능하며 처리 결과에 대해 사후 보고를 실시한다.

기내 비상/보안 장비

여기서 잠깐!

Junior 승무원의 업무

- 담당 Door, 비상/보안 장비 점검
- Lavatory 점검(화재 진압 장비, 물비누, Flushing 등)
- Extra Blanket & Pillow, Bassinet 수량, 위치 확인
- Report Senior
- Bulk Item Check & 정리 : 신문, 잡지, Headphone, 서류, 타월, 고추장 박스, Menu Unicef Pouch, Trash Compactor Box, Dry Item, Plastic & Paper Cup, 안대 등 Aisle/Seat/Cabin Cleaning 점검
- 신문, 잡지 Setting
- Cold Beverage 확인 및 Chilling
- Lavatory Item Setting : 스킨, 로션, 꽃과 화병, 칫솔과 치약
- Headphone Setting

비상 장비

❶ 비상/보안 장비 점검

객실 승무원은 항공기 탑승 후부터 승객의 탑승 전까지 항공기 사고를 사전에 방지하고 만일의 비상사태 발생 시 신속하게 장비를 이용하여 대처하기 위해 탑재된 각종 비상/보안 장비의 위치, 작동 방법, 이상 유무를 점검해야 한다. 각자 근무를 배정받은 담당 Zone의 승무원은 Jump Seat 주변의 비상/보안 장비 점검을 실시한 후 그 결과를 객실 사무장/캐빈 매니저에게 보고해야 한다. 비상/보안 장비는 크게 화재 예방 및 진압 장비, 비상 탈출 및 착수 장비, 응급 의료 장비, 보안 장비, 일반 안전 장비 등으로 나뉘며 점검 시에는 장비의 업데이트 상태는 물론 탑재 수와 이상 유무 점검을 꼼꼼히 해야 한다.

표_ 비상/보안 장비 점검 사항

구분	비상/보안 장비	점검 사항
화재 예방 및 진압 장비	BCF Extinguisher : 전기 · 전자 장비, 기름으로 인한 화재 시 대처	Sealing, Gauge 표시가 Green Band에 위치, 보관 상태
	H_2O Extinguisher : 일반 의류나 종이로 인한 화재 시 대처	Sealing, 보관 상태
	PBE : 기내 화재 진압 시 연기와 유독 가스로 인한 안면과 호흡 보호 장비	정위치, 보관 상태(진공 상태)
	Smoke Detector : Lavatory 열 감지 장치	위치, 작동 여부, 이물질 유무
비상 탈출 및 착수 장비	Exit Door	Slide Mode Position(Disarmed), Locking 상태
	Emergency Light System	위치
	ELT(Emergency Locator Transmitter) : 물과 접촉 시 자동으로 구조 요청 전파 발산 장비	정위치, 탈 · 장착 방법, 포장 상태

구분	비상/보안 장비	점검 사항
비상 탈출 및 착수 장비	Megaphone : 승객 탈출 지휘	정위치, 작동 여부, 고정 상태
	Flashlight : 비상사태 시 탈출 지휘 및 신호를 보내기 위한 야간 시야 확보 장비	정위치, 작동 여부, 충전 지시등 점멸 상태
	Infant Life Vest	보관 상태
응급 의료 장비	AED	정위치, 배터리 상태(녹색 점등), 유효기간
	EMK	정위치, Sealing, 보관 상태
	FAK	정위치, Sealing
	Resuscitator Bag & UPK	정위치, 상태
	Medical Bag	내용물, 수량
	PO_2 BTL	정위치, 압력 Gauge, Mask와 PO_2 Outlet 연결 상태, Mask와 Tube 상태
보안 장비	비상벨	위치, 사용 방법
	Bomb Fragmentation Blanket	수량, 보관 상태
	Bullet Proof Jacket	수량, 보관 상태
	Handcuffs(Key), Rope, Tie Wrap, Gas Gun, Taser Gun(미주 노선)	보안 장비 보관함 잠금 상태, 장비 사용 가능 상태
안전 장비	Crew Life Vest	정위치, 수량, 상태
	Safety Demo 장비	수량(Seat Belt, Life Vest, 산소마스크, Safety Instruction Card), 내용물 상태

❷ 객실 시스템 점검

객실 승무원은 Pre-Flight Check 시 Cabin Lighting System(객실 조명 시스템), Communication System, Entertainment System 등 객실 시스템을 점검해야 한다. 객실 사무장/캐빈 매니저는 객실 조명을 Cabin Attendant Panel에서 단계별로 조절하여 작동 이상 유무를 확인한다.

Communication System 점검은 Passenger Call System, P.A/Interphone System 등을 점검하는 것이다. 객실 승무원 전원이 자신의 담당 Station에 설치되어 있는 Handset과 Panel을 점검하고 방송 담당자가 P.A 작동 상황을 점검하고 P.A Test 방송을 실시하면 나머지 승무원은 담당 Zone에서 모니터링해준다.

Entertainment System 점검은 즐거운 항공여행을 위해 기내에서 승객에게 제공하는 기내 상영물과 관련하여 Audio/Video System 및 Video Screen과 Monitor 등의 기능과 상태를 점검하는 것이다.

❸ 객실 설비 점검

항공기에는 Passenger Seat의 다양한 편의시설과 In-Flight Service 제공을 위해 객실 설비가 갖추어져 있다. Pre-Flight Check는 운항에 필수적인 객실 설비를 사전에 점검하여 이상이 있는 경우 적절한 조치를 취할 수 있도록 전 객실 승무원이 실시하는 업무다. 기종에 따라 객실 설비의 사양과 작동 방법이 다소 다르므로 사전에 이를 숙지해야 한다. 객실 전체의 Cleaning 상태 및 유해 물질 탑재 여부 확인, Passenger Seat 주변 설비의 상태 및 Seat Pocket Item 확인, Galley 장비의 정상 작동 여부 및 인화성 물질 여부 확인, Lavatory 장비의 위치, 작동 및 이물질 여부, 청결 상태 등을 점검해야 한다.

Galley 장비는 Galley Duty가 Galley에 설치되어 있는 장비의 작동 여부를 확인하는 방식으로 점검이 이루어진다.

Lavatory System은 Lavatory가 위치한 담당 Zone의 승무원이 Lavatory의 Cleaning 상태 및 설비의 작동 여부를 확인한다. 그리고 Passenger Seat 위와 통로 측에 돌출되어 비상 탈출에 지장을 주는 Monitor와 Screen은 해당 Zone의 승무원이 점검하며 승객 탑승, 하기, 이착륙 시에는 반드시 정위치시킨다.

1 2 Galley 내 각종 장비 점검 3 Passenger Seat 점검 4 Lavatory 점검

표_ 객실 설비 점검 사항

구역	점검 사항
객실	• Cabin Floor, Overhead Bin, Coatroom, Crew Rest Room 유해 물질 탑재 여부 • Window & Blinder • Cleaning 상태
Galley	• Galley Power, Circuit Breaker, Water Boiler, Coffee Maker, Oven, Chiller, Hot Cup, Trash Compactor, Sink 정상 작동 여부 • 인화성 물질 여부 • Waste Container, Floor, Galley Top, Compartment Cleaning 상태
Lavatory	• Smoke Detector, Call Button, Waster Faucet, Flushing 정상 작동 여부 • 유해 물질 탑재 여부 • Toilet Bowl, Mirror, Water Basin, Floor Cleaning 상태
Passenger Seat	• Life Vest, Seat Belt, Tray Table, Seat Back, Armrest 탑재 및 정상 작동 여부 • PSU(PCU : Pax Control Unit), Individual Monitor 정상 작동 여부 • Blanket, Pillow Setting • Seat Pocket Item 탑재 • Cleaning 상태

4 객실 Cleaning 점검

기내 청소와 각종 용품 탑재는 도착 항공기의 승객이 하기한 후 지상 조업원이 실시하며 객실 승무원은 승객의 쾌적한 여행을 위해 담당 Zone별로 Cleaning 작업 상태를 점검해야 한다. 지상 조업원의 기내 Cleaning 후 Passenger Seat에 Blanket과 Pillow 비치, Headrest Cover 교체, Lavatory Roll Paper, Tissue, Paper Towel, 3oz Cup, Disposal Toilet Seat Cover Setting, Galley 및 Lavatory Floor Cleaning 상태와 Plastic Trash Bag 교체, Pillow Cover, Entrance Mat 정리, Seat Pocket Item 및 기내지 탑재, Carpet, Window, Tray Table의 Cleaning 상태 등을 확인해야 한다. 객실 승무원은 승객 탑승 전 점검뿐 아니라 비행 중에도 수시로 Cleaning과 정돈 상태를 살펴보아야 하며 필요한 비품은 즉시 비치하여 승객의 쾌적한 여행을 위해 노력해야 한다.

객실 Cleaning 상태

표_ 객실 Cleaning 점검 사항

구역	객실 Cleaning Check List
객실	• Cabin Floor Carpet & Entrance Mat • Overhead Bin In & Out • Window & Blinder • Crew Rest Room(Crew Bunk) • Crew Station Handset • Coatroom • Jump Seat • Partition & Class Divider(Curtain)
Galley	• Galley Top & Floor • Galley Sink • Oven In & Out • Chiller In & Out • Waste Bin
Lavatory	• Toilet Bowl, Toilet Cover, Wash Basin, Vanity Shelf & Rack, Mirror • Toiletries Holder • Diaper Shelf • Liquid Soap Dispenser • Waste Bin • Lavatory Floor
Passenger Seat	• Seat, Seat Belt, Tray Table, Seat Back, Armrest, Footrest Folder, Headrest Cover • Monitor Front & Back • Seat Pocket In & Out, Seat Pocket Item Package • Blanket & Pillow

* Seat Pocket Item – Airline Magazine, Sky Shop Guide Book, Stationary Folder, Air Sickness Bag, Safety Information Card

5 Catering Item 점검

각 Galley 담당 승무원은 해당 비행편의 승객 서비스에 필요한 기물, Service Item, 기내식, In-Flight Sale 면세 물품, Video Tape 또는 DVD 등의 탑재 내역을 점검해야 한다. 객실 승무원의 모든 점검 업무는 무엇보다 정확성을 요구하며 그중 Catering Item 점검은 기내 물적 서비스와 직결되는 업무이므로 매우 중요하다. 특히 기내식은 해당편의 승객 수에 따라 탑재량이 정해지므로 탑승객 수, 기내식 횟수, SPML 등을 정확하게 확인하고 점검해야 하며 객실 사무장/캐빈 매니저는 승객 탑승 종료 시 당일 탑승객에게 제공될 적정량의 기내식이 탑재되었는지 정확하게 확인해야 한다. 기내식 탑재 확인서와 실제 탑재 내역이 동일하지 않은 경우 객실 사무장/캐빈 매니저는 Catering Supervisor를 통해 해당 사

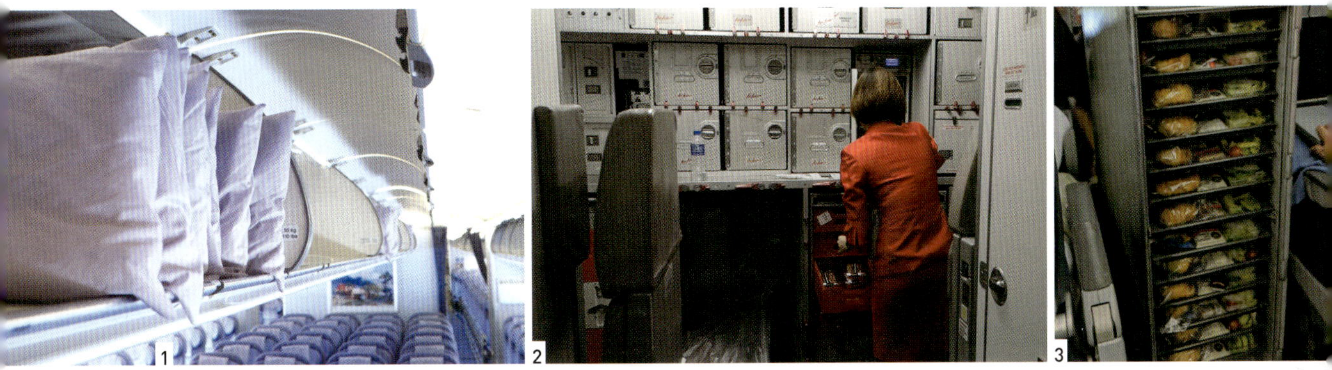

1 Extra Pillow 수량, 위치 확인 2 Catering Item을 점검하는 승무원 3 기내식 Cart 점검

유를 확인서에 기록하고 서명받은 후 최종 확인하고 서명한다.

Catering Item 점검은 Carry-On Box, Cart, Compartment 외부에 기재되어 있는 품목 수와 내용이 실제 품목과 일치하는지 확인하는 방법으로 실시하며 각 Galley Duty는 해당 노선에 필요한 서비스 기물과 서비스 용품, 기내식 탑재 내역을 최종적으로 확인하고 객실 부사무장에게 보고한다. 서비스 용품의 추가 탑재가 필요할 경우에는 객실 사무장/캐빈 매니저에게 보고하고 Catering Supervisor에게 필요한 만큼의 수량을 주문할 수 있다. 그러나 서비스 용품 탑재 때문에 항공기의 출발이 지연되지 않게 용품 수송시간을 잘 고려하여 주문한다.

표_ Catering Item 점검 사항

구분	Catering Item	점검 사항
서비스 물품	서비스 기물	상태, 수량, 탑재 여부
	Menu Book, 기내식	상태, 수량, 탑재 여부
	기내 음료	상태, 수량, 탑재 여부
	서비스 용품	상태, 수량, 탑재 여부
화장실 용품	Toiletories(스킨, 로션, 면도기, 빗, 칫솔과 치약 세트)	수량, 탑재 여부
	Roll Paper, Facial Tissue, Paper Towel, Seat Toilet Cover	수량, 탑재 여부
	Sanitary Napkin	수량, 탑재 여부
	방향 Spray	수량, 탑재 여부
기내 판매품	기내 판매품	Cart, Compartment, Bulk 내용물과 수량
	계산기, 영수증, 쇼핑백	수량, 탑재 여부
	카드단말기(POS System)	탑재 여부, 작동 가능 여부

3) Ground Service 준비

비상/보안 장비 점검과 서비스 용품 탑재 점검이 일차적으로 마무리되면 객실 승무원은 지상에서 제공할 서비스 준비를 한다. Ground Service는 안전한 항공기 Take-Off를 위해 간단히 진행되며 서비스 내용은 좌석 등급별, 항공사별로 다르지만 대부분의 항공사 Economy Class에서는 신문 · 잡지 서비스를, 상위 Class에서는 Welcome Drink, 신문 · 잡지 서비스, Amenity Kit를 제공한다.

❶ 신문 · 잡지 서비스 준비

신문과 잡지 Setting 업무를 담당하는 승무원은 항공기 탑승구 바깥 Air Bridge 접속 부분이나 Step Car 상단에 Trolley를 준비하고 한글신문, 영자신문 등을 Setting한다. Trolley 상단에는 한글신문, 중단에는 영자신문, 하단에는 그 밖의 신문을 Setting하되, 신문 제호가 보이도록 Setting하여 탑승 시 승객이 직접 가져갈 수 있게 가지런히 배열한다. 탑재되는 신문의 종류는 항공사마다 차이가 있으며 대체로 출발지 현지 신문 위주로 하여 해당 항공사의 국적 신문, 주요 영자신문 10여 종 정도 탑재한다.

1

2

1 잡지 Setting 2 잡지와 신문지 Setting을 준비하는 승무원

잡지는 한글 및 영자 주간지, 계간지, 월간지 등을 탑재하며 시사지, 패션지 등 종류대로 고루 분포시켜 승객이 제호를 볼 수 있게 Zone별로 설치되어 있는 기내 Magazine Rack에 가지런히 Setting하여 승객이 직접 선택하도록 한다.

❷ Headphone Service 준비

다양한 Audio와 Video 프로그램을 즐길 수 있도록 제공한다. Audio, Video, 게임 등의 채널 종류와 수는 항공사, 기종, 노선별로 조금씩 다르며 채널 안내는 Seat Pocket Item Package의 항공사 기내지 내 Entertainment Service 안내를 참고한다. 일부 항공사는 Entertainment Guide Book을 별도로 제작하여 비치하기도 한다. 객실 승무원은 사전에 해당 기종 및 노선의 Audio 및 Video 채널별 음악 장르와 영화 타이틀, 단편 상영물, 게임 프로그램 등을 확인하고 숙지한다.

중 · 장거리 비행에서는 Take-Off 후 Towel Basket에 Setting하거나 Trolley에 Setting하여 제공하거나 Seat Pocket에 미리 Setting하여 제공하는 등 항공사, 기종, 노선별로 다르다. 비행시간이 2시간 이상에서 3시간 미만의 단거리 노선인 경우에는 상대적으로 Take-Off 후 서비스 시간이 짧기 때문에 지상에서 승객의 90퍼센트 정도가 탑승을 완료한 시점에 담당 Zone별로 앞쪽부터 준비하여 Headphone을 제공한다. Headphone Service 준비는 각 Galley마다 객실 승무원이 Towel Basket에 담당 Zone의 승객 수만큼 Setting하여 서비스하지만 장거리 노선에서는 이륙 후 Headphone Service를 실시하거나 Ground에서 승객의 Seat Pocket에 미리 Setting해두는 항공사도 있다.

❸ Lavatory Item Setting

Lavatory 내 지정된 장소에 탑재된 스킨, 로션, 칫솔과 치약, 빗, 면도기 등 간단한 화장품과 세면도구는 Rack에 비치한다. 이때 스킨과 로션은 승객이 사용하기 편리하도록 뚜껑을 열어서 Setting한다. Roll Paper, Facial Tissue, Paper Towel의 끝은 단정하게 삼각형 모양으로 마무리하여 접어두고 Seat Toilet Cover에 위생 Paper Cover를 깔고 변기 뚜껑은 덮어두어 다른 승객이 사용하지 않은 위생적인 상태임을 강조한다. 마지막으로 방향 Spray를 뿌려 쾌적한 환경을 조성한다.

❹ Wine & Beverage Chilling

각 Zone별 Galley 담당 승무원은 승객 수와 서비스 횟수를 고려하여 필요한 White Wine, Rose Wine, Desert Wine, Champagne, Beer, Soft Drink 등을 Dry Ice를 사용하여 Chilling하고 Chiller와 Refrigerator에 보관한

1

2

3

4

1 영국항공 Business Class 좌석에 비치된 Headphone 2 싱가포르항공 Business Class 좌석에 비치된 Headphone 3 4 Lavatory Item Setting

다. Wine, Beer, Coke, Juice 등이 지나치게 Chilling되어 언 상태에서는 승객에게 제공하지 않도록 유의한다.

❺ In-Flight Sale 면세 물품 인수

In-Flight Sale 업무 담당 승무원은 판매 일보에 의거하여 In-Flight Sale Item의 품목, 수량, 보조 용품 등이 충분히 탑재되었는지 확인한다. In-Flight Sale Item이 탑재된 Cart, Compartment 등은 보안을 위해 Sealing 및 Locking되어 있으므로 담당 승무원은 Locking 상태, Seal No.를 확인한 후 판매 일보에 기재된 Item 품목과 수량을 대조하여 이상 유무를 꼼꼼히 점검한다.

❻ 승객 탑승 준비

해당 노선에 어울리는 Boarding Music을 켜면 전 객실 승무원은 정복을 착용하고 지정된 탑승 위치에서 승객을 맞이할 준비를 한다. 객실 내 모든 Overhead Bin을 열어두어 승객이 비어 있는 Overhead Bin을 쉽게 찾아 휴대 수하물을 정리하고 원활히 탑승할 수 있도록 배려한다. 객실 사무장/캐빈 매니저는 Boarding Music을 승객 탑승 직전에 켜고 음량은 크지 않도록 은은하게 1을 기준으로 작게 조절하며 Safety Demonstration 상영 전에 끈다.

표_ Boarding Music On/Off 시점

구분	ON	OFF
출발 시점	승객 탑승 직전	Safety Demonstration 상영 직전
도착 시점	Farewell 방송 직후	승무원 하기 직전

4) 승객 탑승

대부분 항공사들은 항공기 출발시간 기준으로 30분 전에 승객 탑승을 시작한다. 전 객실 승무원은 각자 지정된 탑승 위치에서 승객들을 맞이하며 환영 인사와 함께 눈을 맞추며 좌석 안내, 승객의 휴대 수하물 정리를 돕는다. 탑승객과 첫 대면이 이루어지는 시점이므로 탑승 시 밝은 환영 인사와 더불어 정성껏 좌석 안내를 해야 한다.

지상에서의 객실 승무원 임무는 서비스 업무보다는 전반적인 항공기 운항과 Take-Off를 위한 안전 업무에 비중을 두고 있으므로 안전 요원으로서 보안 업무를 충실히 이행해야 한다. 승객이 탑승하는 동안 객실 승무원은 수상한 행동을 하는 승객이나 의심스러운 물품을 소지한 승객이 있는지 잘 관찰하고 소유자가 불분명한 의심스러운 물건이 기내에 있는지 항상 관심을 가지고 살펴보아야 한다. 만약 거동이 수상한 승객이나 소유자가 불분명한 물건을 발견했을 때는 즉시 기장에게 보고한다. 또한 항공기 출입 관련 서류 인수나 Special Passenger 응대 시 지상 운송 직원과의 업무 협조에도 소홀함이 없어야 한다.

1 Welcome Greeting

승객 탑승이 시작되면 전 승무원은 정복을 입고 각자의 탑승 위치에서 승객을 한 명 한 명 맞이할 때마다 밝은 미소와 함께 눈을 맞추며 환영 인사말과 함께 정중한 인사를 한다. 객실 사무장/캐빈 매니저는 탑승구 바깥에 위치하여 승객을 맞이하며 환영 인사를 하고 전반적인 승객 탑승이 원활히 진행되도록 객실 승무원을 배치하고 안내 업무를 지시한다.

Senior 승무원은 탑승구 입구에 위치하여 승객 탑승 안내 업무 및 Special Passenger의 탑승을 안내한다. 탑승구 입구에서 환영 인사를 하는 담당 승무원은 주 탑승구에 위치하여 탑승하는 승객에게 환영 인사를 하고 탑승권을 참고로 해당 좌석 방향을 1층, 2층, L Side, R Side로 나누어 안내한다. 객실 내 승무원은 담당 Zone 비상구 주변 탑승 위치에서 환영 인사를 하며 원활한 승객 탑승을 위해 도움이 필요한 노약자, 유아 동반 승객을 적극적으로 안내한다. 또한 승객 중 만취한 승객이나 항공여행이 부적절하다고 판단되는 승객을 발견하면 객실 사무장/캐빈 매니저는 기장에게 보고하고 기장이 육안으로 판단한 후 지상 운송 책임자와 협의하여 탑승 여부를 결정한다.

탑승 거절 가능 승객

- 건강상의 이유로 항공여행이 부적합해 보이는 승객(신장 질환자, 생후 2주 미만의 신생아, 대수술 후 10일 미만자)
- 술에 취해 보이거나 약물의 영향을 받은 것으로 보이는 승객
- 타인에게 불쾌감을 주는 기괴한 특성을 보이는 승객
- 탑승권이 없거나 적절한 신분증을 제시하지 못하는 승객
- 정신적으로 불안정하여 타인에게 위해한 행동을 하거나 자살을 시도할 우려가 있을 것으로 판단되는 승객
- 전염병을 앓고 있는 승객

Restricted Passenger Advice(RPA)

- Incapacitated Passenger(환자 승객)
- UM : 성인 동반 여행자가 없는 만 5세 이상에서 만 11세 미만(국내에서는 만 5세 이상에서 만 13세 미만) 어린이
- 임산부(임신 32주 이상인 경우)
- Stretcher Passenger
- Wheelchair Passenger(보행장애 승객)
- Deportee(추방자)
- Blind(시각장애인)
- TWOV : 중간 기착지 국가의 입국 Visa가 없는 통과 여객

2 Assist Pax Seating

탑승구에서 환영 인사를 하는 객실 승무원은 좌석을 안내할 때 먼저 승객 탑승권의 좌석 번호를 신속하게 확인하고 공손한 태도로 L Side, R Side로 구분하여 해당 좌석의 방향을 안내한다. 승객 탑승이 원활히 진행될 수 있도록 승객이 통로를 막고 있지 않게 유도하고, 특히 노약자, 환자, 어린이, 유아 동반 승객은 적극적으로 안내한다.

만일 좌석이 중복된 승객이 있을 때는 먼저 승객의 탑승권 날짜, 편명, 이름, 좌석 번호를 확인하고 좌석 중복이 판명되면 먼저 정중히 사과한 후 나중에 탑승한 승객은 Jump Seat로 안내한다. 그리고 객실 사무장/캐빈 매니저에게 상황을 보고하여 객실 사무장/캐빈 매니저가 지상 직원에게 좌석 재배정을 요청하게 한다. 좌석 여유가 있는 경우 나중에 탑승한 승객을 선호 좌석으로 재배정하여 안내한 다음 다시 한 번 불편을 끼친 점에 대해 정중히 사과한다.

1

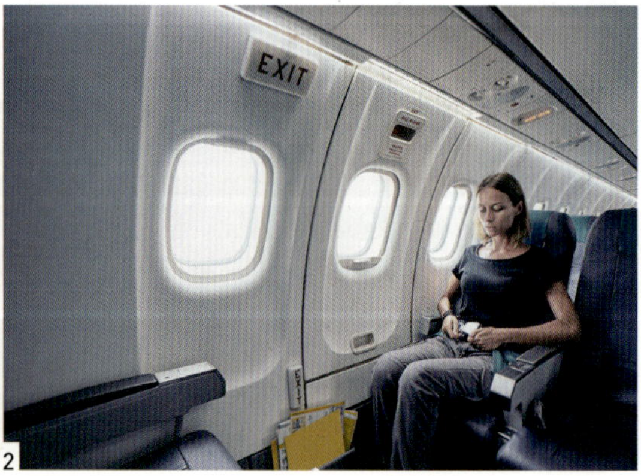

2

1 Passenger Seat 안내 2 Exit Door Seat

1

2

1 Overhead Bin Arrangement 2 수하물 보관 방법 안내

Exit Row Seat에 앉은 승객에게는 비상시 행동 요령에 대해 안내하고 만약 어린이, 노약자, 환자 등 Exit Row Seat의 착석 승객 규정에 의거하여 부적합한 승객이 앉은 경우에는 객실 사무장/캐빈 매니저에게 보고하여 반드시 좌석 재배정이 이루어지게 해야 한다.

❸ Assist Pax Baggage

객실 승무원은 승객 탑승 시 좌석 안내와 동시에 휴대 수하물 보관 안내 및 협조 업무를 수행해야 한다. 승객의 기내 반입 휴대 수하물은 승객이 직접 관리해야 하며 항공사는 분실이나 파손에 대해 책임이 없다. 휴대 수하물은 Overhead Bin, Coatroom, Restraint Bar가 설치된 좌석 밑에 보관해야 하며 객실 승무원은 Overhead Bin에 보관된 물품이 떨어져 승객이 상해를 입지 않도록 휴대 수하물의 안전한 보관을 돕고 보관 상태를 철저히 확인한다. 승객의 짐이 비상구 주변이나 객실 통로 주변에 방치되어 비상사태 발생 시 비상구나 통로를 막아 신속한 탈출에 방해되지 않도록 승객이 짐을 적정 장소에 보관할 수 있게 안내하며, 외견상 도움이 필요하다고 판단되는 승객이나 도움을 요청하는 승객에게는 짐을 올리거나 옮기는 등 직접적인 도움을 준다.

일반적으로 기내 휴대가 허용되는 수하물은 승객의 좌석 밑이나 Overhead Bin에 올려놓을 수 있는 물품으로 세 면의 합이 118센티미터 이내 크기의 수하물 한 개로 제한되며 First Class, Business Class 등 상위 Class 승객은 두 개까지 허용된다.

승객 탑승 중 초과 휴대 수하물 발견 시 해당 승객에게 초과 수하물의 기내 반입이 불가함을 설명한 후 지상 운송 직원에게 Cargo 내 탑재 조치를 요청하여 승객의 최종 목적지까지 일반 화물로 운송하도록 조치한다. 이때 현금, 유가증권, 고가품, 비행 중 필요한 의약품 등은 승객이 꺼내서 직접 소지하도록 권유하며 깨지기 쉬운 수하물은 승객의 서명을 받은 후 'Fragile' Tag를 부착한다.

표_ 수하물 규정

수하물 구분	규정 내용
무료 휴대 수하물	• Carry-On Baggage, Hand Carried Baggage • 승객이 기내까지 직접 휴대하는 수하물 • 좌석 밑이나 Overhead Bin에 보관할 수 있는 물품으로 승객이 직접 보관, 관리 • 운송 도중 파손, 분실 등에 대해 항공사 책임 없음 • 무료 휴대 수하물 허용량 : 세 면의 합이 118센티미터 이내, 한 개(First Class, Business Class 두 개 허용)
제한적 기내 반입 가능 품목	• 외투, 카메라, 서류 가방, 핸드백, 지팡이, Baby Bassinet, 소형 악기, 목발 등은 휴대 수하물에 추가 허용 • 소량의 개인용 화장품, 용기당 0.5킬로그램의 향수, Hair Spray 등 반입 가능 • 개인적 목적으로 사용하기 위한 한 개 이하의 라이터 및 성냥 반입 가능(출발지 국가별로 상이) • 여행 중 필요한 의약품, 항공사 승인을 받은 의료 용품, Dry Ice 등 기내 반입 휴대 수하물 규격을 초과하는 의료용 수송 Unit, Incubator 등도 사전 절차에 의거하여 반입 가능
위탁 수하물 탁송 제한 품목(휴대만 가능)	• 위탁 수하물에 포함될 수 없으며 필요시 직접 휴대해야 하는 품목 • 운송 도중 발생한 파손, 분실, 인도 지연에 대해 항공사 책임 없음 • 노트북 컴퓨터, 휴대전화, 캠코더, 카메라, MP3 등 고가의 개인 전자제품, 화폐, 귀금속, 보석류, 유가증권, 그 밖의 고가품, 견본류, 서류, 도자기, 전자제품, 유리병, 액자 등 파손되기 쉬운 물품, 음식물 등 부패성 물품 등 • 자전거, 서핑 보드 따위의 스포츠 용품, 애완동물 등 특수 물품은 사전에 반드시 항공사에 알려야 함
제한 품목(SRI) (반입, 탁송 금지)	• 출국 수속 중 보안 검색에서 발견된 총포류, 칼, 가위, 송곳, 톱, 골프채, 건전지 등 다른 고객에게 위해를 가할 수 있고, 인명이나 항공기 안전 및 보안을 위해할 가능성이 있는 물품은 기내 반입 불가, 위탁 수하물로 탁송해야 함 • X-ray 통과 시 발견되는 물품은 직원이 수거, 목적지 도착 후 공항 Baggage Claim에서 승객에게 반환
운송 금지 품목	• 항공 운항 안전상의 이유로 폭발성 물질, 인화성 액체 · 고체 가스, 인화성 고체, 산화성 물질, 독극성 · 전염성 물질 등은 위탁 및 휴대 수하물로 모두 불가 – 페인트, 라이터용 연료와 같은 발화성 · 인화성 물질 – 산소 캔, 부탄가스 캔 등 고압가스 용기 – 총기, 폭죽, 탄약, 화약, 호신용 최루가스 분사기 등 무기 및 폭발물류 – 탑승객 및 항공기에 위험을 줄 가능성이 있는 품목

5) Ground Service

Ground Service는 승객 탑승 후 항공기가 Push Back하기 전까지 안전 업무를 수행하는 데 지장이 없는 범위 내에서 실시하며 항공사별, Class별로 제공되는 서비스 내용이 다르며 안전하고 신속한 항공기 Take-Off를 위해 대체로 간단하다는 공통점이 있다. 주로 Economy Class에서는 신문이나 잡지 등의 Reading Material을 제공하며 상위 Class에는 탑승 Welcome Drink, 슬리퍼, Headphone, 신문 및 잡지 서비스를 실시한다.

❶ Reading Material Service

승객 탑승구 입구의 Air Bridge 또는 Step Car 상단에 Trolley를 설치하고 신문 제호가 잘 보이도록 종류대로 가지런히 Setting하여 탑승하는 승객들이 직접 신문을 선택하여 가져갈 수 있도록 제공하며 탑승 중간에 Refill하여 나중에 탑승하는 승객에게도 원하는 신문을 제공할 수 있도록 준비한다. 승객 탑승이 80퍼센트 이상 완료된 후 남은 신문은 신문 제호가 잘 보이도록 정리하여 By Hand로 제공하고 여분의 신문은 Magazine Rack에 잡지와 함께 비치한다.

잡지는 종류대로 승객에게 제호가 잘 보이도록 객실 내 Magazine Rack에 가지런히 Setting 하여 승객들이 직접 가져갈 수 있게 준비하며 수시로 잘 정리 · 정돈해야 한다.

1 승객 탑승구 입구에서 신문을 제공하는 모습 2 타이항공 Business Class 승객에게 제공되는 Welcome Drink 3 에미리트항공 A380 First Class 좌석 내 비치된 Amenity Kit

❷ Headphone Service

단거리 국제선 노선에서는 예약 승객의 90퍼센트 정도 탑승이 완료되면 담당 Zone별로 앞 열부터 Headphone Service를 실시한다. Headphone Service 시 승객에게 사용법을 설명한다. 사전에 기종별로 제공되는 음악 채널 및 각 채널별 음악 장르를 확인해두고 영화 상영에 대해 문의하는 승객을 위해 해당편 영화의 제목과 상영 순서를 안내한다.

❸ Welcome Drink & Amenity Kit Service

First Class와 Business Class에서는 승객 탑승 시 좌석 안내와 함께 승객의 휴대 수하물 정리를 도와준다. 승객의 의향을 물어보고 재킷과 코트를 건네받아 Tag에 좌석 번호를 기재하고 Coatroom에 보관하고 승객의 착석이 이루어지면 Welcome Drink를 제공한다.

6) Door Close & Slide Mode Check

항공기 내 승객 탑승이 완료되고 Ground Service가 마무리되면 객실 사무장/캐빈 매니저는 지상 운송 직원으로부터 승객 탑승 완료를 통보받고 Ship Pouch를 인수받는다. Ship Pouch는 여객 및 화물 운송 관련 서류, Flight Coupon, SHR 등이 포함된 서류가 담긴 가방이다. 이때 도착지 Entry Document(출입국 카드, 세관 신고서, 검역 설문서) 탑재 여부 및 탑재량을 다시 한 번 확인해야 한다.

SHR

- 탑승객에 관한 정보가 기재된 서류
- Flight Coupon
- 해당 편수, 날짜, 출발지 탑승객 수
- 승객의 인적 사항, 개인별 인적 사항
- Special Service 요구 사항, SPML 주문 승객
- In-Flight Sale 사전 주문 승객의 이름 및 좌석 번호 기재
- VIP, CIP, UM, TWOV, 환자, 단체 등의 정보를 표기한 목록
- 남아 있는 빈 좌석 번호
- 객실 승무원의 대고객 서비스에 중요한 서류

❶ Door Close

객실 사무장/캐빈 매니저는 승객 탑승이 완료된 후 지상 직원으로부터 탑승 완료 보고를 받고 Ship Pouch를 인수받은 뒤 내용을 확인한다. 서류상의 탑승객 수와 Head Counting한 승객 수와 대조하여 이상 유무를 확인한다. 지상 직원은 Weight & Balance를 기장에게 전달하고 객실 사무장/캐빈 매니저는 휴대 수하물의 보관 상태와 Overhead Bin Locking 상태, Service Item 탑재가 확인되어 객실 내 출발 준비가 완료되면 지상 직원에게 객실 준비 완료를 통보한다. 그리고 기장에게 탑승객 수와 특이 사항, 객실 준비 완료를 보고하여 기장의 동의를 얻어 탑승구를 닫는다. 탑승구를 닫기 전에 반드시 P.A를 통해 지상 직원의 잔류

여부를 확인한 후 항공기 Door Close 방송을 실시하고 Door Close를 실시한다.

항공기 Door Close 전 유의 사항

- 지상 운송 직원, Catering 직원, 정비사 잔류 여부
- 객실 승무원 및 탑승객 수 확인(Lavatory 내 승객 유무 확인)
- 추가 탑재 Service Item의 탑재 여부
- 지상 직원의 Weight & Balance 전달 여부
- Ship Pouch의 이상 유무
- 출항 허가 제출 서류 확인(G/D, P/M, C/M)

❷ Slide Mode 변경

Door Close 후 Air Bridge나 Step Car와 항공기가 분리되면 객실 사무장/캐빈 매니저는 방송을 통해 전 승무원 Slide Mode(Automatic Position) 변경을 지시한다. Slide Mode 위치를 Disarmed Position(Manual Position)에서 Armed Position으로 변경하고 L Side, R Side 승무원이 상호 점검하고 엄지손가락을 들어올려서 상호 점검을 재확인한 후 객실 사무장/캐빈 매니저에게 최종 보고를 한다. 보고는 객실 사무장의 All Attendant Call에 응답하여 Slide Mode 변경 완료 및 확인을 보고하거나, 항공사에 따라서는 수신호로 객실 후방에서 전방으로 순서대로 전달하여 객실 사무장/캐빈 매니저에게 최종 보고하는 형식으로 진행하기도 한다. 객실 사무장/캐빈 매니저는 객실 준비 사항을 재확인한 후 기장에게 Push Back 준비 완료를 보고하여 기장이 신속하게 Push Back 준비를 할 수 있게 한다. 객실 승무원은 항공기 제작사와 기종에 따라 Slide Mode 형태와 작동 방법이 각기 다르므로 항공기 탑승 전 반드시 숙지해야 한다.

A380의 Slide Mode 변경

- 객실 사무장/ 캐빈 매니저의 "crew door side standby please" 방송이 실시되면 각 Door별 담당 승무원은 해당 위치로 이동한다.
- "Change slide mode to armed positioin" 지시에 따라 각 Door 담당별 승무원은 다음과 같이 한다.
  - Slide Mode Lever의 Cover를 Open하고 Safety Pin을 뽑는다.
  - Slide Mode Lever를 Armed Position으로 변경한다.
  - Safety Pin은 보관 위치(Jump Seat 하단)에 보관하고 Slide Mode Lever의 Cover를 Close한다.
- 각 Door 담당 승무원은 확인 후 객실 사무장/캐빈 매니저에게 "armed position"이라고 보고한다.

7) Welcome Announcement & Greeting

항공기 Door Close 후 Slide Mode 변경을 하고 나서 방송 담당 승무원은 Welcome 방송을 실시한다. Slide Mode 변경과 보고를 마친 전 승무원은 담당 Zone의 지정된 위치에서 Welcome Announcement의 시작을 기다리며 Stand By 한다. 방송 자격을 갖춘 담당 승무원이 승객의 탑승을 진심으로 환영하는 마음을 담아 Welcome Announcement를 실시한다. Welcome Announcement는 탑승 환영 인사말과 간단한 비행 관련 정보로 구성된다. 방송이 시작되는 첫 인사말에서 전 승무원은 밝은 미소와 함께 정중하게 인사한다.

Welcome Announcement

- 인사말
- 비행 편명, 목적지, 비행시간, 기장 소개
- Seat Belt 착용, Seat Back, Tray Table 정위치
- 전 좌석 금연 안내
- 전자기기 사용 제한(휴대전화 전원 Off)

8) Safety Demonstration

Safety Demonstration은 항공 규정에 의거한 항공사의 의무 규정으로 일상 비행 안전에 관한 안내, 비상시 항공기 비상 Landing 및 착수, 갑작스러운 기류 변화, 기내 감압 상황 발생 시 승객에게 필요한 정보를 제공하고 비상사태에 대비하게

1 Welcome Announcement 중인 승무원 2 3 Safety Demonstration 시연 및 Safety Information Card를 설명하는 승무원

하기 위해 실시한다. Seat Belt, 산소마스크, 비상구, Life Vest 등의 위치와 사용 방법을 구체적으로 알려주며 항공기 기종별 또는 시스템 상태에 따라 VTR Film을 상영하거나 승무원의 시연으로 실시한다.

Safety Demonstration은 Multi-Portion인 경우 중간 기착지에서 신규 탑승한 승객 여부에 관계없이 모든 구간에서 실시하며 Diversion과 회항 후 재출발 시에도 반드시 실시한다.

9) Take-Off 준비

Push Back 전까지 Ground Service와 Safety Demonstration이 종료되면 객실 승무원은 본격적인 항공기 Take-Off를 위해 비상탈출 대비 객실 Safety Check를 수행한다. Galley 내의 유동물을 고정하고 모든 Compartment와 Cart의 고정 및 Locking 상태를 확인하고 Safety Strap을 장착한다. 담당 Zone 승객의 Take-Off 준비 상태와 Lavatory 점검 업무를 종료하는 즉시 지정된 승무원 Jump Seat에 착석한 후 Seat Belt와 Shoulder Harness를 착용하고 Take-Off하는 동안 가상 시나리오를 설정하고 30Seconds Review를 실시한다.

객실 사무장/캐빈 매니저는 Take-Off Signal이 나오면 객실 및 Galley 내 유동물 고정, Lavatory 내 승객 유무 및 변기 덮개 고정, Passenger Seat의 정위치(Seat Back, Footrest, Tray Table, Individual Monitor 등), 전 승무원 착석 상태(Seat Belt, Shoulder Harness)를 최종적으로 확인하고 Take-Off 안내 방송을 실시하며 기장에게 객실 Take-Off 준비 완료를 보고한다. 그리고 Take-Off 전 객실 조명을 외부 밝기에 맞추어 적절하게 조절한다. 최종 점검 사항은 국내선과 동일하다.

3. After Take-Off Duty

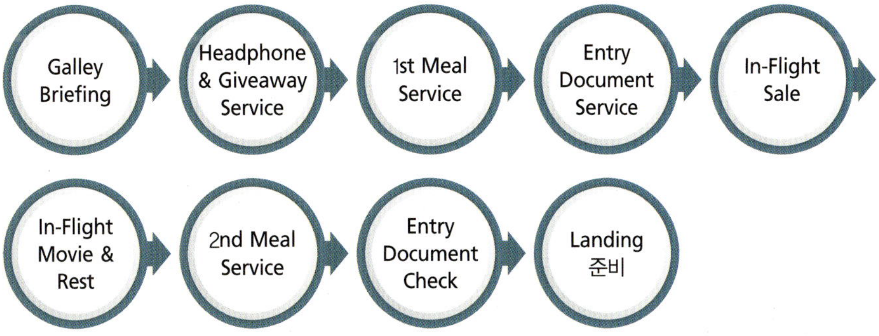

After Take-Off Duty란 항공기가 Take-Off하고 적정 고도에 이르러 승객에게 기내식, 기내 엔터테인먼트, 면세품 판매 등 여러 가지 In-Flight Service를 제공하고 항공기가 목적지 공항에 Landing하기 전까지의 객실 승무원의 비행 중 업무인 In-Flight Service를 말한다.

서비스 내용과 절차, 방법은 항공사, 노선, 기종별로 조금씩 다르다. 장거리 비행의 In-Flight Service는 크게 두 차례의 식음료 서비스와 영화 상영, 기내 면세품 판매 등으로 이루어진다. 그리고 승객의 편의를 도모하기 위해 목적지의 Entry Document를 나누어주고 작성을 안내한다. 이어서 승객의 안락한 휴식과 쾌적한 기내 환경 유지를 위해 수시로 객실을 순회하며 승객의 요구에 응대하고 통로에 떨어져 있는 Blanket이나 Headphone 비닐포장지 등을 줍고 Lavatory 내 Cleaning 상태를 쾌적하게 유지하기 위해 수시로 점검한다.

1) Galley Briefing

항공기가 이륙하여 적정 고도에 이르면 조종실에서는 Fasten Seat Belt Sign을 꺼서 객실 승무원에게 서비스 업무가 가능하다는 신호를 준다. 각자의 서비스 담당 Galley에 모인 객실 승무원들은 In-Flight Service를 위한 복장으로 앞치마를 착용하고 남승무원은 조끼를 착용한 복장으로 해당 비행의 In-Flight Service를 위한 Galley Briefing을 가진다.

Galley Briefing은 승객에게 편리하고 원활한 In-Flight Service를 제공하기 위해 서비스 시작 전 Galley별로 실시한다. 상위 Class에서는 해당 Class의 Senior 승무원이 주관하고 Economy Class에서는 Galley 담당 승무원이 주관한다. 탑승객 정보, 기내식의 내용과 탑재 수량, 해당 Zone의 SPML 내용 및 수량, 서비스 진행 방법, 유의 사항 등을 상호 점검하여 In-Flight Service 시 착오가 발생하지 않도록 담당 승무원에게 전달한다. 이 내용들은 Cabin Briefing에서 이미 전달된 내용이지만 해당 Zone의 정보를 In-Flight Service 전에 다시 한 번 숙지하는 것이다.

Galley 담당 승무원은 Galley 내 서비스 준비 업무 수행과 동시에 통로 서비스를 담당하는 승무원들도 도와주며 균형 있는 서비스가 이루어질 수 있게 서로 협업한다.

Galley Briefing 내용

- 담당 Zone의 승객 수, 정보 및 특이 사항
- 탑재된 기내식의 내용물 및 수량
- SPML의 내용 및 수량, 주문한 승객 정보(좌석 번호와 이름, 국적)
- 담당 Zone의 서비스 진행 방법 및 유의 사항
- In-Flight Service 시 유의 사항 및 특이 사항

Meal Service Procedure

첫 번째 기내식 서비스는 Menu Book, Towel, Aperitif, Meal Tray, Wine & Water, Meal Tray Collection, Coffee & Tea순으로 서비스한다.

2) Headphone & Giveaway Service

Giveaway는 탑승 기념품으로 상위 Class 승객과 만 2세 이상에서 12세 미만의 어린이 승객에게 제공하는 항공사 로고가 새겨진 다양한 선물 세트다. 항공사, 노선별로 Headphone & Giveaway Service 시점은 조금 다르지만 장거리 노선에서는 Take-Off 후 서비스하는 것을 원칙으로 한다. 하지만 객실 사무장/캐빈 매니저의 판단에 따라 비행 출발시각이 이른 아침이나 늦은 밤일 경우, Ground에서 서비스 가능한 경우 Take-Off 전에 Headphone & Giveaway Service를 제공하기도 한다.

3) 1st Meal Service

❶ Menu Book Service

국내외 항공사의 중장거리 노선에서는 기내식 서비스를 하기 전에 Menu Book을 먼저 제공한 후 식사를 서비스한다. 탑재된 기내식 메뉴와 대조하고 확인한 후 청결한 장소에 Menu Book을 보관하고 같은 Galley 승무원들과 정보를 공유한다. 메뉴의 조리 방법과 내용을 사전에 숙지하여 승객에게 안내할 수 있도록 한다.

❷ Hand Towel Service

기내식 서비스 전에 제공하는 Hand Towel은 노선, 비행 출발시각에 따라 Cotton Towel 또는 Disposable Towel로 구분하여 탑재하고 승객에게 제공한다. Cotton Towel은 Oven에 Heating하여 Basket에 Setting한 뒤 Towel Tong을 이용하여 집어서 둥글게 말려 있는 상태로 승객에게 제공한다.

Disposable Towel은 한 매씩 개별 포장된 상태로 Basket에 가지런히 Setting하여 손으로 집어서 승객에게 공손하게 제공한다. 회수할 때는 승객이 직접 담을 수 있도록 Basket을 승객 가까이 내민다.

Cotton Towel 서비스 방법

- 날씨가 더운 여름이나 기온이 높은 출발지에서는 Heating하지 않고 차가운 상태로 제공한다.
- 왼손은 Towel Basket의 바닥 부분을 받치고 오른손은 Towel Tong을 이용하여 둥글게 말린 상태로 한 매씩 제공한다.
- Heating된 Cotton Towel은 매우 뜨거우므로 승객에게 제공할 때 "뜨거우니 조심하십시오"라고 반드시 주의를 당부한다.
- Used Towel을 회수할 때 Tray Table에 놓여 있는 Towel은 Towel Tong을 이용하여 회수하고 승객이 직접 줄 때는 Towel Basket을 내밀어 승객이 직접 담을 수 있도록 한다.
- 남은 Towel은 다시 보관하여 나중에 원하는 승객에게 제공한다.
- 회수한 Towel은 Towel Bag에 보관하여 비행이 끝난 후 반드시 하기한다.

❸ Aperitif Service(Beverage Service)

기내식 서비스 시점을 기준으로 식전에 Aperitif 음료를 제공하고 식사 중에는 Meal Type에 따라 Wine이나 그 밖의 음료를 제공한다. 식후에는 Coffee나 Tea를 제공한다. 기내식 서비스 전에 제공하는 음료는 식전 음료로 기내에 탑재된 다양한 Alcoholic Beverage와 Non-Alcoholic Beverage 등이 준비되어 있다. Galley 담당 승무원은 Beer, Soft Drink, Juice, Mineral Water, White Wine, Champagne 등을 반드시 서비스 전에 Chilling하여 차게 준비해두어야 한다.

1 항공사에서 제공하는 Menu Book 2 Hand Tower Service

1 Aperitif Service 2 Beverage Service

객실 서비스 담당 승무원은 Aperitif Service를 위해 기내에 탑재되는 Liquor, Liqueur, Mixer, Soft Drink 종류 등을 감안하여 사전에 다양한 Cocktail 제조 방법을 숙지하고 서비스에 임한다. Meal Type이 Breakfast나 Brunch일 경우 Aperitif로 Cold Beverage 외에 Coffee와 Tea 등의 Hot Beverage를 함께 제공한다.

비행 출발시각과 비행시간, 식사 서비스 시간대에 따라 서비스 방법에 다소 차이가 있으나 음료 Cart 또는 Large Tray를 이용하여 Setting한 후 제공한다.

Aperitif Service by Cart

- Cart 상단에 Drawer를 올리고 각종 White Wine, Red Wine, Whisky, Vodka, Mineral Water, Plastic Cup, Lemon Slice, Ice Bucket with Ice Tong을 Setting하고, Cart 내 1st Drawer에 Cocktail Napkin, Muddler, Nuts Pack을 Setting한다.
- Beer, White Wine, Mineral Water, Juice, Soft Drink는 차갑게 Chilling이 된 것을 제공하고 Soft Drink는 얼음과 함께 제공한다.
- Wine은 서비스하기 전 승객 수와 승객 성향을 고려하여 미리 Open하여 Breathing시켜서 서비스한다.
- 먼저 승객에게 준비된 음료의 종류를 설명한 후 주문을 받는다.
- 승객의 Tray Table 위에 Napkin을 깔고 주문한 음료수 컵을 승객의 오른쪽 위편 오목한 자리에 놓으며 Nut는 음료수 컵의 왼쪽에 놓는다.
- 다 마신 승객에게는 먼저 빈 컵을 회수해도 되는지 의향을 물어본 후 회수하고 동시에 Refill을 권유한다.

4 1st Meal Service

국제선 장거리 비행에서는 평균적으로 2회의 식사 서비스가 이루어지며 항공기 출발시간을 고려하여 적정의 식사가 제공된다.

대형 항공사의 장거리 비행의 경우 Class별로 다르지만 서너 가지 메뉴 중에서 선택할 수 있고 각 메뉴의 탑재율은 노선별 특징을 고려하여 탑재된다. 메뉴는 한식, 중식, 양식으로 구분되며 Class별로 서비스 방법이 다르다. 일반적인 기내식 서비스 준비 방법은 다음과 같다.

먼저 Galley 담당 승무원은 해당편의 Menu Book을 확인하여 탑재된 Entrée 내용물과 대조, 확인한 후 Entrée 수, Meal Tray 수, 승객 수를 감안하여 Entrée Menu에 따른 Heating 시간, Service Procedure와 진행 속도, Entrée Setting 시점을 감안하여 승객에게 적정 온도의 식사를 제공할 수 있도록 사전에 준비한다.

Meal Tray 위에 빵이 Setting되어 있는 것은 Entrée만 Oven에서 Heating하여 Tray에 Setting한 후 Food Cart 상단에, 음료는 Drawer 안에 준비하여 Cart Top Setting 후 기내식 서비스를 제공한다. 빵이 Bulk로 탑재된 경우에는 Oven에 빵을 Heating한 후 Bread Basket에 Linen을 깔고 Heating한 빵을 보기 좋게 Setting하고 승객에게 Meal Tray를 서비스할 때 Bread Tong을 이용하여 한 개씩 제공한다.

기내식 서비스

승객 탑승 후 Zone별 Galley 담당 승무원은 SHR를 참고하여 SPML 주문 승객에게 승객의 주문 내용, 이름, 좌석 번호를 확인한 후 SPML Tag에 동 내용을 기입하여 승객의 Head Rest Cover 위에 부착한다.

표_ 기내식 서비스

기내식 형태	기내식 서비스 방법
서양식	• 먼저 승객의 Tray Table을 편다. • Entrée 종류, 내용, 조리법을 설명하고 승객에게 주문을 받는다. • 빵을 별도로 제공하는 경우 Tray를 서비스하기 전 먼저 빵을 Tray 위 Bread Bowl에 놓는다. • Tray를 서비스할 때 Entrée가 승객 앞쪽으로 놓이도록 제공한다. • Tray를 서비스한 후 Wine과 음료를 권한다.

한식 (비빔밥)	• 승객의 Tray Table을 편다. • 외국인 승객에게는 비빔밥 취식 방법을 간단히 설명한다. • 한식 Tray를 꺼낸 후 Tray 위 국그릇 뚜껑을 제거한다. • 국그릇에 Hot Water를 부은 후 Tray를 승객 Table에 놓으며, 국이 뜨겁다는 것을 안내한다. • Tray의 밥과 나물이 승객 앞쪽으로 놓이도록 제공한다. • Wine과 그 밖의 음료를 권하고 제공한다.
특별식	• 승객이 탑승한 시점에 착석한 것을 확인하면 이름, 주문 내용, 좌석 번호를 확인하고 특별식의 탑재를 알린다. • Ground에서 Tray를 제공할 때 음료를 미리 주문받아 함께 준비한다. • Take-Off 후 일반식 서비스 시점에 함께 제공하는 것이 원칙이지만 객실 사무장/캐빈 매니저의 판단하에 먼저 제공하기도 한다.

기내식 서비스 시 Wine Serving 방법

- 먼저 Cart Top에 Setting된 Red & White Wine을 소개한다.
- 주문받은 Wine Label을 보여준다.
- 병과 글라스 입구가 닿지 않도록 약간 거리를 두고 글라스의 7부 정도 따른다.
- 병을 Twist하여 Wine이 병 외부로 흘러내리지 않게 한다.
- Meal Tray Service 후 2nd Wine Service를 실시한다.

5 Wine & Mineral Water Refill Service

Meal Tray Service가 완료되면 Galley에 돌아와 Meal Cart를 원래 위치에 보관하고 Coffee를 내리거나 Tea를 우린다. 그동안 White Wine과 Red Wine 병을 각각 양손에 들고 나가 담당 Zone 승객들에게 Refill을 권유하고 서비스한다. 이어 Mineral Water 병을 양손에 들고 나가 승객들에게 충분히 제공한다.

Wine Serving

6 Coffee & Tea Service

Hot Beverage Service를 위해 Galley 담당 승무원은 Serving할 Pot의 내부를 뜨거운 물로 헹구어 따듯하게 데우고 서비스 나가기 직전에 준비하여 Hot Beverage는 청결하고 뜨겁게 제공할 수 있도록 한다. 대체로 Coffee를 먼저 서비스하고 이어서 Tea Pot을 들고 나가서 제공한다. 모든 노선에서 Tea Service는 Black Tea를 제공하며 다른 종류의 차는 Order Base로 제공한다. 일본 노선에서는 Green

표_ 대한항공 실제 장거리 기내식 메뉴

1st Meal	2nd Meal	IN-BETWEEN SNACK
First Class		
[KOREAN] BIBIMBAP [한식] 비빔밥 [KOREAN] PAN FRIED STRIPLOIN STEAK WITH GALBI SAUCE [한식 정찬] 양념 채끝 등심구이 [KOREAN] STEAMED SEA BREAM WITH VEGETABLES [한식 정찬] 도미 만두 [WESTERN] ROASTED "JEDONG FREE-RANGE CHICKEN" WITH RED WINE SAUCE [양식] 레드 와인 소스의 제동 토종닭 구이 [CHINESE] STIR FRIED PRAWN WITH BLACK BEAN SAUCE [중식] 블랙빈 소스의 새우볶음	[KOREAN] MUSHROOM AND WILD SESAME SOUP [한식] 버섯들깨탕 [WESTERN] SCRAMBLED EGGS [양식] 스크램블 에그 [WESTERN] ORANGE FLAVOURED BRIOCHE TOAST [양식] 브리오슈 토스트	• KOREAN MUGWORT STEAMED RICE ROLL • COOKIE • IVY CRACKER • MARKET-O REAL BROWNIE • SAMGAK GIMBAP(CHOLPAN FRIED RICE) • SAMGAK GIMBAP(JEONJU BIBIMBAP)
Business Class		
[KOREAN] BIBIMBAP [한식] 비빔밥 [KOREAN] BEEF BULGOGI, ICN [한식] 쇠고기 불고기 [WESTERN] GRILLED BEEF STEAK WITH THYME SAUCE [양식] 타임 소스의 쇠고기 스테이크 [CHINESE] STIR FRIED CHICKEN THIGH WITH BLACK PEPPER SAUCE [중식] 블랙페퍼 소스의 닭다리볶음	[KOREAN] RICE PORRIDGE [한식] 죽 요리 [WESTERN] OMELETTE [양식] 오믈렛(달걀 요리)	• KOREAN MUGWORT STEAMED RICE ROLL • COOKIE • PIZZA BAR (MARGARITA) • SAE WOO KKANG IND TYPE • SAMGAK GIMBAP(CHOLPAN FRIED RICE) • SAMGAK GIMBAP(JEONJU BIBIMBAP)
Economy Class		
[KOREAN] BIBIMBAP [한식] 비빔밥 [WESTERN] BEEF STEW WITH TOMATO OLIVE SAUCE [양식] 토마토 올리브 소스의 쇠고기 스튜 [CHINESE] STIR FRIED COD FISH WITH ORIENTAL CHILLI SAUCE [중식] 오리엔탈 칠리 소스의 대구 볶음	[KOREAN] RICE PORRIDGE [한식] 죽 요리 [WESTERN] OMELETTE [양식] 오믈렛(달걀 요리) [WESTERN] WALNUT MUFFIN [양식] 호두 머핀	• MARBLE CAKE • BANANA • PRAWN CRACKER • RAMEN

Tea를 제공한다. Coffee & Tea Service는 충분한 Refill Service를 제공해야 한다.

Coffee & Tea Service

- 식사를 모두 마치기 전에 Desert를 즐길 수 있도록 식사 서비스의 흐름이 끊기지 않게 연결하여 제공할 수 있도록 서비스 준비를 해야 한다.
- Small Tray 위에 커피잔 놓을 공간을 두고 승무원 몸 가까이에 Sugar & Creamer Pot을 Basket에 Setting하여 승객이 집어갈 수 있게 승객 가까이로 Tray를 낮추어 서비스한다.
- Coffee나 Tea는 컵의 3분의 2 정도만 채운다.
- Tea 서비스 시 Sugar & Creamer Pot Basket 옆에 레몬을 Bowl에 Setting하여 함께 제공한다.
- Hot Beverage Service는 항상 주의해야 하며 승객에게도 뜨겁다는 것을 안내한다.
- 유아를 동반한 승객이 Hot Beverage를 요청하면 매우 위험하다는 것을 알려주고 되도록 다른 음료를 권하거나 아주 소량만 제공한다.

7 Meal Tray Collection

식사를 마친 승객은 Tray Table 위에 Meal Tray를 올려둔 상태로 휴식을 취하거나 Lavatory를 이용하기 불편하므로 최대한 신속하게 Tray Collection을 실시한다. Cart 위에는 Mineral Water와 Plastic Cup만 Setting하고 요청하는 승객에게 Mineral Water를 제공한다. Used Cup과 Trash가 Drawer에 Setting된 새 Cup과 닿지 않도록 유의한다.

4) Entry Document Service

기내식 서비스를 마무리하고 난 후 담당 Zone별로 승객의 입국 편의를 위해 항

1

2

1 Coffee Service 중인 방콩항공 승무원 2 Meal Tray Collection하는 루프트한자항공 승무원

Entry Document 작성 서비스

공기 도착 전 해당 도착국의 입국에 필요한 서류를 승객에게 안내하고 배포하여 작성하는 데 협조한다. 일반적으로 Entry Document는 입국 카드와 세관 신고서가 있고 일부 국가에서는 검역 설문서를 추가로 요구한다. 각 도착지 국가의 출입국 규정에 따른 작성 요령을 사전에 숙지하여 작성 안내와 협조 시 승객의 여행 목적 및 소지 수하물의 종류 등을 정확히 작성할 수 있게 한다. Entry Document 배포 시 승객의 환승 여부와 최종 목적지를 확인하고 알맞은 Entry Document를 제공해야 한다. 목적지 공항 도착 전 Entry Document 작성 안내 방송을 실시하면 담당 Zone 승객의 입국에 필요한 서류 소지 및 작성 여부를 반드시 재확인한다.

5) In-Flight Sale

면세품 판매를 시작하기 전 안내 방송을 실시하고 해당 구간의 비행시간과 서비스 절차를 감안하여 진행한다. 비행시간이 1시간 이내인 국제선 구간과 단거리 구간에서는 일부 품목만 판매한다. 판매 담당 승무원은 Cart에 면세품을 준비하여 객실을 순회하며 구입을 원하는 승객에게 면세품을 판매하고 객실 승무원은 해당 국가의 입국 허용 면세량을 숙지하여 안내한다. 기내 면세품 판매는 전체 객실 서비스의 일부이나 휴식을 취하는 다른 승객에게 방해되지 않게 하며 Economy Class 객실 조명만 밝히거나 In-Flight Sale Cart만을 비추는 간접

1 기내에 비치된 면세품 책자 2 3 면세품 판매 중인 승무원

조명을 이용하여 진행하는 것이 바람직하다. 아울러 객실 내 다른 구역에 서비스 공백이 발생하지 않도록 객실 서비스 담당 승무원을 배치한다. 대부분의 객실 승무원은 After Galley의 면세품 Cart와 Compartment가 탑재된 곳에서 면세품 판매 담당 승무원을 도와 Packing 및 Delivery를 도와준다. 이때 객실 서비스 담당 승무원을 지정하여 Galley별로 최소 한 명의 승무원은 Refreshment Drink Service를 수행하며 승객의 요구에 응대하고 수시로 Lavatory 비품을 Refill하고 Cleaning을 실시하여 쾌적한 환경을 조성한다.

최근에는 승객의 보다 편리한 기내 면세품 구입을 위해 기내에 탑재된 귀국편 예약 주문서로 예약 주문을 받아 귀국편 기내에서 물품을 전달하는 귀국편 예약 주문 제도와 사전에 승객이 원하는 품목을 전화나 팩스, 인터넷으로 접수받아 기내에서 전달하는 사전 예약 주문 제도를 실시하여 승객에게 쇼핑 편의를 제공하고 있다.

기내 면세품 판매 시 유의 사항

- 기내 면세품 판매에 너무 치중하는 듯한 인상을 주지 않도록 Galley별로 한 명의 승무원을 배치하여 Cleaning & Refreshment Service를 수행한다.
- 구매한 면세품을 Delivery할 때 승객과 물품, 주문서 내용을 대조하여 금액을 지불하도록 하고 잔액이나 카드 영수증을 곧 가져다준다는 사실을 안내한다.
- 현금을 직접 받을 때는 반드시 승객 앞에서 액수를 확인하고 현금영수증 발급 여부를 확인한다.
- 카드 접수 시 카드 만기일과 서명을 확인하고 직불카드와 체크카드는 접수 불가임을 안내한다.

6) In-Flight Movie & Rest

기내 면세품 판매 서비스를 하고 난 뒤 객실에서 승객에게 영화 상영을 시작해도 좋은 상태인지 판단하여 영화 상영 안내 방송을 통해 이용 채널 및 영화 제목을 안내한다. 객실 전체를 담당 Zone별로 정리한 뒤 객실 조명을 단계별로 조절하고 주간과 야간 비행시간대에 따라 Window Shade의 Close 여부를 결정한다. 비행시간에 따라 상영물의 내용을 결정하는데 일반적으로 단거리 비행일 경우에는 Short Subject, 장거리일 경우에는 최신 Feature Movie를 선정하여 1개월 또는 2개월 주기로 새로운 상영물을 선정하고 출발편과 입국편 상영물을 교체하여 상영한다. 영화 상영 외에도 비행 중 승객에게 해당 비행과 관련된 각종 정보를

1 Individual Monitor 2 Window Shade Close

안내하는 시스템 Air Show가 기내 Screen을 통해 영사되는데 비행 속도, 고도, 현재 위치, 목적지까지의 거리와 남은 시간, 현지 시각 등을 실시간으로 제공한다.

승객은 자신이 원하는 개인시간을 보내며 항공여행을 즐길 수 있다. 주로 영화 관람을 하거나 독서, 취침을 하는 승객이 대부분이다. 영화 상영 시 승무원은 Galley Light를 Dim 상태로 유지해야 한다. 대부분의 기종에는 Individual Monitor가 장착되어 있어 승객이 원하는 상영물을 선택해서 볼 수 있다. 승객의 편안한 여행을 위해 객실 담당 Zone을 순회하며 상황에 맞는 응대를 해야 하며 승객 개개인의 쾌적성을 최대한 배려하고 안전한 비행을 위한 수시 점검도 잊지 말아야 한다.

❶ 영화 상영

비행 중 Day Flight인 경우에는 영화를 관람하는 승객이 선명한 화면으로 볼 수 있게 하고 취침하는 승객에게 방해되지 않도록 반드시 전 객실의 Window Shade를 Close하도록 조치한다. Individual Monitor가 장착된 기종에서는 승객이 AVOD 사용 방법을 문의하는 경우 승무원은 사전에 사용 방법을 정확히 숙지하여 정확한 안내를 하도록 한다.

❷ Cabin Patrol(Walk Around) & Refreshment Service

청결하고 쾌적한 객실을 유지하기 위해 Cabin Patrol을 주기적으로 실시한다. 승객의 기호를 파악하여 Juice, Mineral Water, Soft Drink 등을 Large Tray 위에 가지런히 Setting하여 제공하고 Hot Beverage를 원하는 승객은 주문을 받아 제공한다. 2nd Meal Service 직전까지 Intermission 때 전 Galley의 Curtain을 열고 Snack Bar를 Setting하여 승객에게 제공한다.

객실 조명이 Night 상태의 어두운 통로에서는 안전사고가 발생할 소지가 있으므로 천천히 걸으며 서비스를 수행하고 통로에서 Walk-Around할 때는 바닥을 향해 개인용 Flash Light를 준비하여 사용하는 것이 좋다.

Walk Around

Cabin Patrol(Walk Around) 요령

- 담당 Zone을 정기적으로 순회하며 여유 있게 천천히 실시하되, 객실 안전과 쾌적성을 유지하고 승객의 요청을 즉시 해결한다.
- 객실 적정 온도는 섭씨 24도로 유지함을 원칙으로 하나 승객이 수면할 때 춥다고 불평할 경우 개개인의 온도 차를 감안하여 Cabin Attendant Station Panel에서 적절하게 온도를 조절한다.
- Crew Rest 시에는 메모지와 볼펜을 준비하여 승객의 요구 사항을 메모하고 매 15분 간격으로 객실을 순회한다.
- Lavatory, 비상구 주변, 객실 후방 등 안전 취약 지역을 수시로 점검하여 갑작스러운 환자 발생 및 화재 발생을 예방한다.
- 통로에서 Used Cup, Headphone 줄 또는 비닐포장지 등은 사고 원인이 될 수 있으므로 반드시 Clear한다.
- 수면을 취하지 않는 승객에게는 Reading Material, 오락기구 등을 권유하거나 Hot Beverage를 권유한다.
- 수면 중인 승객에게는 Blanket, Pillow 사용을 도와주고 Screen 근처 승객에게는 Eye Mask를 제공한다.
- 통로를 지나다닐 때 승객을 방해하지 않도록 유의한다.
- Galley에서 잡담은 피하고 서비스 준비를 할 때 소음을 내지 않도록 유의한다.
- 수시로 음료, Pillow, Blanket 등을 필요로 하는 승객의 요구에 응한다.
- 항상 객실의 쾌적성 유지를 위해 조명 및 온도 조절을 하며 Passenger Seat 주변, Galley, Lavatory 등을 수시로 점검하고 청결한 상태를 유지한다.
- Crew Rest Room에 승무원이 휴식을 취하고 있을 때나 비어 있을 때라도 승객이 출입하지 않도록 유의한다.

표_ Lavatory Check Duty 담당자의 점검 시점

시점	Duty	Check Point
Beverage Service 직전	Zone별 Junior	청결 유지
Meal Service 직전	Zone별 Junior	Item Refill
Meal Collection 직후	Zone별 Junior	Safety Check
Intermission 시	Zone별 근무자	Cabin Patrol(Walk Around) 시마다 매 15분 간격, 수시 점검
2nd Service 직전	Zone별 Junior	매 15분 간격, 수시 점검
2nd Meal Collection 직후	Zone별 Junior	매 15분 간격, 수시 점검

❸ Crew Rest

승객이 편안히 휴식을 취하며 개인시간을 보내는 동안 객실 승무원도 두 개의 조로 나뉘어 교대로 휴식을 취한다. 단 비행시간이 10시간 이상인 직항편의 경우 승무원 교대가 없을 시 객실 사무장/캐빈 매니저가 In-Flight Service 절차를 고려하여 실시할 수 있다. 중대형 기종의 항공기에는 장거리 10시간 이상의 비행 근무를 할 경우를 대비하여 승무원이 휴식을 취할 수 있는 Crew Rest Room(Crew Bunk)이 기종별로 Upper Deck 또는 Lower Deck에 마련되어 있다. 2층 침대 구조를 장착하여 승무원들이 두 개의 조로 나뉘어 교대로 휴식을 취하도록 한다. Crew Rest 중 휴식조 승무원은 개인적인 여가 활동을 할 수 없으며 다음 근무를 위해 충분한 휴식을 취해야 한다.

근무조 승무원은 휴식조 승무원의 담당 Zone에 결원으로 인한 공백이 생기지 않도록 비행 안전 및 승객 서비스에 만전을 기해야 하며 휴식 종료 시에는 자신의 용모를 재점검하고 단정한 모습으로 근무에 임해야 한다.

두 개의 조로 편성된 객실 승무원은 휴식조가 휴식을 취하는 동안 업무 공백을 고려하여 2nd Meal Service 준비 및 비행 업무 관련 서류를 작성해야 한다. 2nd Meal Service 준비는 앞서 언급한 1st Meal Service 내용과 동일하며 서비스 절차도 크게 다르지 않다.

비행과 관련하여 일반 객실 승무원이 작성해야 하는 서류는 Order List, In-Flight Sale Item 및 신송 사항, Service Item List와 Liquor Inventory List다. Service Item List는 서울 출발편(Outbound Flight)에서 작성하는 서류로 기내에서 서비스하고 난 후 소모품의 잔량을 점

검하여 인수인계 때 교대 승무원 팀이 이를 참고하도록 작성하는 모든 Service Item의 잔여량에 대한 서류다. Service Item 및 음료 등은 Return Flight의 서비스를 감안하여 Order Item List에 반드시 적정량을 기재하여 연결편 및 교체팀 서비스의 원활한 진행을 위해 요청한다.

Liquor Inventory List는 일부 국가의 세관의 요구에 따라 작성한다. 이는 In-Flight Service 용도에 한해 사용할 수 있는 기내의 면세 주류가 보세 구역 이외로 반출되는 것을 방지하기 위한 것이다. 객실 승무원은 항공기 내에 있는 모든 주류의 잔량을 파악하여 해당 서류에 정확하게 기입해야 하며 목적지 도착 전 기내 주류가 담겨 있는 Compartment를 서류에 기입한 번호의 Seal과 자물쇠를 이용하여 이중으로 잠가야 한다. 교체팀 준비 사항은 연결편의 원활한 서비스를 위해 Service Item을 정리하여 위치 및 준비 사항, 특이 사항 등을 기재하여 신송 사항에 남긴다.

7) Landing 준비

항공기 Landing 시점은 사고의 위험이 가장 높은 위험 단계다. 안전한 Landing을 위한 객실 승무원의 Safety Check가 매우 중요하다.

❶ 기장 Approaching Announcement 후

기종, 노선, 비행시간대별로 감안하여 승객이 휴식을 마치고 2nd Meal Service를 시작하는 시점은 보통 2시간 30분에서 3시간 전에 실시한다. 객실 사무장/캐빈 매니저의 판단하에 먼저 잠을 청한 승객들이 놀라지 않도록 작은 소리로 Wake-up 방송을 시작하면 객실 사무장은 조명을 차츰 밝게 조절한다. 2nd Aperitif는 미리 두세 종류 정도의 음료를 담당 Zone 승객 수보다 약간 적게 준비하여 Large Tray에 Setting한 후 Wake-up 방송에 맞추어 서비스를 실시한다. 컵을 회수하고 2nd Meal을 제공하고 난 후 Coffee & Tea Refill Service와 Meal Tray Collection까지 마치면 목적지 도착이 가까워진다.

도착 40분 전 기장이 목적지의 도착을 알리는 안내 방송을 하고 In-Flight Service를 마무리하고 Landing을 준비하라는 신호를 준다. 이때 객실 방송 담당자는 규정에 의거하여 도착지 Entry Document 안내 방송, Headphone, 기내 도서 및 잡지 회수 방송과 도착지 안내 방송 및 공항 안내 방송을 실시하고 담당 Zone 승무원은 회수해야 할 Service item을 회수하여 정해진 위치에 보관한다. 도착지 공항에 필요한 입항 서류를 최종으로 정리하고 승객들의 Entry Document 작성도 재확인한다.

❷ Approaching Signal 후

항공기가 지상 고도 2만 피트에 도달하고 Landing 20분 전 기장은 객실 승무원들에게 Approaching Signal을 준다. 이때 방송 담당자는 Approaching 방송을 하고 기내 면세품 판매 담당 승무원은 In-Flight Sale 업무를 종료하며 물품 목록을 철저히 작성하고 Sealing과 Locking을 한다.

또한 승객들이 맡긴 재킷, 코트, 가방이나 부피가 큰 짐은 제외하고 보관 물품을 반환해준다. 사용한 Pillow와 Blanket, Passenger Seat 주변도 함께 정리하고 Galley 내 용품들도 정리하고 유동물의 고정 상태를 점검한다. 담당 Zone에 Special Passenger가 있는 승무원은 해당 승객의 Landing 준비를 도와주고 지상에서 도움이 필요한 승객은 지상 직원에게 안내해준다는 것을 알려주고 아쉬움을 담아 작별 인사를 미리 한다.

각 Zone의 Senior 승무원과 Galley Duty는 Liquor Inventory List, Dry Item Inventory List, Order Item List에 기재한 Service Item의 잔량, 기내 설비 상태, 기내 판매품과 Liquor Cart의 Sealing 및 Locking 상태 등을 최종 확인한 후 연결편 또는 항공기 인수인계 시 필요한 내용을 잘 정리하여 객실 사무장/캐빈 매니

승객의 좌석 상태를 점검하고 있는 승무원

저에게 보고한다. 각 Galley 담당 승무원은 교체팀에게 특이 사항 및 전달 사항, 객실 설비 및 시스템상의 이상 유무, Order Item List 등 전달 사항을 기록하여 신송 사항 메모지를 눈에 잘 띄는 곳에 부착해둔다. Approaching Signal 후 업무는 국내선과 같다.

❸ Landing Signal 후

항공기가 지상 고도 1만 피트에 도달하면 기장은 객실에 Landing Signal을 준다. 이때 방송 담당자는 Landing 방송을 실시하고 객실 승무원들은 승객의 Seat Belt 착용 상태, Seat Back, Tray Table, Individual Monitor, Footrest의 정위치 등 최종적인 객실 Safety Check를 수행하며 제반 Safety Check가 끝나면 지정된 Jump Seat에 착석하여 Seat Belt와 Shoulder Harness를 착용하고 30Seconds Review를 실시한다.

4. After Landing Duty

1) Farewell Announcement & Duty During Taxing

방송 담당자는 Landing 후 항공기 엔진의 역회전이 끝난 시점에 Farewell 방송을 실시하며 객실 사무장/캐빈 매니저는 Farewell 방송 직후에 Boarding Music을 On한다. 전 승무원은 항공기가 목적지 공항 활주로에 안전하게 Landing하여 승객이 하기할 공항 터미널까지 활주하는 동안 Fasten Seat Belt Sign이 꺼질 때까지 모든 승객의 착석 상태를 유지해야 한다. 이때 객실 승무원은 Jump Seat에 착석한 상태에서 담당 Zone 승객들을 주시하며 비행 안전 취약 단계 규정을 준수한다.

2) Slide Mode Check & Door Open

항공기가 완전히 정지한 후 모든 객실 승무원은 객실 사무장/캐빈 매니저의

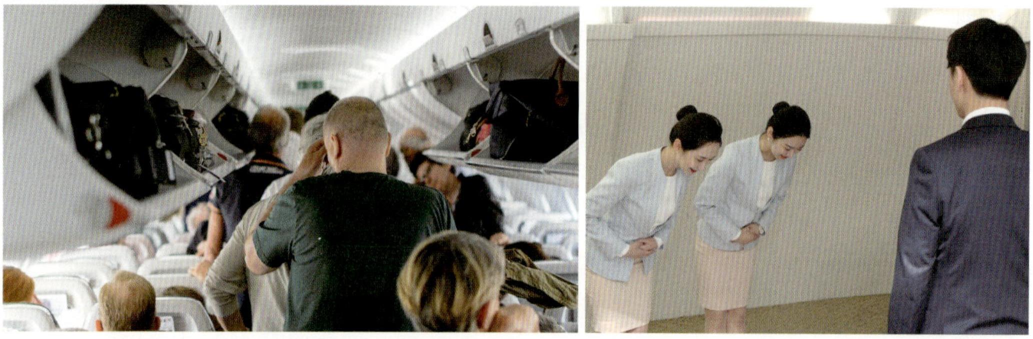

하기하는 승객들과 승객 하기 인사

P.A를 통한 방송에 따라 Slide Mode 변경을 하고 All Attendant Call에 응답한다. Cabin Lighting System이 설치된 Station의 Senior 승무원은 기내 조명을 Full Bright로 조절하여 승객 하기를 원활하게 돕는다. 객실 사무장/캐빈 매니저는 Door를 열기 전 Slide Mode의 정상 위치 여부, 장애물 유무, Fasten Seat Belt Sign Off를 확인한 후 항공기 외부 지상 운송 직원에게 Door Open Sign을 준다. Door Open은 일부 기종을 제외하고 외부에서 지상 직원이 Open하도록 규정되어 있다.

3) Ship Pouch 인계 및 승객 하기

항공기 Door Open 후 지상 운송 직원에게 Ship Pouch를 인계하고 운송 제한 승객이나 Special Passenger에 대한 정보 등을 전달하고 C.I.Q 관계 기관 직원에게 입항 서류를 제출하고 검역 또는 세관의 하기 허가가 필요한지 여부를 확인한다. 공항 당국의 하기 허가를 받은 후 승객 하기 방송을 실시한다.

4) After Landing Check

객실 승무원은 승객의 하기 완료 후 담당 Zone의 Lavatory나 객실, 좌석에 잔류 승객이 있는지 확인한다. 주변, Seat Pocket, Overhead Bin, Coatroom 등을 돌아보며 승객 L/B 유무를 꼼꼼히 점검한다. 승객 하기 후 L/B를 발견했을 때는 먼저 객실 사무장에게 보고하고 도착지 운송 직원에게 L/B를 인계한다. 운송 직원과 연락이 불가능할 경우 출발지/도착지 공항의 INFO Desk 또는 L/B 창구에 인계해야 하며 객실 사무장/캐빈 매니저는 L/B 내용, 형태, 개수, 발견 장소, 인계 운송 직원의 인적 사항 등을 Purser's Flight Report에 기재하여 회사에 보고

1 승객의 좌석 상태를 점검하고 있는 승무원 2 업무를 마치고 함께 이동 중인 승무원들

한다. 비행 중이나 비행 후 객실 설비에 이상이 발생했을 경우 외형 변경 목록(Configuration Deviation List : CDL)에 결함 내용과 위치를 구체적으로 기록하고 White Copy를 절취하여 기장에게 전달한다. 각각의 승무원은 담당 Zone별로 기내 Safety Check를 실시하고 Slide Mode의 정상 위치를 재확인하고 지상 직원과의 인수인계가 필요한 Item을 넘겨준다.

5) Debriefing

비행 근무를 마친 객실 승무원은 Home Port(ICN, GMP)에서 특별한 임무를 가지지 않은 경우 공항에서 퇴근을 하고 각종 서류 제출이나 기내 면세품 판매 대금 반납, 도착 보고 등의 임무를 띤 승무원은 Crew Building에서 해당 업무를 수행한다.

Home Port를 제외한 그 밖의 지역에서는 승무원 전원이 함께 Hotel Shuttle 버스를 이용하여 호텔에 도착한 뒤 다음 비행편의 Pick Up Time을 확인하고 해당 일까지 개인적인 휴식시간을 가진다. 해외 체재 시에는 회사 규정을 준수하여 승무원의 안전 및 보안 문제가 발생하지 않도록 유의한다.

memo

표_ Debriefing 시점과 장소

구분	국내선 및 국제선	
시점	Turn-Around FLT	Long/Over Night FLT
	Inbound FLT 종료 후	매 편 종료 후
장소	Ship Side 또는 Air Bridge Slot	

표_ Take-Off 후 비행 단계별 서비스 절차

단계	기내 방송	Take-Off 후 서비스 절차
Take-Off 후	• Seat Belt 상시 착용 Announcement • Service Plan & 면세품 판매 Announcement	• Galley Briefing
In-Flight Service	• Entry Document Announcement • 면세품 판매 Announcement • 영화 상영 Announcement	• Headphone Service • Giveaway Service • Menu Book Service • Hand Towel Service & Collection • Aperitif Service By Cart • 1st Meal Service • Meal Tray Collection • Entry Document Service • Housing & Toilet Dressing • In-Flight Sale • In-Flight Movie & Rest • Cabin Patrol
	• Wake Up & 2nd Meal Service Announcement • Entry Document Announcement • Approaching Announcement • Headphone Collection Announcement • 면세품 판매 종료 Announcement • Landing Announcement	• 2nd Hand Towel Service & Collection • 2nd Aperitif Service By Tray & Collection • 2nd Meal Service • Tray Collection • Entry Document Check • Landing 준비 • 승무원 Jump Seat 착석(30Seconds Review)
Landing	• Farewell Announcement • Slide Mode Check Announcement	• Cabin Watch(항공기가 완전히 멈출 때까지) • Slide Mode Check & Door Open
Deplane	• Deplane Announcement	• Ship Pouch 지상 직원 인계 • 하기 인사 • 기내 점검(L/B 확인)

표_ 국제선 서비스 절차 및 업무

시점	방 송	서비스 절차	주요 업무
비행 전	–	Show-Up	• 단말기에 Sign-On, Briefing 준비
		Cabin Briefing	• 비행 정보/서비스 절차, 내용/비상 장비, 비상 처리 절차/업무 지시 및 공지 사항 숙지
		Cockpit Briefing	• 비행 관련 정보/기상/비상 절차 숙지
		CHK-IN/CHK Baggage, C.I.Q	• Crew Baggage CHK-IN, 출국 수속
		서류 수령	• 도착지 국가 Entry Document 수령
Take-Off 전	P.A Test	Pre-Flight CHK	• 비상 보안 장비 점검 • Cabin System/Galley 장비 점검 • Catering Item 점검
	–	Ground Service 준비	• 신문/잡지 Setting, Headphone 준비, Lavatory Item Setting, Beverage Chilling, 기내 면세품 인수
	탑승편 안내 Announcement	환영 인사 및 좌석 안내	• Boarding Position에서 인사 및 좌석 안내
		휴대 수하물 안내	• 수하물 보관 안내, 위탁품 보관
		Ground Service	• 신문, 잡지 서비스
	Slide Mode Check Announcement	Door Close & Slide Mode 변경	• Ship Pouch 인수 & Door Close • Slide Mode 변경(정상 위치 → 팽창 위치)
	Welcome Announcement	Welcome Announcement & Greeting	• 환영 인사 및 승객 및 수하물 보관 협조
	Safety Demonstration Announcement	Safety Demonstration	• Safety Demonstration 상영 또는 실연
	Take-Off Announcement	객실 Take-Off 준비	• Passenger Seat Belt, Seat Back, Tray Table, Footrest 정위치 • 유동물 고정 및 Overhead Bin Locking • Galley/Lavatory 점검, 승무원 Jump Seat 착석
Take-Off 후	Seat Belt 상시 착용 Announcement & Service Plan Announcement	Galley Briefing	• Fasten Seat Belt Sign Off 후 Galley별 승객 수/서비스 방법/유의 사항 점검
	–	1st Aperitif Service	• Headphone/Giveaway/Menu Book Service • Towel Service/1st Aperitif Service

시점	방 송	서비스 절차	주요 업무
Take-Off 후	–	1st Meal Service	• 1st Meal By Food Cart Service • Wine & Water/Coffee & Tea/Refill Service
	Entry Document 안내 Announcement	Entry Document Service	• 도착지 국가 Entry Document 배포 및 작성 협조
	In-Flight Sale Announcement	In-Flight Sale	• 기내 면세품 객실 순회 판매/Cabin Patrol
	영화 상영 안내 Announcement	Movie & Rest	• 영화 상영 및 승객 휴식/Cabin Patrol
	–	Housing & Cabin Patrol	• Cabin Cleaning & Lavatory Item Refill • Walk Around & Refreshment Service
	기장 Approaching Announcement	Approaching Announcement	• 승객 위탁품/외투 반환 • Passenger Seat Belt/Seat Back/ Footrest/Tray Table 점검 • Galley & Lavatory 비품 회수 및 점검
	Headphone Collection Announcement In-Flight 종료 Announcement	Headphone Collection & In-Flight Sale 종료 Announcement	• Headphone/Unicef Pouch Collection • Entry Document 작성 확인 • 면세품 판매 종료 및 Sealing/Locking
	Landing Announcement	객실 Landing 준비	• Passenger Seat Belt/Seat Back/ Tray Table/Footrest 정위치 • 유동물 고정/Overhead Bin Locking • Galley/Lavatory 점검, 승무원 Jump Seat 착석
Landing 후	Slide Mode Check Announcement	Slide Mode 변경 & Door Open	• Slide Mode 변경(팽창 → 정상 위치)/Door Open
	Deplane Announcement	Ship Pouch 인계 / 승객 하기	• 지상 직원 Ship Pouch 인계 / 승객 하기
	–	After Landing Check	• 기내 잔류 승객 유무/보안 점검/L/B 점검
	–	Debriefing	• 특이 사항 및 개선 사항 보고

더 알아볼까요

하늘을 나는 호텔, A380 살펴보기

Sorbis / Shutterstock.com

에미리트항공 A380 내
Upper Deck으로 올라가는 계단

EQRoy / Shutterstock.com

콴타스항공의 A380
Upper Deck Lounge

Sorbis / Shutterstock.com

에미리트항공 A380
Upper Deck에 위치한 Bar

Dmitry Birin / Shutterstock.com

에티하드항공 A380
Bar Lobby

Dmitry Birin / Shutterstock.com

에미리트항공 A380
First Class Meal Service

Sergey Kohl / Shutterstock.com

에미리트항공 A380
First Class Meal Service

First Class Photography / Shutterstock.com

에티하드항공 A380
First Class

ASIANA AIRLINES
20
Diamond
21

EQRoy/Shutterstock.com

4

항공 운송 업무

1. 항공사 업무
2. 항공사 Time Table의 이해
3. 항공권의 이해
4. 항공 예약 업무
5. 항공 운임의 이해
6. 여객 운송 업무
7. 운송 제한 승객
8. Special Handling Request

1 항공사 업무

1. 항공 운송 사업

1) 항공사

항공사는 항공 운송이라는 상품을 판매하여 얻은 수입으로 기업을 유지하며 항공기의 일정한 공간과 Passenger Seat를 제공하여 사람이나 물건을 운송한다. 그러나 항공기의 일정한 공간 또는 좌석만을 항공 운송 상품으로 이야기하는 것은 단편적인 관점이다. 좌석보다 그 밖의 서비스가 상품으로서의 가치가 더 있기 때문에 항공 운송이라는 상품은 항공기의 일정한 공간과 인적 서비스가 결합된 복합 상품이라 할 수 있다. 따라서 항공사는 항공기를 사용하여 승객과 화물을 안전하게 목적지까지 운송해주는 데 목적이 있지만 그 과정에서 항공 예약 및 발권, 탑승 수속, 기내식 음료와 객실 승무원의 서비스, 수하물 인도 등 다양한 서비스를 필요로 한다. 항공사는 여객과 화주들에게 쾌적한 기내 분위기, 안정 운항, 항공 좌석 및 화물 공간 제공, 신속 정확한 화물 운송을 약속함과 동시에 항공사 직원의 구체화된 친절 서비스도 함께 상품으로 판매한다.

항공 운송 상품은 좌석과 인적 서비스의 결합물이라 할 수 있으며 고정적 상품과 유동적 상품의 양면성을 가지고 있다. 고정적 상품으로서의 공간은 항공기 기종, Passenger Seat와 화물칸을 포함하는 기내 공간, 운항 스케줄 및 기체 관리 등 다분히 물리적 · 관리적 요소가 강한 부분이 포함된다. 유동적 상품인 서비스는 항공기 출발지부터 목적지까지 제공되는 모든 서비스를 말한다. 즉 여객의 경우 좌석 예약, 시내와 공항 간 육상 수송, 공항 Check-In, In-Flight Service, 수하물 인도 서비스 등이 모두 포함된다.

항공 운송은 기내 공간의 판매에서 시작하여 최종 목적지에 운송 객체를 수송하는 데 필요한 모든 서비스를 제공해야만 상품 가치의 발현이 가능해지고, 더불어 지불된 운임에 대한 대가도 완료할 수 있다. 요컨대 항공사는 최상의 공간 확보와 인적 서비스를 제공하기 위해 최선을 다해야만 비로소 상품 가치를 인정받을 수 있다.

2) 항공사 서비스 분류

❶ 항공사 서비스의 대분류

서비스 대상에 따른 분류

- 여객 운송 서비스(Passenger) : 여객, 즉 승객을 운송하는 서비스다.
- 화물 운송 서비스(Freight) : Cargo Service라고 일컫는다. 화물이란 영리 목적으로 제품을 운송하는 사업 활동으로 항공 화물을 Freight라고 한다. 대표적인 화물 항공사로는 Fedex Express, United Parcel, DHL, Atlas Air, Cargolux 등을 들 수 있다.

서비스 지역에 따른 분류

- 국내선 서비스(Domestic) : 국적기가 자국 영토 내에서 항공 서비스를 제공하는 형태다.
- 대륙 내 국제선 서비스(Intracontinental) : 대륙 내에서 국제선 항공 서비스를 제공하는 형태다. 유럽의 경우 대륙 내 국제선 항공 수요가 가장 많은 지역이다.
- 대륙 간 국제선 서비스(Intercontiaeatal) : 대륙과 대륙을 연결하는 항공 서비스를 제공하는 형태다. 예를 들면 대한항공이 인천에서 미국 뉴욕으로 운항 서비스하는 것을 들 수 있다.

운항 형태에 따른 분류

- 정기 항공 운송 서비스(Scheduled) : 한 지점과 다른 지점 사이에 노선을 정하여 정기적으로 항공기를 운항하는 항공 운송 서비스를 말한다.
- 부정기 항공 운송 서비스(Chartered) : 정기 항공 운송 외의 항공 운송 서비스를 일컫는다. 부정기 항공은 전세기 또는 특별기로도 불린다.

❷ 항공사 서비스의 소분류

- 항공권 예약 서비스(Reservation) : 전화 또는 전산망을 이용하여 항공권을 미리 구입하는 것으로 항공권을 포함한 관광 상품을 예약하는 업무를 말한다. 항공권 예약 방법은 전화, 인터넷, 팩스, 직접 예약 등으로 나뉜다.
- 항공권 발권 서비스(Ticketing) : 항공권 발권 권한(Authority)이 있는 항공사, 여행사, 그 밖의 대리점이 고객에게 기기나 수작업을 통해 이름, Flight Number, 운임, 예약 상태, Passenger Name Record(PNR) 등이 명시된 항공권을 발행하여 교부하는 서비스다. 항공사는 승객이 편리하게 항공권을 구입할 수 있도록 발권 카운터와 지점을 두고 있다.

여기서 잠깐!

PNR

PNR란 항공기 이용 승객의 예약 기록이며 승객 이름, Air Segment, 부대 서비스 추가 정보 및 승객의 전화번호, 항공권 소지 여부, 연락처, 여정 등 항공사의 필요 사항과 승객의 요구 사항이 모두 포함되어 있다.

- 공항 서비스(Airport Service) : 운영 서비스, 승객 · 화물 처리 서비스, 공항 내 각종 영리 활동으로 나뉜다. 항공사마다 조금씩 차이가 있으나 대체로 여객 운송 처리 서비스, 화물 운송 처리 서비스, 라운지 서비스, 출입국 서류 서비스, 도심 공항 터미널 서비스, 국제선 연결 서비스, 그 밖의 서비스 등이 있다. 공항은 안전과 효율성 확보가 중요하고 공항 내에서 이루어지는 다양한 활동은 서로 상호 관련되어 있는 종합 시스템이다.
- 수하물 서비스(Luggage Service) : 수하물 안내, 수하물 보관 센터, 공동 운항 서비스, 수하물 사고와 처리, 수하물 요금 안내 서비스 등이 있다.
- 기내 서비스(In-Flight Service) : 기내식 서비스, 기내 면세품 판매 서비스, 기내 Entertainment Service, 기내 편의시설 안내 서비스, Class별 서비스 등이 있다.
- 특수 고객 서비스(Special Care Service) : Family, UM, 만 2세 미만의 유아 동반 승객, 장애인 승객, 임산부 승객, 환자 승객, 노약자 승객 등 도움이 필요한 승객에게 제공하는 서비스다.

2. 항공사 업무

1) 판매

항공사는 직접 운영, 관리하는 지점과 영업소, 대리점 또는 인터넷을 통해 항공 상품을 판매한다.

2) 예약

1919년 네덜란드항공 KLM에서 시작된 예약 업무는 초기에는 수작업으로 시작되었으나 최근에는 컴퓨터 예약 시스템(Computer Reservation System : CRS)으로 발전했다. 예약은 항공 운송 상품의 특성 중 하나인 소멸성을 극복하고 효율

1 쿠알라룸푸르 국제공항 내 에미리트항공 예약 및 발권 카운터 2 아시아나항공 공항 서비스

적인 재고 관리를 위해 생긴 것이다. 항공 예약의 기능은 고객 서비스, 좌석 판매, 수익 제고 및 운송의 사전 준비 등이 있다.

3) 운송

운송(Traffic) 업무란 승객의 안전하고 쾌적한 여행을 위해 공항에서 지상 직원이 제공하는 일련의 서비스, 즉 공항 서비스를 말한다. 여객의 탑승 수속과 관련된 업무를 담당하는 여객 운송과 화물의 탑재와 관련된 화물 운송으로 나뉜다. 화물 운송은 신속하고 안전한 화물의 탑재와 하기를 위해 공항에서 이루어지는 일련의 서비스로 항공기와 장비의 구조, 탑재력과 항공 화물의 규정 · 요율, 항공 화물 예약, 항공 화물 운송 절차, 특수 화물 취급, 사고 화물 및 클레임 등의 제반 업무를 처리한다.

4) 객실 서비스

객실 서비스(Cabin Service & Catering)는 승객에게 제공하는 기내식과 인적 서비스 요소인 객실 승무원의 In-Flight Service가 핵심이다. 특히 객실 승무원이 제공하는 In-Flight Service는 항공사 서비스의

1 2 3 에미리트항공 A380 In-Flight Service
4 싱가포르항공의 In-Flight Service

기내 조정석 내부와 운항 승무원의 모습

질을 결정짓는 매우 중요한 사항이다. 그러므로 각 항공사는 양질의 서비스 제공을 위해 부단한 노력을 기울이고 있다.

5) 운항

운항은 항공기에 탑승한 승객과 화물을 안전하게 목적지까지 운항하는 데 굉장히 중요한 부문으로 안전 운항의 매우 중요한 역할을 수행한다. 일반적으로 민간 항공사의 경우 기장과 부기장은 상호 유기적인 협력관계를 이루고 근무한다. 기종에 따라 항공 기관사가 함께 근무하기도 하고 장거리의 경우에는 두 팀이 탑승하여 전반과 후반으로 나누어 근무한다. 운항 승무원은 고도의 기술과 풍부한 경험 등을 바탕으로 수많은 인명과 고가의 항공기를 다루는 전문 직업인 만큼 양성에도 엄격한 기준과 소정의 교육 훈련을 거쳐야 함은 물론 한국교통안전공단에서 실시하는 자격증 시험에 합격해야 한다. 운항 승무원이 된 후에도 매년 정기적으로 실시하는 훈련 심사와 수시 훈련을 통해 비행 지식과 기량을 향상하고 사회적 · 국가적 책임을 다할 수 있도록 인격 교육과 윤리 교육을 병행해야 한다.

운항 부문에서 또 하나 중요한 것은 지상에서의 비행 계획 수립과 각종 운항 정보를 제공하는 운항 관리 업무다.

항공 정비 중인 직원

6) 정비

정비(Maintenance)는 항공기의 안전하고 쾌적한 운항을 위해 항공기 기체의 품질을 유지 · 향상시키는 검사, 점검, 서비스, 청소, 수리, 교환 등의 작업을 통틀어 말하는 것이다. 정비 부문은 안전 운항이라는 항공사의 최우선 과제와 직결되는 부서이며 서비스 품질 중 중요한 요소인 정시성을 확보하는 데도 매우 중요한 부문이다. 항공기 정비의 목적은 사후 고장 수리가 아닌 사전의 철저한 점검으로 사고를 예방하고 정시성을 확보하며 승객에게 보다 안전하고 쾌적한 여행을 할 수 있도록 하는 것이다.

3. 항공 운송 사업의 분류

우리나라 '항공법'(전문개정, 2009. 6. 9.)은 "'항공 운송 사업'이란 타인의 수요에 맞추어 항공기를 사용하여 유상(有償)으로 여객이나 화물을 운송하는 사업을 말한다"(제2조 제31호)라고 규정하고 있다.

항공법은 2009년 개정되기 이전까지 항공 운송 사업을 정기 항공 운송 사업, 부정기 항공 운송 사업, 항공기 사용 사업, 항공기 취급업, 항공기 정비업, 상업 서류 송달업, 항공 운송 총대리점업, 도심 공항 터미널업으로 분류했다. 하지만 2009년 국제민간항공기구(ICAO)의 항공 안전 평가에 따른 후속 조치로 항공 안전 의무 보고 및 항공 안전 자율 보고 제도를 도입하여 항공사에 대한 안전 관리를 강화하고 항공기 외에 경량 항공기 제도를 도입하여 레저 · 스포츠 항공기 활성화 및 이용자의 안전을 도모했다.

또한 항공 운송 사업의 시장 진입 완화 및 이용자의 편의 도모, 국제 경쟁력 제고를 위해 항공 운송 사업 면허 체계를 국내 · 국제 운송 사업으로 개편하고 소형 항공기를 이용한 소형 항공 운송 사업을 도입함으로써 기존 '정기 항공 운송 사업'을 '국내 항공 운송 사업'과 '국제 항공 운송 사업'으로 개정하고 '부정기 항공 운송 사업'을 '소형 항공 운송 사업'으로 개정했다.

1) 국내 항공 운송 사업

'국내 항공 운송 사업'이란 국토교통부령으로 정하는 일정 규모 이상의 항공기를 이용하여 다음 각 목의 어느 하나에 해당하는 운항을 하는 항공 운송 사업을 말한다(제2조 제32호).

❶ 국내 정기편 운항

국내 공항과 국내 공항 간에 일정한 노선을 정하고 정기적인 운항 계획에 따라 운항하는 항공기 운항을 말한다.

❷ 국내 부정기편 운항

국내에서 이루어지는 정기편 외의 항공기 운항을 말한다.

2) 국제 항공 운송 사업

'국제 항공 운송 사업'이란 국토교통부령으로 정하는 일정 규모 이상의 항공기를 이용하여 다음 각 목의 어느 하나에 해당하는 운항을 하는 항공 운송 사업을 말한다(제2조 제33호).

❶ 국제 정기편 운항

국내 공항과 외국 공항 사이 또는 외국 공항과 외국 공항 사이에 일정 노선을 정하고 정기적인 운항 계획에 따라 운항하는 항공기 운항을 말한다.

❷ 국제 부정기편 운항

국내 공항과 외국 공항 사이 또는 외국 공항과 외국 공항 사이에 이루어지는 국제 정기편 외의 항공기 운항을 말한다.

대한항공 화물기

3) 소형 항공 운송 사업

국내 항공 운송 사업 및 국제 항공 운송 사업 외의 항공 운송 사업을 말한다.

4) 항공기 사용 사업

항공 운송 사업 외의 사업으로 타인의 수요에 맞추어 항공기를 사용하여 유상으로 농약 살포, 건설 또는 사진 촬영 등 국토교통부령으로 정하는 업무를 하는 사업을 말한다.

5) 항공기 취급업

항공기에 대한 급유(給油), 항공 화물 또는 수하물 하역, 그 밖에 정비 등을 제외한 지상 조업을 하는 사업을 말한다.

6) 항공기 정비업

항공기 발동기나 프로펠러, 장비품이나 부품에 대해 정비 또는 수리, 개조하는 사업을 말한다.

7) 항공 운송 총대리점업

항공 운송 사업을 경영하는 자를 위해 유상으로 항공기를 이용한 여객 또는 화물의 국제 운송 계약 체결을 대리(Passport 또는 Visa를 받는 절차 대행은 제외한다)하는 사업을 말한다.

서울 도심공항 Check-In 센터

8) 도심 공항 터미널업

공항 구역이 아닌 곳에서 항공 여객 및 항공 화물의 수송, 처리에 관한 편의를 제공하기 위해 이에 필요한 시설을 설치, 운영하는 사업을 말한다.

9) 상업 서류 송달업

타인의 수요에 맞추어 유상으로 '우편법' 제2조 제2항 단서에 해당하는 수출입 등에 관한 서류와 그에 딸린 견본품을 항공기를 이용하여 송달하는 사업을 말한다.

4. 항공 운송 사업의 특성

항공 운송 사업은 일반 교통업과는 달리 거대한 규모의 자금과 시설을 요구하며 고도의 안전시설, 장비, 인력이 요구되는 특수 사업이다. 항공사는 항공 운송 사업 영위를 위해 항공기, 공항시설, 업무행위를 위한 항공 노선 등을 기본적으로 필요로 하며 항공사가 수행하는 운송 활동은 공공성과 영리성의 양면적 특성을 지니고 있다.

1) 고속성

타 운송수단과 차별화되는 항공 운송 사업의 가장 고유한 특성은 고속성이라고 할 수 있다. 항공 운송은 다른 운송수단에 비해 매우 빠른 속도로 운항할 수 있어서 운송수단 중 고속성이 가장 뛰어나다. 철도, 자동차, 선박 등의 운송수단에 비해 가장 뒤늦게 발달하기 시작한 산업이지만 속도 면에서는 압도적 우위를 차지하고 있다. 여객기의 속도 향상은 인류의 시간적 · 공간적 한계를 극복하고 시간과 거리의 인식에 대한 변화를 가져왔다.

점보기로 알려진 B747의 경우 최대 1,000km/h이고 B777의 경우 평상시 항속 속도가 905km/h로 1951년 273km/h와 비교하면 눈부신 성장이라 할 수 있다.

2) 안전성

안전성은 자동차, 철도, 선박 등을 포함한 다른 운송 사업과 맥을 같이하여 항공 운송 사업만의 고유한 특성이라고는 할 수 없다. 항공기 사고는 대형 사고로 이어지는 것이 일반적이다. 자국 내에서 발생하기도 하지만 국가 간 이해관계가 얽혀 전 세계가 주목하기 때문에 큰 위험으로 인식된다. 하지만 항공기는 항공기의 운항 및 유도 시스템 발달, 공항 활주로 개선의 영향으로 우리가 이용할 수 있는 가장 안전한 교통수단이다. 항공기의 안전도는 운항 시 항공기 및 항공 노선의 기술적 원인, 기상 조건, 조종사 능력 등의 원인에 의해 좌우되며 다른 운송수단에 비해 사고 발생률이 현저히 낮다. 항공기 사고 발생률을 기준으로 한 통계를 보면 미국 항공사는 평균 7만 7,000회 운항 시 1회의 인명 사고를 냈고 프랑스 항공사는 10만 회 운항 시 1회의 인명 사고를 낸 것으로 나타났다. 항공 사고의 발생은 여객 수요의 격감에 큰 영향을 미치는 요인이기 때문에 안전성의 확보는 항공 운송의 가장 기본적인 요건이라 할 수 있다.

3) 공익성

항공 운송 사업은 다수의 대중에 대한 교통수단으로 국익과 밀접한 관계를 맺어 국위 선양에 크게 기여하는 공익성이 강한 국가대표성 산업이다. 일반적으로 국민의 기본생활권에 필요한 철도 · 도시교통 · 정기선 · 대중교통 사업 · 정기 항공 등의 공중 운송 사업, 우편 · 전신 · 전화 · 방송 등의 공중 통신 사업, 전기 · 수도 같은 일반 공급 사업 등의 사회 기반시설은 공익사업으로 분류된다. 항공 운송 사업은 교통수단의 하나로 국가 간 사회문화 교류의 장을 여는 역할을 하며 국가 경제에 막대한 영향을 주는 공익성이 강한 사업이다. 즉 거액의 설비투자가 요구되는 장치 산업으로 항로, 공항시설, 노선권이 전제되는 정부 규제적인 사업이다. 국력의 상징 및 대외 정책수단으로 국익과 관계된 역할을 담당하기에 많은 국가가 국영 항공사를 직접 운영하고 있다. 그러므로 항로 개설, 노선 배분 등에 직간접적으로 영향력을 발휘하며 정치적 · 경제적 사회 환경의 영향에 민감하다. 특히 항로는 국가와 국가 간의 영공 통과를 전제로 하기 때문에 정부의 외교정책과도 밀접하며 공항시설 및 노선 배분 획득에 정부의 규제를 받는다.

4) 서비스업

항공 운송 사업은 가시적인 상품을 고객에게 제공하는 것이 아니라 고객이 필요로 하는 인간으로서의 욕망이나 필요를 충족시키는 서비스를 제공하는 산업이다. 항공사의 상품은 용역인 운송 서비스로 생산된 운송 상품, 즉 객실의 좌석과 화물의 탑재 공간은 재고 저장이 되지 않으며 생산과 소비가 동시에 이루어진다. 생산은 좌석이나 화물의 탑재 공간 제공 활동이며 판매란 제공된 좌석이나 화물실의 공간을 고객에게 유상으로 제공하여 여객과 화물을 항공기로 운송하는 것을 의미한다. 즉 항공 운송 사업은 판매를 위해 유형의 상품을 진열하는 것이 불가능하다. 또한 상품으로서 품질 수준 측정 노력이 시도되기는 하나 품질 수준에 대한 객관화가 불가능하며 판매되지 못할 경우 재고로 보관할 수 없는 시한성 및 일회성으로 항공기 출발과 함께 가치를 상실하며 재고 발생이 없다.

5) 자본집약적 산업

항공 운송 사업은 일반 서비스 산업에 비해 인적 자원 의존도는 낮지만 일정 수준까지 자본투자가 전제되어야 하는 자본집약적 특징을 가진다. 즉 고가의 항공기 및 부품과 장비를 사용하여 대량의 항공유를 소모하는 막대한 투자 자본을 필요로 하는 사업이다. 항공사는 첨단 항공기 도입에, 정부는 원활한 항공 업무를 위한 공항시설을 확보하는 데 많은 예산을 투입해야 하기에 항공기의 구입, 유지, 운항에 거액의 설비투자가 요구된다. 하지만 항공교통과 연관된 과학기술의 발전도는 비교적 빠르기 때문에 항공기 및 연관시설의 경제적 노후화는 타

교통수단에 비해 급격하다. 따라서 현대화된 항공기와 연관시설을 도입하여 활용할 수 있는 능력이 부족한 항공사는 경쟁력과 운송수단에서 불리한 위치에 놓인다.

6) 국제성

항공 운송 사업 상품의 품질과 가격은 국제적으로 결정되며 국제선의 경우 관련 당국 간의 협약에 의해서만 항공 운송이 가능하다. 즉 항공사의 국제항공 시장으로의 참여 여부는 각 국가 간의 항공 협정에 의해 결정되며 그 협정에 따라 지정된 항공사 간의 상무 협정이 필요하다. 항공사가 타국의 어느 도시에 노선을 개설하고자 할 경우 양국 간의 항공 협정이 선행되어야 하고 협정에서 지정된 항공사만이 지정된 노선에서 운항이 가능하며 취항 도시, 운항 횟수, 공급 좌석 등에 대한 규제를 받는다. 또한 ICAO나 IATA에서 전 세계 항공사 업무를 수행하는데, 주요 업무는 항공 요금, 서비스 내용, 편의 · 장비 설비 등에 대한 규제 권고 등이다. 항공 운송 사업은 세계의 주요 도시를 시장으로 하는 국제성이 강한 운송 사업이라고 할 수 있다.

7) 점의 교통수단

육상 교통은 도로나 철로를 필요로 하기 때문에 선(線)의 교통수단이라고 불린다. 항공은 출발지와 목적지 양 지점에 공항을 건설하면 노선을 개설할 수 있기 때문에 점(點)의 교통수단이다.

2 항공사 Time Table의 이해

항공사의 Time Table은 항공사별로 제작되어 구성이 서로 다르지만 보통 비행 스케줄을 비롯하여 여행 시 필요한 정보, 승객이 알아두어야 할 제반 규정, 서비스 상품에 대한 개요, 노선별 비행시간과 항공사의 주요 연락처 등이 담겨 있다.

Time Table에는 Flight Number, Time Table의 유효기간, 항공기 Day of Operation, 출발 및 도착 시간, 출발지, 목적지, 경유지, 기종, 좌석 등급 등이 표시되어 있다.

1. Flight Number(항공 편명)

Flight Number는 정기편과 임시편으로 구별하는데, 정기편은 세 자리 숫자로, 임시편은 네 자리 숫자로 구성된다.

KE	0 first digit	1 second digit	7 third digit

1) First Digit 표시

해당 운항편의 국제선, 국내선 여부 및 국가나 지역 등 운항 지역을 나타낸다.

First Digit 표시	의미	First Digit 표시	의미
0	미주 지역(북 · 중 · 남미)	7	일본
0, 1, 2	국내선	8	중국 및 오세아니아
6	동남아 지역	9	중동 및 유럽

※ 주 : 대한항공의 경우

2) Second Digit 표시

해당 항공편의 여객기, 화물기 구별을 나타낸다.

- 여객편 : 0, 1, 2, 3, 4, 5, 6, 7
- 화물편 : 8, 9

3) Third Digit 표시

동일 구간에 다수의 항공편이 운항되는 경우 Serial Number 및 서울을 중심으로 출발 항공편, 도착 항공편을 나타낸다.

예) OZ 106 인천/도쿄(인천 출발 항공편)
OZ 107 도쿄/인천(인천 도착 항공편)

인천 출발편	인천 도착편
02106 인천/도쿄	02107 도쿄/인천

2. Airline Designator(항공사 코드)

Airline Designator는 각 항공사의 신청에 따라 IATA에서 지정하고 있다. Airline Designator는 예약, 항공 운항 스케줄, Time Table, 발권 및 통신 등에 사용된다.

표_ 주요 항공사 코드

항공사 코드	항공사	항공사 코드	항공사
AZ	Alitalia	GA	Garuda Indonesian Airways
AC	Air Canada	GF	Gulf Air
EI	Air Lingus	HU	Hainan Airlines
AF	Air France	IC	Indian Airlines
JM	Air Jamaica	JL	Japan Airlines
JS	Air Koryo	KL	KLM Royal Dutch Airlines
UL	SriLankan Airlines	KE	Korean Air
NZ	Air New Zealand	LH	Lufthansa German Airlines
PX	Air Niugini	MH	Malaysia Airlines
FJ	Air Pacific	NW	Northwest Airlines
UK	Air UK	OA	Olympic Airways
AS	Alaska Airlines	PR	Philippine Airlines
AQ	Aloha Airlines	QF	Qantas Airlines
OZ	Asiana Airlines	BI	Royal Brunei Airlines
AA	American Airlines	SV	Saudi Arabian Airlines
NZ	Air New Zealand	FM	Shanghai Airlines
NH	All Nippon Airways	UL	SriLankan Airlines
AP	Aspen Airways	SK	SAS-Scandinavian Airlines
RS	Air Seoul	SQ	Singapore Airlines
BA	British Airways	SA	South African Airways
CX	Cathay Pacific Airways	SD	Sudan Airways
CP	Canadian Airlines	SR	Swissair
CI	China Airlines	TP	TAP Portugal

항공사 코드	항공사	항공사 코드	항공사
MU	China Eastern Airlines	TG	Thai Airways
CJ	China Northern Airlines	RJ	The Royal Jordanian Airline
CO	Continental Airlines	TY	Turkish Airlines
OK	Czech Airlines	TW	Trans World Airlines
DA	Dan-Air Services	UA	United Airlines
DL	Delta Airlines	HY	Uzbekistan Airways
KA	Dragon Air	RG	Varig
EA	Eastern Airlines	VS	Virgin Atlantic
EK	Emirates Airlines	XF	Vladivostok Air
EY	Etihad Airways	WD	Wardair
AY	Finnair	IY	Yemen Airways

3. City & Airport Code(도시 및 공항 코드)

IATA(국제항공운송협회)에서는 항공기가 운항하는 세계의 각 도시와 공항을 세 자리로 암호화하여 City Code와 Airport Code를 만들었다. 각 도시에 한 개의 공항만 있는 경우에는 공항 코드와 도시 코드가 같다. 그러나 도쿄, 뉴욕, 런던, 파리 등 두 개 이상의 공항이 있는 도시는 도시 코드와 공항 코드를 별도로 정해 사용하고 있다.

표_ 주요 공항 코드

공항 코드	도시	공항 코드	도시
ADL	Adelaide(Australia)	LAS	Las Vegas(USA)
ANC	Anchorage(Alaska)	LAX	Los Angeles(USA)
AKL	Auckland(New Zealand)	LHR	London Heathrow(United Kingdom)
BAH	Bahrain(Bahrain)	MEL	Melbourne(Australia)
BKK	Bangkok(Thailand)	MAN	Manchester(United Kingdom)
BOM	Mumbai(India)	MEX	Mexico City(Mexico)
BNE	Brisbane(Australia)	MNL	Manila(Philippines)

공항 코드	도시	공항 코드	도시
CDG	Paris(France)	MXP	Milan(Italy)
CGK	Jakarta(Indonesia)	NAN	Nandi(Fiji)
CMB	Colombo(Sri Lanka)	NGO	Nagoya(Japan)
CNS	Cairns(Australia)	CEB	Cebu(Philippines)
CTS	Sapporo(Japan)	NRT	Narita(Japan)
DPS	Denpasar(Indonesia)	OKA	Okinawa(Japan)
DXB	Dubai(United Arab Emirates)	PEN	Penang(West Malaysia)
FCO	Rome(Italy)	PER	Perth(Australia)
FRA	Frankfurt(Germany)	PRG	Prague(Czech)
FUK	Fukuoka(Japan)	SFO	San Francisco(USA)
HAN	Hanoi(Vietnam)	SGN	Ho Chi Minh City(Vietnam)
HKG	Hong Kong(China)	SIN	Singapore(Singapore)
HNL	Honolulu(USA)	SPL	Amsterdam(Netherlands)
IST	Istanbul(Turkey)	SUB	Surabaya(Indonesia)
JFK	New York(United States)	SVO	Moscow(Russian FED)
JNB	Johannesburg(Republic of South Africa)	SYD	Sydney(Australia)
KHH	Kaohsiung(Taiwan)	TPE	Taipei(Taiwan)
KIJ	Niigata(Japan)	VVO	Vladivostok(Russian FED)
KIX	Osaka(Japan)	YVR	Vancouver(Canada)
KOJ	Kagoshima(Japan)	YYZ	Toronto(Canada)
KUL	Kuala Lumpur(West Malaysia)	ZRH	Zurich(Switzerland)

표_ 아시아/중동/아프리카의 도시 및 공항 코드

도시 코드	공항 코드	도시	공항
BKI	BKI	Kota Kinabalu	Kota Kinabalu
BKK	BKK	Bangkok	Bangkok
BOM	BOM	Bombay	Chhatrapati Shivaji
CAI	CAI	Cairo	Cairo

도시 코드	공항 코드	도시	공항
CEB	CEB	Cebu	Cebu
CMB	CMB	Colombo	Bandaranaike
CRK	CRK	Clark	Clark Field
CXR	CXR	Nah Trang	Cam Ranh
DAD	DAD	Da Nang	Da Nang
JKT	CGK	Jakarta	Soekarno-Hatta
CNX	CNX	Chiang Mai	Chiang Mai
DEL	DEL	New Delhi	Indira Gandi
DHA	DHA	Dhahran	Dhahran
DPS	DPS	Denpasar Bali	Bali Ngurah Rai
DXB	DXB	Dubai	Dubai
GUM	GUM	Guam	Guam
HAN	HAN	Hanoi	Hanoi
HKT	HKT	Phuket	Phuket
JED	JED	Jeddah	King Abdulaziz
KTM	KTM	kathmandu	Tribhuvan
KUL	KUL	Kuala Lumpur	Subang-Kuala Lumpur
MAA	MAA	Chennai	Chennai
MFM	MFM	Macau	Macau
MLE	MLE	Male	Male(Maldives)
MNL	MNL	Manila	Ninoy Aquino
PEN	PEN	Penang	Penang
PNH	PNH	Phnom Penh	Phnom Penh
REP	REP	Siem Reap	Siem Reap
RGN	RGN	Yangon	Yangon
ROR	ROR	Koror	Airai(Palau)
SGN	SGN	Hochimin	Tansonnhat
SIN	SIN	Singapore	Chang I
SPN	SPN	Saipan	Saipan

도시 코드	공항 코드	도시	공항
TPE	TPE	Taipei	Chang Kai Shek
ULN	ULN	Ulaan Baatar	Ulaan Baatar

표_ 대양주 지역의 도시 및 공항 코드

도시 코드	공항 코드	도시	공항
AKL	AKL	Auckland	Auckland
BNE	BNE	Brisbane	Brisbane
CHC	CHC	Christchurch	Christchurch
NAN	NAN	Nandi	Nadi
SYD	SYD	Sydney	Sydney

표_ 일본의 도시 및 공항 코드

도시 코드	공항 코드	도시	공항
AOJ	AOJ	Aomori	Aomori
AXT	AXT	Akita	Akita
FUK	FUK	Fukuoka	Fukuoka
FSZ	FSZ	Shizuoka	Shizuoka
HIJ	HIJ	Hiroshima	Hiroshima
HKD	HKD	Hakodate	Hakodate
TYO	HND	Tokyo	Haneda
KIJ	KIJ	Niigata	Niigata
OSA	KIX	Osaka	Kansai
KOJ	KOJ	Kagoshima	Kagoshima
KMQ	KMQ	Komatsu	Komatsu
NGO	NGO	Nagoya	Nagoya
NGS	NGS	Nagasaki	Nagasaki
TYO	NRT	Tokyo	Narita Int'l
OIT	OIT	Oita	Oita
OKJ	OKJ	Okayama	Okayama

표_ 중국의 도시 및 공항 코드

도시 코드	공항 코드	도시	공항
CAN	CAN	Guangzhou	Baiyun
CGO	CGO	Zhengzhou	Zhengzhou
CSX	CSX	Changsha	Changsha
HKG	HKG	Hongkong	Chep Lap Kok
KMG	KMG	Kunming	Kunming
BJS	PEK	Beijing	Beijing
SHA	PVG	Shanghai	Pudong
SHA	SHA	Shanghai	Hong-Qiao
SHE	SHE	Shenyang	Shenyang
SYX	SYX	Sanya	Sanya Pheonix
SZX	SZX	Shenzhen	Shenzhen
TAO	TAO	Qingdao	Liuting
TNA	TNA	Jinan	Jinan
TSN	TSN	Tianjin	Binhai
YNT	YNT	Yantai	Yantai Laishan
XMN	XMN	Xiamen	Xiamen
WEH	WEH	Weihai	Da Shui Po
WUH	WUH	Wuhan	Wuhan
NKG	NKG	Nanjing	Lukou
YNJ	YNJ	Yanji	Yanji
TXN	TXN	Huangshan	Tunxi
URC	URC	Urumqi	Diwopu

표_ 미주 구간의 도시 및 공항 코드

도시 코드	공항 코드	도시	공항
ANC	ANC	Anchorage	Ted Stevens
ATL	ATL	Atlanta	Hartsfield Atlanta
BOS	BOS	Boston	Boston Logan
BUE	BUE	Buenos Aires	Buenos Aires
DEN	DEN	Denver	Denver
DTT	DET	Detroit	Coleman A. Young Int'l
DFW	DFW	Dallas	Fortworth
DTW	DTW	Detroit	Metro Wayne County
NYC	EWR	New York	Newark Int'l
RIO	GIG	Rio de Janeiro	Rio do Janeiro–Galeão
SAO	GRU	Sao Paulo	Guarulhos
HNL	HNL	Honolulu	Honolulu
WAS	IAD	Washington D.C.	Dulles
NYC	JFK	New York	John. F. Kennedy
LAS	LAS	Las Vegas	Mccarran
LAX	LAX	Los Angeles	Los Angeles
NYC	LGA	New York	Laguardia
MIA	MIA	Miami	Miami
MEX	MEX	Mexico City	Mexico City
MSP	MSP	Minneapolis	Minneapolis. St. Paul
CHI	ORD	Chicago	O'hare
ORL	ORL	Orlando	Orlando
PHL	PHL	Philadelphia	Philadelphia
SEA	SEA	Seattle	Tacoma
SCL	SCL	Santiago	Santiago
SFO	SFO	San Francisco	San Francisco
VAN	YVR	Vancouver	Vancouver
TOR	YYZ	Toronto	Lester B. Pearson

표_ 유럽 지역의 도시 및 공항 코드

도시 코드	공항 코드	도시	공항
ALA	ALA	Almaty	Almaty
BCN	BCN	Barcelona	Elprat
PAR	CDG	Paris	Charles De Gaulle
ROM	FCO	Rome	Leonardo Davinci Fiumicino
FRA	FRA	Frankfurt	Main
LED	LED	Saint Petersburg	Pulkovo
LON	LGW	London	Gatwik
LON	LHR	London	Heathrow
MAD	MAD	Madrid	Madrid
MIL	MXP	Milan	Malpensa
PAR	ORY	Paris	Paris Orly
PRG	PRG	Prague	Ruzyne
AMS	SPL	Amsterdam	Schiphol
MOW	SVO	Moscow	Sheremtyevo
TAS	TAS	Tashkent	Yuzhny
VIE	VIE	Vienna	Vienna Int'l
VVO	VVO	Vladivostok	Vladivostok
ZRH	ZRH	Zurich	Kloten
IKT	IKT	Irkutsk	Irkutsk
BUD	BUD	Budapest	Ferenc Liszt
ZAG	ZAG	Zagreb	Zagreb

표_ 동일 도시 내 복수 공항 코드

도시 코드	공항 코드	도시	공항
NYC	JFK	New York	John F. Kennedy Int'l
	EWR		Newark
	LGA		La Guardia

도시 코드	공항 코드	도시	공항
PAR	CDG	Paris	Charles de Gaulle
	ORY		Orly
LON	LHR	London	Heathrow
	LGW		Gatwick
WAS	DCA	Washington D.C.	Ronald Reagan Washington NTL
	IAD		Washington Dulles Int'l
OSA	KIX	Osaka	Kansai Int'l
	ITM		Itami
SHA	SHA	Shanghai	Hong-Qiao Int'l
	PVG		Pudong Int'l

표_ 국내선 도시 및 공항 코드

공항 코드	도시	공항
CJJ	Cheongju	Cheong Ju Int'l
CJU	Jeju	Jeju Int'l
HIN	Jinju/Sachon	Jinju/Sacheon
KAG	Gangneung	Gangneung
KPO	Pohang	Pohang
KUV	Gunsan	Gunsan
KWJ	Gwangju	Gwangju
MPK	Mokpo	Mokpo
ICN	Incheon	Incheon Int'l
PUS	Busan Kimhea	Busan Gimhae Int'l
RSU	Yeosu	Yeosu/Sunchon
GMP	Gimpo	Gimpo
TAE	Daegu	Daegu Int'l
USN	Ulsan	Ulsan
WJU	Wonju	Wonju/Hoensong

4. Class Code(좌석 등급 코드)

일반적으로 항공사의 Class Code는 항공 운임에 따라 First Class와 Business Class, Economy Class로 구분되나 최근에는 일반적인 First Class보다 한 차원 높은 서비스를 제공하는 Premium First Class 등 항공사마다 다양한 등급의 Class를 운영하고 있다.

표_ 항공기의 Class Code

Class 유형	Class Code	Class 유형	Class Code
First Class Discounted	A	Business Class Premium	J
Coach Economy Discounted	B. H. K. L. M. Q. T. V. X	First Class Premium	P
Business Class	C	Supersonic	R
Business Class Discounted	D. I. Z	Air Shuttle(No Reservation Need, Seat Guaranteed)	U
Air Shuttle(No Reservation Allowed)	E		
First Class	F	Coach Economy Premium	W
Conditional Reservation	G	Coach Economy	Y

5. Aircraft Code(항공기 코드)

Aircraft Code는 항공기 제조회사의 기종별로 알파벳과 숫자 코드로 규정하며 운항되는 기종의 종류를 Time Table에 반드시 표시하게 되어 있다.

표_ Aircraft Code의 예

Aircraft Code	기종	Aircraft Code	기종
727	Boeing 727	773	Boeing 777-300
733	Boeing 737-300	777	Boeing 777
737	Boeing 737	330	Airbus A330
743	Boeing 747-300	332	Airbus A330-200
744	Boeing 747-400	343	Airbus A340-300
747	Boeing 747	A388	Airbus 380-842
757	Boeing 757-200	AB6	Airbus A300
763	Boeing 767-300	M11	Boeing MD11
767	Boeing 767	M82	Boeing MD82
772	Boeing 777-200	M83	Boeing MD83
788	Boeing 787-800	100	Fokker F100

6. Day of Operation(운항 요일) 표시

항공편의 Day of Operation은 일주일 단위로 표시하며 월요일부터 일요일까지 각각 1에서부터 7의 숫자를 코드로 사용한다.

표_ Day of Operation Code

Day of Operation	CODE	Day of Operation	CODE
Monday	1	Friday	5
Tuesday	2	Saturday	6
Wednesday	3	Sunday	7
Thursday	4	Except	×

3 항공권의 이해

1. 항공권의 정의

항공권(Passenger Ticket and Baggage Check)은 승객과 항공사 간에 성립된 계약 내용을 표시하고 항공사의 운송 약관과 그 밖의 약정에 따라 여객 운송이 이루어짐을 표시하는 운송 증표다. 즉 승객과 항공사 간의 계약, 해외 입국에 필요한 여행 서류의 일종, 승객의 여행에 관한 정보를 보여주는 유가증권의 일종으로 항공사 간의 정산을 가능하게 하기 위해 IATA에서 정한 표준 양식을 사용하도록 되어 있다.

특히 불특정 다수를 대상으로 하여 계약 · 운송 조건, 배상 책임 규정 및 그 밖의 주요 규정 안내문 등을 제시하고 이를 통해 항공 운송에 관한 운송인, 여객의 권리, 책임관계를 나타내는 증거 서류이므로 여행 종료 시점까지 반드시 소지해야 한다. 승객, 항공사, 여행사는 항공권 발행을 통해 각 당사자 간의 운송 계약 내용을 명백히 하는 것이므로 승객은 그 내용을 충분히 숙지하고 있어야 한다.

2. 항공권의 특성

- 기명식으로 항공권에 명시된 승객에게만 권한이 있고 타인에게는 양도 불가하다.
- 유아를 포함한 모든 승객에게 항공권을 발권한다.
- 예약 여부와 관계없이 발권이 가능하다.
- 승객의 요청에 따라 여정 및 이용 항공사 변경이 가능하다.
- 다른 항공사 구간도 자사 항공권으로 발권이 가능하다.
- 쿠폰식으로 구성되어 있으며 반드시 쿠폰 순서대로 사용한다.
- 모든 항공 요금은 요금 산출 규정이 정하는 바에 따라 여정의 최초 국제선 출발국 통화로 계산되며 적용 요금은 발권일 당시의 유효 요금이 아닌, 최초 국제선 관광 개시일에 유효한 요금이다.

3. 항공권의 종류

1) 용도에 따른 분류

❶ Passenger Ticket and Baggage Check

일반적으로 사용되는 항공권으로 여행자용 항공권과 수하물표를 가리킨다. 각각의 구간에 관련하여 승객의 운송 및 해당 승객의 위탁 수하물의 수송에 대한 증표류다.

❷ Miscellaneous Charges Order(MCO)

추후 발행된 항공권의 운임 또는 해당 승객의 항공여행 중 부대 Service Charge를 먼저 징수한 경우 등에 발행되는 지불 증표다. 항공권과는 구별되어 여행객이 필요시 화폐로 교환하여 사용할 수 있는, 항공사에서만 발급하는 지급증이다. 유효기간은 발급일로부터 1년간이다.

❸ Excess Baggage Ticket(EB)

승객에게 징수한 초과 수하물 요금에 대해 발행하는 영수증표로, 특히 공항 Check-In Counter에서 발행되는 증표류다.

❹ Collective Ticket for Passenger and Baggage

특정 단체나 전세 여객을 위해 운송계약에 발행하는 항공권으로 국제선 운항 구간에 한하여 항공사와 여행사 간의 계약 관련 운송 증표류다.

❺ Manual Neutral Carbonized Multiple Purpose Document(MPD)

2001년 1월부터 종전 MCO로 통일하여 사용하던 방식에서 변경되어 Billing and Settlement Plan(BSP, 공동 결제 방식)을 사용한다. BSP는 항공사와 여행사를 위한 표준화된 시스템으로 현재 우리나라에서는 다음 세 가지 경우에만 앞의 항공권을 사용하도록 허용한다.

- Prepaid Ticket Advice(PTA)
- Specified Miscellaneous Charges Order(추가 금액 징수 등의 용도)
- Agent Refund Voucher(항공권 재발행 관련 환불 처리 용도)

2) 발권 형태에 따른 분류

❶ Transitional Automated Ticket(TAT, 전산 항공권)

전산 시스템을 이용하여 승객의 예약 기록에 반영된 예약 데이터 및 발권 데이터를 이용하여 발행하는 항공권으로 발행 시 매표 보고서가 자동 생산된다.

❷ Manually Issued Ticket(MIT, 수기 항공권)

손으로 직접 작성하는 항공권이다.

❸ BSP Ticket

BSP 제도에 가입한 대리점용 항공권으로 항공사명, 항공사 번호가 사전 인쇄되어 있지 않은 항공권이다. 항공권 발행 시점에 발행 항공사명 및 번호를 항공권에 인쇄한다.

❹ E-Ticket(전자 항공권)

예약을 바탕으로 하여 기존의 종이 형태의 항공권을 발급하는 대신 E-Ticket을 컴퓨터상에서 생성하고 승객의 이름, 여행 구간, 운임 등의 자세한 정보를 데이터베이스에 저장하여 항공권을 예약 승객의 이메일로 송부하며 승객은 이메일로 받은 항공권을 소지한다. E-Ticket은 분실하더라도 항공사와 해당 날짜만 알면 Passport와 함께 제출 시 여행이 가능하며 전 세계적으로 상용화되어 있는 항공권이다.

E-Ticket의 장점

- 티켓 분실에 대해 걱정할 필요가 없다.
- 여정 · 운임 안내서를 고객의 이메일을 통해 수신받아 인쇄하기 때문에 종이 항공권 수령 시 발생할 수도 있는 부대비용(우편료, 택배비, 퀵서비스비)이 발생하지 않는다.
- 항공사마다 E-Ticket에 대해 특별 할인 요금을 운영하므로 종이 항공권에 비해 저렴하다.

E-Ticket 사용 시 유의 사항

- 발권 후 이메일로 송부하는 여정 · 운임 영수증(Itinerary & Receipt : ITR)을 인쇄하여 귀국 시까지 반드시 소지해야 한다. 이 영수증은 출입국 심사와 세관 수속 시 필요하며 마일리지를 입력할 때, 해외 공항에서 수속할 때 제시를 요구받을 수 있다.
- 한 사람이 대표로 여러 명을 예약하여 E-Ticket으로 구매하더라도 여정 · 운임 영수증은 전원 개별 소지해야 한다.

모두투어네트워크(VJ18)

전자 항공권 발행 확인서
E-Ticket Passenger Itinerary & Receipt

담당자 : 모두투어네트워크(VJ18) TEL : 02-1661-6284 2018 / 08 / 21

승객 정보 (Passenger Information)

- 승객 성명 (Passenger Name) :
- 항공권 번호 (Ticket Number) : 9882751895817
- 예약 번호 (Booking Reference) : (OZ 항공) K66PYS (1B) YYPKPK

여정 정보 (Itinerary Information)

OZ 178 ASIANA AIRLINES — ASIANA AIRLINES

※해당 항공사는 기존과 동일하게 인천공항의 제 1 여객터미널에서 운항합니다.

	도시/공항	일자/시각	터미널	클래스	비행시간	상태
출발	SEOUL INCHEON INT	07SEP 21:10	TERMINAL 1	ECONOMY/S	02:20	OK
도착	TOKYO HANEDA	07SEP 23:30	INTERNATIONAL TERMINAL			

경유지(Via) : 좌석(Seat Number) : 유효 기간 (Validity) : Not Valid Before
무료수하물(Baggage) : 1PC 운임(Fare Basis) : SLAKJ Not Valid After 07OCT18

OZ 105 ASIANA AIRLINES — ASIANA AIRLINES

	도시/공항	일자/시각	터미널	클래스	비행시간	상태
출발	TOKYO NARITA	11SEP 19:25	TERMINAL 1	ECONOMY/V	02:40	OK
도착	SEOUL INCHEON INT	11SEP 22:05	TERMINAL 1			

경유지(Via) : 좌석(Seat Number) : 유효 기간 (Validity) : Not Valid Before
무료수하물(Baggage) : 1PC 운임(Fare Basis) : VLAKJ30 Not Valid After 07OCT18

항공권 정보 (Ticket Information)

- 발행일/발행처 (Issue Date/Place) : 03AUG18 / (17301756)
- 제한사항 (Restriction) : NONENDS/NOMILEUG/NOOBCHNG/MAX1M/NOEXTN/CHK S-CHRG INBOUND
- 지불수단 (FOP/Tourcode) : CAXXXXXXXXXXXX3072 MASTERCARD / CASH / 8KJHD29K
- 운임계산 내역 (Fare Calculation) : SEL OZ TYO107.47OZ SEL62.69NUC170.16END ROE1116.51388
- 항공운임 (Fare Amount) : KRW 190,000
- 세금/기타비용 (Tax/Fee/Charge) : 28000BP 21000SW 5300OI 30800YQ
  ※YQ/YR/Q Code는 유류할증료 및 전쟁보험료 부담금 등 입니다.
- 항공운임 총액 (Total Amount) : KRW 275,100

항공사 공지 사항 (Airline Notice)

■ 아시아나 항공은 기존과 동일하게 인천공항의 제1 여객터미널에서 운항합니다.
■ 2016년 4월1일부로 예약부도위약금 (No Show Penalty)가 부과되오니 여정 변경에 유의하여 주시기 바랍니다.
■ 국제선 환불 신청 기한은 항공권 유효기간 만료일로부터 30일 이내입니다.

드리는 말씀 (Remarks)

- 본 전자항공권 발행확인서는 탑승수속/ 입출국/ 세관 통과시 요구될 수 있으므로 전 여행기간 동안 소지하시기 바랍니다.
- 본 전자항공권 발행확인서의 이름과 여권상의 이름은 반드시 일치해야 하며, 위/변조시 법적인 책임이 따를 수 있습니다.
- 일반적으로 공항 탑승 수속 마감은 항공편 출발 1시간전이므로, 최소 2시간 전에 공항에 도착하시기 바랍니다. 단, 항공사에 따라 탑승수속 마감시간이 다를 수 있으니 반드시 재확인하시기 바랍니다.
- 공동 운항편의 탑승 수속은 운항 항공사에서 이루어지며, 운항사의 규정에 따라 탑승수속 마감시간이 다를 수 있습니다.
- 무료 수하물 허용량을 초과하는 경우, 초과 수하물 요금이 부과될 수 있으며, 일부 항공사의 경우 탑승수속시의 수하물 규정이 전자공권 발행확인서의 무료 수하물 규정과 다를 수 있습니다.
- '사전좌석배정'을 완료한 경우, 항공기 출발 70분 전까지 수속하지 않으면 예약(사전 배정 좌석)이 취소될 수 있습니다.
- 항공사 사정 및 써머타임 적용 등 운항시각의 변경을 대비하여, 여정의 출국 및 귀국 탑승일 기준 72시간 전에 항공기 출발/ 도착 운항시각의 재확인을 권고 드립니다. 미 확인 시 발생되는 문제로 인해 고객 본인 부담이 발생할 수 있습니다.
- 2018년 1월18일부터 대한항공/에어프랑스/KLM네덜란드항공/델타항공의 출/도착편이 인천공항의 제2여객터미널을 이용하오니, 해당 항공사(공동운항편인 경우 운항 항공사)를 이용하는 경우, 운항사의 터미널을 다시 확인하여 주시기바랍니다.
- 개인정보 보호정책 공지: 고객의 개인정보는 각 항공사의 개인정보정책에 의거하여 처리되며 항공편 예약이 예약시스템 서비스 제공업체 (GDS)를 통하는 경우 해당업체의 개인정보정책을 따릅니다. 자세한 정보는 http://www.iatatravelcenter.com/privacy 혹은 해당 항공사나 서비스 제공업체를 통해 확인할 수 있습니다. 고객의 항공편 예약과 관련하여 개인정보가 어떻게 수집, 저장 및 이용되고,(공동운항의 경우) 제휴사에 제공 및 위탁되는지에 대한 안내문을 참조하시기 바랍니다.

외교부 Ministry of Foreign Affairs
대한민국 국민이 이라크, 아프가니스탄, 소말리아, 시리아, 예멘, 리비아를 여행하는 것은 법에 의해 금지되어 있습니다.
안전한 해외여행을 위해 여행목적지 여행경보단계를 꼭 확인하세요 (www.0404.go.kr)
여행 전 해외여행자 사전등록제 '동행'에 가입하시면 여행국가의 안전정보를 이메일로 받아 보실 수 있습니다.
스마트폰 앱 스토어에서 '해외안전여행'을 검색! 해외에서의 긴급연락처도 받아가세요.
해외여행 중 사건&사고로 인해 도움이 필요한 상황에 처하시면 영사콜센터에서 유용한 안내를 받으실수 있습니다. (+82-2-3210-0404)

좋은 가격 친절한 쇼핑 ASIANA DUTY FREE
배너를 클릭하시고
온라인 할인 적용 받고 $280 할인쿠폰 혜택도 누리세요
기내에서 면세품을 받으시는 편리함을 경험해 보세요. (귀국편도 가능)
DUTY FREE 바로가기 ▶

4. 항공권의 구성

1) Audit Coupon(심사용 쿠폰) - Green

항공권의 첫 번째 쿠폰으로 발권 후 적정 운임과 제반 사항에 대해 기록하고 항공사 판매 보고 시에 사용한다. 여행사에서 항공권을 발권한 후 이 쿠폰을 절취해야 한다.

2) Agent Coupon(발행점소 보관용 쿠폰) - Red

발행점소에서 발권 기록 유지를 위해 발권 후 절취하여 보관하며 추후 항공권 분실 및 재발행 시 중요한 참고자료로 활용한다.

3) Flight Coupon(탑승용 쿠폰) - Blue

항공권 한 매당 네 매가 발행되며 표시된 구간의 탑승을 위해 승객이 Check-In 시 제출하여 Boarding Pass와 교환한다. 반드시 순서대로 사용해야 한다. Check-in 시에는 남아 있는 잔여 Flight Coupon과 Passenger Coupon을 동시에 제출해야 한다.

4) Passenger Coupon(승객용 쿠폰, 영수증 쿠폰)

항공권에 명시된 전 여정을 여행하는 동안 승객은 Flight Coupon과 함께 소지하는 Passenger Coupon으로 Check-In 시 Flight Coupon과 함께 제시하며 손해배상 청구를 위한 자료이므로 여행을 종료할 때까지 소지해야 한다.

5. 항공권의 일반적 유의 사항

1) 항공권 양도

일단 발행된 항공권은 항공권에 등재되어 있는 승객(Name of Passenger)에게만 사용 권한이 있으므로 어떤 경우에도 타인에게 양도가 불가하다.

2) 유효기간

국제선 항공권의 적용 운임에 따라 유효기간이 달라진다. 정상 운임의 경우 첫 구간은 발행일로부터 1년이며 나머지 구간은 첫 구간 사용 개시일로부터 1년이다. 특별 운임의 경우에는 해당 규정에 따라 유효기간이 서로 다르며 최대 · 최소 기간을 제한하는 경우가 대부분이다. 항공권은 유효기간 만료일 자정까지 유효하다.

3) 적용 통화 및 운임

항공 운임은 운임 산출 규정에 따라 항공여행의 최초 국제선 출발국의 통화로 징수하며 한국 출발 여정의 경우 1995년 4월 1일부로 자국 통화인 KRW를 출발국 통화로 사용한다.

항공권 판매 시 적용 운임은 발권일 당시 유효 운임이 아닌 최초 국제선 여행 출발일을 기준으로 하여 유효한 운임을 적용하여 계산한다.

4) Flight Coupon 사용 순서

Flight Coupon은 반드시 Passenger Coupon에 명시된 순서에 입각하여 사용해야 하며 Flight Coupon 제출 시에는 잔여 구간의 Flight Coupon 및 Passenger Coupon을 동시에 제시해야 한다.

6. 항공권 기재 사항

1) 발행 항공사

항공권을 발행한 항공사의 영문 이름을 기재한다.

2) Name of passenger

승객의 성(Last name), 이름(First name)을 기재하고 마지막에 MR, DR, MS, MISS, MSTR, PROF, CAPT, SIR, REV, 등과 같은 호칭(Title)을 넣는다. 예약 및 발권 시 승객의 이름은 반드시 Passport상의 이름(Spelling)과 동일하게 기재해야 하며 양도가 불가하다. 기명식이므로 분실 시 재발행 및 환불을 받을 수 있다. UM의 경우에는 반드시 이름 뒤에 기입한다.

3) NON-ENDS

항공권에 사용 제한을 표시한 것으로 타인 양도 불가를 표시한다.

4) Conjunction Ticket

한 매 이상의 항공권을 연속 발행하는 경우 첫 장과 연결되는 일련번호를 표시하는 데 사용하거나 유아, 어린이가 보호자와 함께 여행할 경우 동반 보호자 항공권 번호 기재 시 사용한다.

5) Origin/Destination

최초 출발 도시와 최종 목적지의 도시를 도시 코드(City Code)로 기재한다. 특히 항공권 판매 지표(INT'L Sales Indicator)를 기재하여 출발국 내에서의 항공 운임 지불 및 항공권 발권 여부를 명시한다. 항공권 판매 지표에는 STI, SOTI, SITO, SOTO 등이 있다.

6) Booking Reference

승객의 예약 기록이 저장된 PNR의 주소를 기재한다.

7) Place of Issue

항공권 발행 장소(항공사 · 여행사의 IATA 번호, 이름)를 기재하는 난이다.

8) Not Good For Passage

여정 및 도중 체류 가능 여부를 기재한다. 출발 도시와 최종 목적지는 경로순으로 해당 도시명을 기재한다. 승객의 여정 중에 체류 가능 여부를 표시한다. 도시명 앞에 X가 표시되어 있으면 도중 체류 불가함을 표시하고 도시명 앞에 O나 아무런 표시가 없으면 체류 가능함을 표시한다.

9) Good For Passage From

출발 도시를 의미한다.

10) To

도착 도시를 뜻한다.

(11) Carrier

예약된 IATA에서 정한 항공사의 2-Letter코드다. 공란으로 되어 있는 경우 어느 항공사나 이용 가능하다.
예) 대한항공 KE, 아시아나 OZ, 타이항공 TG 등

(12) Flight

예약된 비행 편명을 기재한다.

(13) Booking Class

항공사가 판매 및 예약 시 항공사의 영업 정책에 따라 항공 수요의 특성별로 구분한 것으로 공급 가능한 좌석을 예약 등급별로 최적화하여 항공 운임의 최적

배합 운용과 연계한 판매 등급이다. 지불된 운임에 따른 Booking Class(예약 등급)가 기재되며 항공사에 따라 다양한 코드가 사용된다.

표_ Booking Class

Booking Class	Cabin Class
R	Supersonic
P	First Class Premium
F	First Class
C	Business Class
U	Economy Class/Bonus
Y	Economy Class/Normal
K	Economy Class/Excursion
M	Economy Class/Promotional
G	Economy Class/Group

* P, F, A First Class(Bonus)　* C, D, I Business Class(Bonus)　* Y, K, M, B, V, S, Q, E, O Economy Class

(14) DATE

예약된 출발 일자를 기재한다.

(15) TIME

예약된 출발시간을 기재한다.

(16) Status

항공편의 예약 상황을 표시한다.

- OK : 예약이 확약된 경우(Confirmed)
- RQ(Request) : 대기자 명단에 있거나 예약 요청의 상태에 있는 경우
- NS(No Seat) : 좌석을 점유하지 않는 유아의 경우
- WT(Waiting) : 예약 대기자 명단에 있는 경우
- SA(Seat Available, SUBLO BASIS) : 사전 예약이 불가하고 잔여 좌석이 있을 경우에만 탑승 가능한 경우

(17) Fare Basis

항공권에 적용된 운임의 종류를 코드로 표시하는 난이다. 운임의 성격에 따라 여행 목적, 기간 등에 따라 다르게 나타난다. 동일한 Class일지라도 각기 다른 공시 요금이 적용되며 이를 통해 항공권 사용 시 제한 사항을 쉽게 파악할 수 있다. Fare Basis의 구성을 살펴보면 다음과 같다.

❶ Prime Code(Mandatory)

- First Class : R, P, F, A
- Business Class : C, D, I, J
- Economy Class : Y, K, L, G, H, B, V, S, Q, E, O, U, M

❷ Seasonal Code(Conditional)

- H : Highest Level(가장 높은 운임)
- L : Lowest level(가장 낮은 운임)
- K : 2nd Level
- J : 3rd Level
- F : 4th Level
- T : 5th Level
- Q : 6th Level
- U : 사전 예약이 불가능한 운임

❸ Part of Week Code(Conditional)

- W : Weekend Travel Only(주말 출발)
- X : Weekday Travel Only(주중 출발)

❹ Part of Day Code(Conditional)

- N : Night(21:00~06:00에만 적용되는 운임)
- D : Day

❺ Fare and Passenger Type Code(Conditional)

Fare Type Code

Fare Type Code는 항공권의 유효기간이 1년 미만으로 제한되는 경우에는 코드 뒤에 유효기간을 기재한다.

표_ Fare Type Code

Fare Type Code	내용
AP	Advanced Purchase Fare(사전 구입일 제한 운임)
AS	Super Saver Advance Purchase Fare(초할인 예매 운임)
BD	Budget Discounted Fare(여행자 할인 운임)
EE	Excursion Fare(회유 운임)
IT	Inclusive Tour Fare(포괄 여행 운임)
PX	Pex Fare(발권일 제한 운임)
RW	Round The World Fare(세계일주 운임)
ZZ	Youth Fare(26세 미만 청소년 운임)

Passenger Type Code

Passenger Type Code 뒤에는 일반적으로 할인율을 기재한다.

- AD(Agent) : 여행사 직원
- TC(Tour Conductor) : 단체 인솔자
- CH(Child) : 12세 미만의 어린이
- EM(Emigrant) : 이민
- ID(Air Industry) : 항공사 직원 할인
- IN(Infant) : 유아
- SC(Ship's Crew Member) : 선원(Individual)
- SD(Student) : 학생

Group Code

Group Code 뒤에는 최소 단체의 인원수를 표시한다.

- GV : Group Inclusive Tour
- GS : Group Ship's Crew

(18) Not Valid Before/Not Valid After(항공권의 유효기간 표시)

항공권 유효기간은 정상 운임일 경우 여행 개시일로부터 1년이며 여행을 개시하지 않았을 경우에는 발행일로부터 1년간이다. 특별 운임의 경우에는 규정에 따라 유효기간이 다르며 최소 체류기간과 최대 체류기간을 제한한다.

(19) Allow(무료 수하물의 양)

예약된 항공편 이용 시 무료 수하물 허용량을 표시한다. Class에 따라 다르게 적용되며 미주 지역은 Piece System이 적용되며 유럽 지역은 Weight System이 적용된다.

(20) Fare(지불수단)

IATA에서 인정하는 공시 운임을 기재하며 최초 출발국 통화 단위로 기재한다.

(21) Tax/Fee/Charge

항공권 발권 시 승객으로부터 징수한 항공 요금 외에 추가로 내는 요금을 Tax Code와 함께 기재한다.

(22) Total

Fare와 Tax의 합산 금액을 출발국의 통화로 기재한다.

(23) Fare Calculation(요금 산출란)

항공권 운임 계산 내역을 표시하는 곳으로 항공사 간 정산 시 참조하는 부분이므로 내용을 정확히 기재한다.

(24) Form of Payment(운임 지불수단)

승객이 항공권 구입 시 지불한 운임 형태가 표시되며 지급 형태에 따라 서로 다른 코드를 적용한다. 환불을 요구할 경우 확인해야 할 부분이므로 재발행의 경우를 대비하여 반드시 표기해야 한다.

1 Cash

항공권을 현금으로 구입한 경우이므로 환불 시에도 항공권의 명의인에게 현금을 지불한다.

2 C/C

신용카드 지불을 뜻하며, 환불 시 신용카드 회사에 입금이 되며 여행사를 통한 항공권 구입 시에는 'AGT'라고 표시된다.

- AX3762 : 신용카드
- GTR123234 : GTR(공무 수행)에 의한 항공권 발행
- NONREF : 환불에 제한이 있는 경우

(25) Airline Code

발행 항공사에 부여되는 IATA에서 지정한 세 자리 숫자 코드를 기재한다.

예) 대한항공 : 180, 아시아나항공 : 988, 노스웨스트항공 : 012

(26) Form of Serial Number

항공권의 티켓 번호를 기재한다.

7. 항공권 환불

1) 환불 신청 기한

항공권 유효기간 만료일 이후 30일 이내에 신청해야 한다.

2) 환불금 수취인

환불금은 항공권 명의인 또는 그 지정인에게만 지급하는 것을 원칙으로 한다. 단 신용카드로 지불한 경우 GTR 항공권은 해당 기관에, PTA 항공권은 Prepayer에 해당 계좌로 지급한다.

3) 환불 지급 통화

최초 지급된 통화나 환불금 지급 국가 통화로 지급하는 것이 원칙이다. 단 우리나라에서 환불금을 지급할 때는 외환관리법에 의거하여 미화 달러로 구입한 항공권도 원화로 환불한다.

8. 분실 항공권 처리

분실 즉시 해당 항공사의 현지 사무실로 가서 항공권 분실에 대한 재발급을 신청해야 한다. 항공권의 재발급 및 환불은 해당 항공사에서만 가능하며 신분증이 요구된다.

4 항공 예약 업무

항공사의 판매 상품이 항공기의 좌석 판매라고 볼 때 다른 산업과 달리 재고 상태에서 판매할 수 없는 동시성과 소멸성의 특성이 있다. 서비스업 중에서도 특이한 형태의 산업이며 예약을 바탕으로 생산과 판매가 이루어진다고 할 수 있다.

다른 지역으로의 이동을 위한 운송수단의 매개체 역할뿐 아니라 호텔, 관광, 렌터카, 그 밖의 교통편에 대한 정보와 예약을 대행해주며 출입국 관련 절차 및 목적지에 대한 여행 관련 정보도 제공해준다. 또한 SPML 요청도 가능하며 환자, UM, 임산부 등 항공여행 중 특별한 주의가 필요한 승객의 정보를 제공한다. 인터넷을 이용하거나 전화, 방문, 여행사 등을 통해 예약이 가능하며 둘 이상의 구간을 각기 다른 항공사를 이용하여 여행할 때에도 처음 이용 항공사에 의뢰하면 타사 구간의 예약도 해주는 Interline Reservation이 가능하다.

1. 예약 필수 사항

1) 이름

Passport상의 승객 이름을 입력한다.

2) 비행 여정 확인

여행 구간, 이용 날짜, 이용 항공편, 출발지 및 도착지 등의 여정을 확인, 입력한다.

3) 전화번호 및 이메일 주소

연락 가능한 연락처와 E-Ticket 송부를 위한 이메일 주소를 입력한다.

4) 좌석 등급

Cabin Class와 Booking Class로 구분된다.

❶ Cabin Class

실제 항공기에서 운영되는 Class로 First Class, Business Class, Economy Class로 나뉜다.

```
< PNR – RZGOXD >
1. 1JUNG/JIHOONMR 2. 1KIM/TAEHEEMISS*C08 3. 1I/JUNG/MINMSTR*I20
1 OZ 202C 20JAN 7 ICNLAX HK2 1630 1200 /DCOZ*P1AKT3 /E
2 OZ 201C 30JAN 3 LAXICN HK2 1401 1830#2 /DCOZ*P1AKT3 /E
PHONE
1. SEL 02-333-2222 ABC TOUR MR KIM-T
2. SEL 011-555-6666 MR YANG-T
PASSENGER DETAIL FIELD EXISTS – USE PD TO DISPLAY
TICKET RECORD – NOT PRICED
GENERAL FACTS
  1. OSI YY CHD 08YRS
  2. SSR INFT OZ KK ICNLAX0202C20JAN/JUNG/MINMSTR/20MTHS
  3. SSR INFT OZ KK LAXICN0201C30JAN/JUNG/MINMSTR/20MTHS
  4. OSI OZ LAX HILTON HTL 3949-2579 RM 1003
RECEIVED FROM – P
Z0F8.Z0F8*ANU 1936/24OCT07 RZGOXD H
```

PNR 예시

❷ Booking Class

서비스를 받는 공간은 동일한 Class라 하더라도 각 운임에 따라 Booking Class가 다르게 정해져 있다. 다양한 고객의 운임 욕구를 파악하여 상품 선택의 기회를 제공하고 항공사에서는 상대적으로 높은 운임의 개인 승객에게 수요 발생 시점에 관계없이 예약 시 우선권을 부여함으로써 높은 운임의 승객을 보호하고 이윤을 극대화하기 위한 것이다.

2. 예약 코드

1) 예약 코드의 정의

코드를 통해 좌석 재고를 요청하고 그에 대한 응답을 받아 상태를 유지하는 형태로 이루어진다. IATA에서 정한 코드를 전 세계 항공사가 동일하게 사용한다.

2) 예약 코드의 종류

❶ Action Code(요청 코드)

예약을 요청할 때 쓰는 코드로 대부분 최초 예약 시 사용하는 코드라 할 수 있다.

- NN : 좌석을 요청할 때 사용한다.
- LL : 대기자 명단에 예약할 때 사용하나 좌석이 가능할 때는 바로 좌석 확보가 되기도 한다.
- FS : 다른 항공편에 'Free Sale(자유 판매)'할 때 사용한다.

- XX : 예약을 취소할 때 사용하며 때로는 IX 코드를 사용하기도 한다.
- IX : 만일 취소되지 않았다면 다시 취소할 때 사용한다.

❷ Advice Code(응답 코드)

예약을 요청했을 때 이에 대한 응답으로 사용하는 코드다.

- KK : 예약이 확보되었음을 나타낸다.
- UU : 대기자 명단에 예약되었음을 나타낸다.
- NO : 요청된 예약 내용이 불확실하거나 규정에 맞지 않아 조치를 취할 수 없음을 나타낸다.
- UC : 예약 불능 상태를 나타낸다.
- KL : 대기자 명단에서 예약이 확약되었음을 나타낸다.
- US : FS를 했을 때 예약 확약이 불가능하여 대기자 명단에 예약되었음을 나타낸다.

❸ Status Code(상태 코드)

현재의 예약 상태를 알려주는 코드다.

- HS : 좌석이 확보되어 예약된 상태를 말한다.
- HK : 이미 예약이 확약되어 있는 상태를 말한다.
- HL : 대기자 명단에 예약되어 있는 상태를 말한다.
- PN(HN) : 예약 요청을 했으나 아직 응답을 받지 못한 상태를 말한다.
- RR : 예약이 확약된 후 다시 재확인된 상태를 말한다.

❹ 그 밖의 코드

- PN(Pending For Reply) : KE 좌석 이외의 항공사 좌석을 NN으로 요청하고 응답이 오기까지 유지되는 코드를 말한다.
- SC : 변경된 스케줄로 좌석이 확약되었음을 나타내는 코드를 말한다.

3. 예약 관리를 위한 제도

항공사의 예약 기능은 판매를 촉진하고 수입을 증대시키는 데 있으나 불량 예약자로 인해 좌석 이용률이 저하되기 쉽다. 이에 항공사에서는 좌석 이용률을 높이고 효율적인 예약문화를 위해 여러 가지 제도를 도입하고 있다.

1) 좌석 예약 확인 제도

여객이 한 목적지에 도착하여 다음 목적지까지 머무는 시간이 72시간 이상일 경우 출발편 예약을 재확인해야 한다. 재확인하지 않을 경우 본인의 과실로 인해 예약이 취소될 수도 있다.

2) 항공권 구입 시한

IATA에서는 예약이 완료된 승객이 일정 기간 내에 항공권을 구입하지 않을 경우 예약이 자동으로 취소되는 항공권 구입 시한 제도를 운영함으로써 항공 좌석의 효율적인 운영을 도모하도록 제도화하고 있다.

3) 초과 예약

항공 예약은 여러 가지 상황에 의해 예약이 취소되는 경우가 많은 탓에 항공사에서는 이로 인한 영업 손실을 최소화하기 위해 실제 가능한 예약 좌석 수보다 초과 예약(Overbooking)을 접수한다.

적절한 초과 예약은 좌석 이용의 효율성을 높이고 항공사의 수익 구조를 개선하는 장점이 있고 많은 승객에게 예약의 기회를 제공한다. 그러나 갑작스러운 기종 변경이나 예약 승객 모두 공항에 Show-Up해 많은 양의 화물 탑재로 인해 기내 허용 탑재량이 축소될 때는 초과 예약에 실패해 보상해야 하는 경우도 생긴다.

이와 같은 경우를 대비하여 항공사에서는 탑승 거절에 대한 보상 제도(Denied Boarding Compensation : DBC)를 마련해놓고 있다. 보상 적용 대상은 예약 확약된 유효 항공권을 소지한 Off-Load된 승객, No Rec 승객 등이다.

여기서 잠깐!

No Show

확약된 예약과 항공권을 소지한 승객이 예약 취소도 없이 공항에 나타나지 않은 경우를 말한다.

No Rec(No Record Passenger)

좌석 예약이 확약된 항공권을 소지하고 탑승을 위해 공항에 Show-Up했으나 기록이 전혀 없는 경우를 말한다.

Go Show

사전 예약 없이 공항에서 대기 후 탑승하는 것을 말한다.

Off Load

확약된 항공권을 소지한 승객의 탑승이 거절되는 경우다.

5 항공 운임의 이해

1. 항공 운임의 설정 요소

국제선 항공 운임 설정은 각 국가의 항공사가 제안한 내용을 IATA가 운임조정회의에서 결의하여 결정하며 이를 각 국가가 승인함으로써 효력이 발휘된다. 만약 특정 국가가 해당 운임의 승인을 거절하면 IATA 운임은 효력을 잃으며 결의된 운임을 사용할 수 없다.

IATA는 각 지역 또는 전 세계적으로 사용되는 항공 운임을 신설, 인상/인하, 폐기할 경우 이처럼 운임조정회의를 통해 결정하며 다음과 같은 요소를 고려하여 운임을 결정한다.

1) 운항 거리

항공 운임 설정에서 가장 기본적인 요소는 운항 거리, 즉 이동 거리다. 2시간의 운항 거리를 기초로 하여 출발지로부터 먼 곳의 운임이 가까운 곳의 운임보다 높게 책정되는 것이 일반적이다. 즉 운항 거리와 운임은 대체적으로 비례하나 운임의 증가율은 다소 완만하게 설정되어 있다. 또한 동일 지역(Area) 내에서의 주요 도시들에 대한 운임을 균등하게 설정하는 정책을 보완적으로 사용하기도 한다.

2) 출발지 국가의 사회 및 경제 수준

항공 운임은 주로 출발국의 화폐 단위로 결정되기 때문에 출발국의 통화 가치, 경제적 · 사회적 수준, 다른 운송수단의 운임 등을 고려한다.

3) 해당 노선 또는 지역의 수요 및 탑승 실적

기존에 운항되고 있는 도시 간의 운임을 설정한다면 해당 노선의 탑승 실적과 항공편 수 등을 감안할 수 있다. 그에 반해 새로운 노선에 대한 운임을 설정한다면 향후 그 지역 및 노선, 계절에 따른 수요까지도 예상하고 전망함으로써 운임 결정의 요소로 삼는다.

4) 각 국가 및 항공사의 정책

운항하는 국가의 항공 정책, 해당 항공사의 판매 정책 등도 운임을 설정하는 요소에 반영된다.

5) 운송 소요 비용

해당 노선을 운항하는 데 소요되는 유류 비용 또는 해당 도시, 공항에 적용되는 세금이나 추가 비용 등 두 도시 간의 항공 운송에 소요되는 비용 등을 고려하기도 한다.

2. 항공 운임의 분류

국제선 항공 운임은 승객이 여행하는 기간, 여행 조건, 승객의 나이나 신분에 따라 운임의 종류를 다양하게 책정하여 사용한다. 이는 항공사가 다양해지는 승객의 여행 형태 및 그에 따른 승객의 수요를 감안하여 저렴한 운임을 산정함으로써 판매를 활성화하는 데 목적이 있다.

1) 정상 운임

일반적으로 항공사가 항공 운임을 설정할 때 최초로 만드는 것이 정상 운임(Normal Fare) 형태다. 편도 운임과 왕복 운임을 여정의 형태에 맞게 사용하도록 설정되어 있으며 여행 일자, 체류 횟수, 예약 변경, 발권 시점, 환불 등 제반 사항에 대한 제한 조건이 없는 것이 특징이다. 항공권의 유효기간은 보통 여행 개시일 또는 발행일로부터 1년이다. 정상 운임일 경우 사용되는 Fare Basis에는 F, C, Y, YO2 등이 있다.

2) 특별 운임

특별 운임(Special/Promotional Fare)은 항공 여행객의 수요가 다양화됨에 따라 항공사가 승객의 여행 형태에 따른 차별화된 판매정책을 사용하게 된 결과로 탄생한 것이다. 보통 1년인 항공권의 유효기간이 승객의 여행기간의 종류에 따라 6개월, 3개월, 1개월, 15일 등으로 다양하게 산정되어 있으며, 여행 도중 특정

도시에서 체류하는 횟수 및 예약 변경, 발권 시점 등에 따른 규정을 만듦으로써 정상 운임보다 제한적인 사용을 하게 되지만 그만큼 저렴한 운임을 사용할 수 있도록 설정했다. 특별 운임은 보통 왕복 운임을 기준으로 설정되어 있으며 사용되는 Fare Basis에는 YLEE1M, YHAP6M, YPX15 등이 있다.

3) 할인 운임

정상 운임 및 특별 운임을 사용하는 승객 중에는 신분이나 나이에 따른 혜택을 적용받고자 하는 경우가 있을 수 있다. 항공여행에서 일반적인 성인의 구분은 만 12세 이상인 경우를 말하는데, 성인이 아닌 만 12세 미만의 어린이나 만 2세 미만인 유아의 경우 성인에게 적용되는 운임보다 저렴한 운임을 책정하는 것이 보통이다. 또한 학생이나 선원, 단체 인솔자 등은 노선의 특성에 따라 그에 대한 할인을 제공하는 경우가 있다. 이 경우 할인 여부는 성인 운임을 기준으로 정해진 할인율(%)을 적용하며 적용하는 운임 기준이 특별 운임일 경우에는 해당 운임에 부가된 제한 규정을 적용받는다. 할인 운임(Discounted Fare)에서 사용하는 Fare Basis는 Y/CH25, YLEE1M/IN90, Y/SD25, YGV10/CG00 등이 있다.

4) Fare Basis 구성 요소

❶ Prime Code(Mandatory)

가장 일반적인 운임의 종류를 나타내며 승객이 이용하는 탑승 Class를 의미한다.

F : First Class	**C** : Business Class	**Y** : Economy Class

❷ Seasonal Code(Conditional)

Fare Basis에서 사용 시기(적용 시기)를 나타낸다.

H : High/Peak Season	**L** : Low/Basic Season	**K** : Shoulder Season

❸ Part of Week Code(Conditional)

Fare Basis에서 주중과 주말을 구분한다.

W : Weekend	**X** : Weekday

❹ Fare Type Code(Conditional)

Prime Code와 더불어 자세한 운임 규정에 대한 내용을 담고 있다.

EX : Excursion Fare	**AP** : Advance Purchase Fare
X : Purchase Excursion	**GV** : Group Fare

❺ Discount Designator(Conditional)

나이나 신분에 따른 할인율 적용 여부를 표시한다. 유아, 어린이, 학생 등은 기준이 되는 Fare Basis 뒤에 표시하도록 되어 있다.

SD25 : 학생 / 25퍼센트 할인	**CH25** : 어린이 / 25퍼센트 할인
IN90 : 유아 / 90퍼센트 할인	**CG00** : 단체 인솔자 / 100퍼센트 할인

memo

6 여객 운송 업무

1. 출국 절차

각국의 공항 출입국 절차는 승객과 수하물의 출입국 적법성 여부에 대한 정부기관의 심사, 규제 등이 이루어지므로 매우 중요하다.

1) 탑승 수속

여행자가 공항에 도착하여 출국 수속을 위해 밟게 되는 가장 기본적인 절차로 항공 업무의 중심이다. 항공권, Passport 등 여행 구비 서류에 대한 확인과 수하물 위탁 처리과정을 통틀어 탑승 수속이라 한다.

1 여행 구비 서류 확인

모든 여행자가 갖추어야 하는 기본 서류는 Passport, Visa, Vaccination Certificate다. 여행하는 해당 국가에 따라 Visa와 Vaccination Certificate는 생략 가능하다. 예외 국가를 제외한 대부분의 국가는 Visa 없이 3개월간 체류가 가능하므로 여행 시 Visa를 발급받지 않아도 되는 경우가 많다.

Passport

Passport는 국가가 발행하는 여행객의 국적 증명서로 외국 관계기관에 자국민의 보호와 자유 통행을 요청하는 공식 서류이며 외국으로의 여행 시 해당 국가로부터 차별적인 대우를 받지 않도록 편의와 보호를 요청하기 위한 것이다.

Passport의 종류는 관용 여권(공무원), 일반 여권, 외교관 여권으로 구분되며 UN에서 발급하는 Laissez Passer, 국제적십자에서 발급하는 International Red Cross Passport는 Passport에 준하는 문서로 인정받을 수 있다.

그 밖에도 Passport와 동일한 효력이 발생하는 여행증명서(Passport 분실 시 임시로 발급해주는 서류), Sea-man Book(외국에서 근무를 목적으로 승선하는 선원), US Military Certification(주한 미군에게 발급) 등이 있다. 우리나라의 경우 여행 목적에 따라 상용, 문화, 동거, 유학, 기술 훈련, 관광, 거주 등으로 구분한다.

Passport는 사용 횟수에 따라 유효기간과 상관없이 1회만 사용 가능한 단수 여권(Single Passport)과 유효기간 내에 사용 횟수에 제한받지 않고 사용 가능한 복수 여권(Multiple Passport)이 있으며 일반 여권인 경우 유효기간은 10년 이내다.

만 14세 미만의 동반 자녀는 부모의 Passport에 기재할 수 있는데, 이때는 Passport의 명의인이 반드시 동반해야 한다.

Visa

Visa(사증)란 방문하거나 여행하고자 하는 나라에서 받는 입국 허가증인 공문서로 일반적으로 상대국 대사관, 영사관 등 공관에서 소정의 구비 서류와 함께 발급받는다.

Visa는 신분에 따라 Diplomatic Visa, Official Visa, Ordinary Visa로 나뉘며 사용 횟수에 따라 Single Entry Visa, Multiple Entry Visa로, 입국 목적에 따라 Tourist Visa, Business Visa, Staying Visa, Transit Visa로 구분된다.

여기서 잠깐!

사증면제협정국(우리나라의 경우)

체류기간 90일 이내 무사증으로 입국 가능한 나라(60개국)

- **아시아 지역(4개국) :** 태국, 싱가포르, 뉴질랜드, 말레이시아
- **아메리카 지역(24개국) :** 바베이도스, 바하마, 코스타리카, 콜롬비아, 파나마, 도미니카(공), 도미니카(연), 그레나다, 자메이카, 페루, 아이티, 세인트루시아, 세인트키츠네비스, 브라질, 세인트빈센트그레나딘, 트리니다드토바고, 수리남, 앤티카 바부다, 니카라과, 엘살바도르, 멕시코, 칠레, 과테말라, 베네수엘라(외교, 관용 30일, 일반 90일)
- **유럽 지역(29개국) :** 그리스, 오스트리아(외교 · 관용 180일), 스위스, 프랑스, 네덜란드, 벨기에, 룩셈부르크, 독일, 스페인, 몰타, 폴란드, 헝가리, 체코, 슬로바키아, 이탈리아, 라트비아, 리투아니아, (이하 180일 중 90일) 에스토니아, 핀란드, 스웨덴, 덴마크, 노르웨이, 아이슬란드, 영국, 아일랜드, 불가리아, 루마니아, 터키
- **중동 · 아프리카 지역(3개국) :** 모로코, 라이베리아, 이스라엘

체류기간 60일 이내 무사증 입국 가능한 나라(2개국)

포르투갈, 레소토

체류기간 30일 이내 무사증 입국 가능한 나라(1개국)

튀니지

※ 캐나다 : 상호 합의에 의거 6개월간 사증면제(협정 미체결, '98. 4. 10)
※ 파키스탄 : 2001. 10. 1부터 일반여권 소지자에 대한 사증면제 일시 중지 상태
※ 방글라데시 : 2008. 7. 15일자로 일반여권 소지자에 대한 사증면제협정 일시 정지
※ 이탈리아 : 협정상의 체류기간은 60일, 상호주의로 90일간 체류기간 부여(2003. 6. 15)
※ 일본 : 일반은 구상서 교환에 의한 90일간 사증면제(외교 · 관용은 사증면제협정 체결)
※ 우크라이나 : 우리 국민에 대한 일방적 사증면제(2006. 6. 24부 발효)

최근에는 여행객의 편의를 위해 나라별로 상호사증면제협정(Visa Waiver Agreement)을 맺어 체결 국가와 Visa 없이 자유롭게 여행할 수 있도록 하고 있다. 사증면제협정국은 아니지만 제3국으로 여행 시 외교관계가 수립된 국가 간에 단순 통과 목적으로 일시적으로 체류할 경우, 제3국으로 여행에 필요한 여행서류가 완비된 경우, 예약이 확약된 항공권을 소지하고 있는 경우에는 Visa 없이도 체류가 가능한데, 이를 무사증 통과(Transit Without Visa : TWOV)라 하며 TWOV의 조건은 국가마다 다르므로 여행 전에 반드시 체류 허용기간을 확인하도록 한다.

병무신고서

병무신고서는 25세 이상인데도 병역 의무를 마치지 못했거나 연령과 상관없이 현재 공익근무요원 복무 중인 자, 공중보건의사, 징병전담의사, 국제협력의사, 공익법무관, 공익수의사, 국제협력요원, 전문연구요원, 산업기능요원으로 편입되어 의무 종사기간을 종료하지 못한 30세 미만의 남자 여행자가 해당된다. 기존에는 공항의 병무 신고사무소에서 신고 절차를 이행했으나 2008년 7월 15일 이후 공항 · 항만 병무 신고사무소가 폐쇄(인천공항은 제외)됨에 따라 병역 의무자의 경우 국외여행 허가증명서를 반드시 휴대해야 한다.

국외여행 허가증명서는 병무청 홈페이지에서 쉽게 출력할 수 있으며 출국 당일 법무부 심사대에서 Passport와 함께 제출하고 확인받으면 된다.

출국 카드 작성

2006년 8월부터 내외국인 출입국 신고서는 폐지되었으나 출입국관리사무소에 외국인 등록을 하지 않은 외국인은 출입국신고서를 작성해야 한다.

Vaccination Certificate(예방접종증명서)

아프리카, 남아메리카 등으로 여행할 때는 국립검역소, 보건소 등에서 무료로 실시하는 콜레라, 황열병, 말라리아 예방접종을 해야 한다.

2 항공권 접수

E-Ticket은 예약 번호와 신분증으로 본인임을 확인하고, 항공권을 소지한 승객은 Passport상의 이름과 일치 여부, 중간 기착지, 위조 및 도난, 유효기간 등을 확인한다. E-Ticket은 종전의 종이 항공권과는 달리 지점을 방문하지 않고 컴퓨터에 저장된 자료를 온라인으로 작업하여 각자의 이메일로 발송되는 항공권으

로 티켓을 분실하더라도 세부 내역이 항공사의 시스템에 저장되어 있으므로 분실에 대한 부담이 적다.

E-Ticket을 분실했을 때는 이메일에서 다시 인쇄하거나 팩스로 전송받으면 되나 출입국 신고와 세관 통과 시에는 확인증(ITR)을 제시하라는 요청을 받을 수도 있으므로 반드시 모든 여정을 마칠 때까지는 E-Ticket을 잘 소지하는 것이 좋다.

종이 항공권은 분실했을 때 각 항공사의 지점을 방문하여 신고해야 한다. 이때 항공권 번호, 구매처, 구매일, 분실한 항공권의 여정 등을 알고 있으면 신고 절차에 필요한 시간을 줄일 수 있다. 가능하다면 종이 항공권은 사본을 만들어 보관해두는 것이 만일의 경우를 대비하는 좋은 방법일 것이다. 항공권 분실 후 환불은 신청일로부터 60일이 경과한 후 분실된 항공권의 미사용 사실이 최종 확인되면 지급한다.

Kiosk Express Check-In은 승객이 공항 Check-In Counter에서가 아니라 스스로 탑승권을 발급받을 수 있는 시스템이다. 모든 승객이 가능한 것은 아니고 국내선 E-Ticket 구매 승객, 항공편 예약 및 발권을 한 승객, 스카이패스를 이용하여 예약만 한 승객, 출발 당일 공항에서 항공권 예약 및 발권하는 승객, 대한항공 홈페이지에서 국내선 항공편을 구매한 승객 등이 이용할 수 있다. 국내선 Kiosk Express Check-In Service는 김포, 포항, 울산, 제주, 김해, 여수 공항에서 이용할 수 있다. Kiosk Express Check-In의 항공권 구매는 신용카드만 가능하다.

❸ 좌석 배정

사전 좌석 예약 여부를 확인하고 승객 선호도와 요구를 고려하여 좌석을 배정한다. 사전 좌석 배정 제도를 이용하여 본인이 원하는 좌석을 미리 항공권 예약과 함께 지정할 수 있으므로 편리하다. 단, 이 제도는 홈페이지를 통해 예약했을 때는 90일 전에서 48시간 전, 서비스 콜센터를 이용할 때는 352일 전에서 48시간 전으로 예약 가능하나 항공사별로 다르므로 사전에 확인하는 것이 좋다.

사전 좌석 배정 제도를 이용하여 예약했더라도 국내선(Economy Class)은 1시간 30분 전, 국제선은 30분 전에 탑승 수속을 마치지 못하면 자리에 변동이 생길 수도 있다.

좌석 배정을 받을 때 항공사 보너스 마일리지를 입력한다. 만약 마일리지를 입력하지 못했을 때는 해당편 탑승권을 소지했다가 공항 도착 후 해당 항공사

카운터에서 적립한다.

Economy Class 승객이 가장 선호하는 좌석은 승무원이 이착륙 시에 착석하는 Exit Door Seat 바로 앞이다. 이 좌석에 앉은 승객은 비상시에 승무원을 도와 승객의 탈출을 돕는 역할을 수행해야 하므로 Exit Door Seat에는 Exit Door Seat 승객 착석 기준에 합당하지 않으면 앉을 수 없다. Exit Door Seat에 착석을 원하지 않을 때는 항공기가 출발하기 전 미리 승무원에게 문의하여 자리를 재배정해야 한다.

Exit Door Seat 승객 착석 기준

- 15세 미만이거나 동반자의 도움 없이 비상구를 여는 동작을 할 수 없는 승객은 착석이 불가하다.
- 일반적 보청기를 제외한 다른 청력 보조 장비 없이는 승무원의 탈출 지시를 듣고 이해할 수 없는 승객은 착석이 불가하다.
- 글이나 그림 형태로 제공된 비상 탈출에 대한 지시를 읽고 이해하지 못하거나 승무원의 구두 지시를 이해하지 못하는 승객은 착석이 불가하다.
- Exit Row Seat 규정을 준수할 의사가 없는 승객은 착석이 불가하다.

4 수하물 접수

탑승객의 여정, 좌석 등급, 항공사 상용 고객 회원 등급에 따라 짐의 크기와 무게, 개수가 다르게 적용된다. 미국과 미국령, 멕시코, 라틴아메리카로 출발하거나 도착하는 태평양 횡단 구간에서는 Piece System이 적용되어 해당 Class의 수하물 무게와 개수에 제한을 받는다. Economy Class는 23킬로그램 이하인 두 개의 짐이 무료 위탁 수하물 허용량이다.

그 밖의 국내 구간과 일본, 유럽 노선에서는 수하물 개수와는 상관없이 무게에 적용을 받는 Weight System으로 운영된다. 이 경우에는 짐 개수는 상관없으나 무게가 20킬로그램을 넘지 않아야 무료 위탁 수하물로 접수된다.

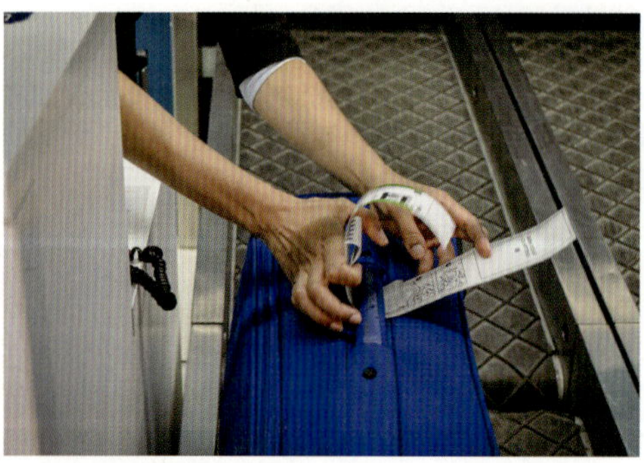
수하물 접수과정

별도의 좌석을 구매하지 않는 유아는 세 변의 합이 118센티미터 이하, 10킬로그램 이하의 수하물 한 개와 유모차나 카시트 한 개를 무료 수하물로 위탁할 수 있다.

수하물의 포장 상태를 확인한 후 위탁 수하물의 무료 허용량을 점검하여 초과 수하물이 있을 경우 이에 대한 요금을 징수한다. 목적지에 맞게 수하물 표를 부착한 후 X-ray를 통한 보안 검사를 실시할 동안 카운터에서 대기하고 직원의 승인이 있은 후 출국장으로 이동한다.

2) 출국 수속

탑승 수속이 완료되면 출국 수속을 위해 출국장 입구에서 승객의 Passport와 항공권을 확인하고 항공기의 안전과 보안을 위한 보안 검색, 세관, 법무부 입국 심사, 검역 등의 C.I.Q 절차를 밟는다.

❶ 보안 검색

9 · 11 테러 이후 항공기의 테러 위협 증가로 인해 보안 검색이 점점 더 강화되는 추세다. 보안 검색 시 승객 및 승객의 휴대 수하물, 불법 외환 소지 여부, 총기류나 폭발물, 기내 휴대 제한 품목(Security Removed Item : SRI) 소지 여부 등을 확인한다. 또한 기내 반입 금지 품목인 액체에 대한 검사도 이루어진다.

SRI란 칼, 가위 등 날카로운 물질이나 그 밖에 항공 안전에 저해되는 물품으로 기내 반입이 불가하며 항공사에서 제공하는 별도의 봉투에 보관하여 승객과 분리하여 탑재한 뒤 항공기 승무원이 관리한다. 공항 도착 후 Baggage Claim에서 반환한다.

우리나라는 2007년 3월 1일 0시부터 한국발 모든 국제선 항공편에 대해 단위 물품당 100밀리리터를 초과하는 액체류, 젤류, 에어로졸의 항공기 내 휴대 반입을 제한하고 있다. 그러나 위탁 수하물은 액체류 운송이 가능하다. 이는 ICAO에서 권고한 사항을 수용한 것으로 현재 대부분의 나라가 액체류의 기내 반입을 제한하고 있다.

반입 금지 물품 안내

용기당 100밀리리터 이하의 액체류, 젤류, 에어로졸은 휴대가 가능하나 승객이 1리터 이하의 투명한 비닐 지퍼 봉투(20cm×20cm)에 포장하여 보안 검색을 받기 전에 검색 요원에게 제시해야 하며 승객 1인당 비닐 지퍼백은 한 개로 제한된다. 다만 유아를 동반한 경우 유아용 음식과 액체 및 젤 형태의 약품 등은 미리 휴대 사실을 신고하면 용량에 관계없이 휴대할 수 있다.

면세점에서 구입한 액체류, 젤류, 에어로졸은 별도 제작된 투명한 비닐 봉투에 넣은 후 봉인해야 하며 면세품 구입 시 받은 영수증을 동봉하거나 부착한 경우에 한해 용량에 관계없이 반입할 수 있다. 그러나 봉인된 비닐 봉투를 훼손했을 때는 반입할 수 없으므로 주의해야 한다. 또한 제3국을 환승하는 경우 나라별로 환승 규정이 다르므로 준수해야 한다.

2 세관 신고

미화 1만 달러를 초과하는 일반 해외여행 경비 휴대 반출 시에는 세관 외환 신고대에 신고해야 하며 출국 후 여행이나 방문이 종료되어 귀국할 때는 다시 가져올 귀중품이나 고가품은 반드시 출국 전 세관에 신고한 후 '휴대물품반출신고(확인)서'를 받아야 입국할 때 면세를 받을 수 있다.

3 법무부 출국 심사

출국 심사대에서 출입국 심사관이 출국자를 대상으로 유효한 Passport와 Visa의 소지 여부를 확인하고 체류기간, 출국 금지 여부 확인 등을 거쳐 출국 허가 스탬프를 날인한다.

4 검역

출국 심사 마지막 단계로 예방접종 카드 여부에 대한 확인 절차이지만 거의 생략될 때가 많다. 그러나 아프리카나 라틴아메리카 지역으로 여행하고자 하는 경

중국 베이징 공항에서 출국 수속을 밟고 있는 승객들

우에는 출국 10일 전에 접종받고 국제공인예방접종증명서를 휴대해야 한다. 접종 유효기간은 10년이다.

3) 탑승 안내

출국 심사가 끝나면 면세 구역을 이용할 수 있으며 일반적으로 탑승은 출발시간을 기준으로 하여 국제선은 30분 전에 실시한다. 운송 제한 승객이 먼저 탑승하고 노약자나 어린이 동반 승객, 장애인, Economy Class 객실 후방에 좌석을 배정받은 승객의 순으로 탑승한다. 일반적으로 상위 Class 승객은 어느 때나 탑승이 가능하다.

4) 출항 허가

출항 허가 서류는 다음과 같으며 법무국 출입국관리사무소와 세관 승기실에서 출항 허가를 받는다.

- GD(General Declaration) : 승무원 명단 및 일반 사항
- PM(Passenger Manifest) : 탑승객 명단
- CM(Cargo Manifest) : 화물 적재 목록

2. 입국 절차

일반적으로 출국 절차와 반대순으로 진행된다. 통과 여객, 연결편 승객, Deportee(추방자) 등은 각 승객 취급 절차에 따라 운송 직원에 의해 조치된다.

1) 승객 하기

승객 하기는 응급 환자(긴급한 의학적 조치가 필요한 환자) → VIP, CIP → First Class 승객 → Business Class 승객 → UM → Economy Class 승객 → 운송 제한 승객 → Stretcher 환자순으로 진행된다.

2) 검역 사열 심사

목적지에 도착 후 입국 시 가장 먼저 검역 절차를 거친다. 콜레라, 황열병, 페스트 오염 지역에서 입국하는 승객과 승무원은 해당편 기내에서 검역 설문서를 배

부, 작성해야 한다. 검역은 식물 검역과 동물 검역으로 나뉜다. 식물 검역은 식물의 종자, 묘목, 과일 등을 휴대하는 여객에게 해당되나 건조 처리되었거나 가공식품 등은 검역 대상에서 제외된다. 동물 검역은 개, 고양이 등과 함께 출국할 경우에 해당되며 애완동물은 도착지 나라별로 반입 금지 및 동물 검역증명서를 요구하는 경우가 발생하므로 사전에 국립수의과학검역원에 문의를 해야 한다. 동남아시아를 여행하고 한국으로 돌아오는 승객은 검역 설문서를 제출해야 하며 환자로 인정되는 사람이 탑승했을 때는 승무원을 비롯한 탑승객 전원을 대상으로 특별 검사를 실시한다. 또한 여행 중 건강에 이상이 있으면 입국 후 검역관과 상의하여 2주 내 설사, 복통, 구토 등 증세가 있으면 가까운 검역소나 보건소에 반드시 신고해야 한다.

3) 입국 심사

해당 국가의 입국 규정에 따라 내국인과 외국인으로 구분된 입국 사열 심사대에서 입국 심사관은 Passport와 Visa의 유효 여부를 확인하고 입국 목적, 체류기간 등을 확인한 후 입국 스탬프를 찍어준다. 내국인은 적절한 Passport의 유효기간 내에 입국하는지 여부를 확인하며 외국인은 입국에 필요한 정당한 Visa 또는 이에 상당하는 여행 구비 서류를 제시함으로써 입국 확인을 받는다.

4) 위탁 수하물 수취

수하물 인도 장소로 이동한 후 항공편을 확인하고 본인의 수하물을 찾는다. 수하물이 도착하지 않았거나 파손된 경우에는 항공사의 규정과 절차에 따라

1

2

1 싱가포르 창이 공항에서 입국 심사를 기다리는 승객들 2 위탁 수하물을 찾고 있는 승객들

Property Irregularity Report(PIR)를 작성하여 신고 · 접수한 후 처리한다. 기내 휴대 제한 품목인 칼, 가위, 건전지, 골프 클럽 등은 운송 직원이 직접 승객에게 인계한다.

5) 세관 검사

해당 국가 규정에 따라 사전에 작성한 세관 신고서를 바탕으로 검사원에게 보여주거나 구두로 신고한다. 휴대품에 따라 면세 검사대, 과세 검사대에서 세관 검사를 받는다.

국가별로 면세 허용량이 다르므로 주의한다. 입국 시 과세 대상이나 통관 금지 품목일 경우 과세 통과 시까지 일시적으로 물품을 보관하는 것을 유치라 하고, 입국은 했으나 휴대한 물품을 통관할 의사가 없는 경우 세관에 신고하여 일시 보관했다 출국할 때 찾아가는 것을 예치라 한다.

7 운송 제한 승객

항공사는 항공여행의 안전을 저해하거나 승객의 불편함을 초래할 가능성이 있는 특정 승객에 대해 탑승을 거절하거나 제한할 수 있다. 탑승 거절 승객을 발견하면 객실 사무장/캐빈 매니저는 기장에게 통보하여 기장이 육안으로 확인한 후 운송 책임 담당자와 협의하여 탑승 여부를 결정한다. 다음 사항에 해당하는 승객은 탑승을 거절당할 수 있다.

1. 운송 제한 승객의 개념

운송 제한 승객(Restricted Passenger Advice : RPA)이란 다음과 같은 사유로 탑승이 거절되거나 제한을 받게 되는 승객을 말한다.

- 건강상의 이유로 항공여행이 부적합해 보이는 승객
- 전염병 환자나 정신적으로 불안정하여 다른 승객에게 위험을 초래하거나 자살을 시도할 것으로 여겨지는 승객
- 심한 악취로 인해 다른 승객에게 불편을 야기할 것으로 예상되는 승객

- 과음으로 인해 행동에 이상이 있거나 약물에 의한 비정상적인 행동을 보이는 승객
- 탑승권이 없거나 신분증을 제시하지 못하는 승객

2. 운송 제한 승객의 유형별 응대 절차

1) Incapacitated Passenger

승객의 육체적 · 정신적 상태가 항공기 탑승이나 하기 시에 항공사 직원의 도움을 필요로 하는 승객을 말한다. 노약자, 병약자, 장애인 등 일반 환자 승객을 포함한다. 신장 질환자, 전염병 환자, 생후 2주 미만의 신생아, 자살 위험이 있는 정신 질환자, 대수술 후 10일 미만의 환자 등은 환자 승객으로 구분되어 운송을 거절당한다.

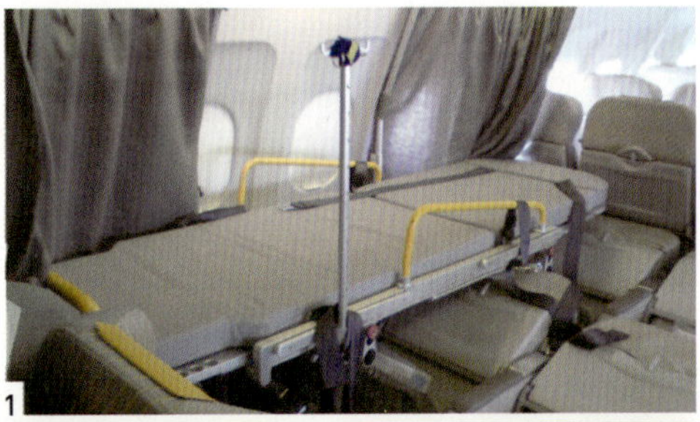

1 STCR를 위한 침대 2 WCHR Care 모습

❶ Medical Case(MEDA)

예약 시 해당 항공사로부터 사전에 의학적 허가(Medical Clearance)를 받아야 한다.

❷ Stretcher Passenger(STCR)

정상적으로 승객 좌석을 이용할 수 없고 Stretcher를 이용해야 하는 승객으로 보호자, 의사와 함께 탑승해야 하며, 건강진단서(INCAD Form: 병약 승객 운송신청서)와 서약서를 작성해야 한다. 예약 시 일반 좌석 요금의 여섯 배를 지불해야 하며, Stretcher 장착을 위해 일주일 전까지 예약을 하고 탑승 절차를 위해 72시간 이전에 항공사에 통보해야 한다. 객실 승무원은 이착륙 전 환자 승객이 벨트로 고정되어 있는지 확인해야 한다.

❸ Oxygen(OXYG)

기내에서 산소통을 사용해야 하는 승객이다.

❹ Wheelchair Passenger(휠체어 승객)

- WCHR(Wheelchair Passenger) : 계단을 오르내리거나 짧은 거리는 이동 가능하나 Ramp에서 항공기까지의 긴 거리 이동이 불가능한 승객을 말한다.
- WCHR(Wheelchair-S) : 기내에서 좌석 간의 이동은 가능하나 계단을 오르내리는 것이 불편한 승객을 말한다.
- WCHR(Wheelchair-C) : 기내에서 다른 사람의 도움 없이는 좌석 간의 이동이나 Lavatory 이용이 불가능한 승객을 말한다.

2) UM

만 5세 이상 만 11세 미만(국내선은 만 5세 이상에서 만 13세 미만)의 유아나 어린이가 성인 동반 없이 여행하는 경우 탑승 항공사에 UM 운송 신청서 및 서약서를 제출해야 한다. 부모나 보호자가 출발지 공항까지 동반해야 하며 도착지 공항에도 보호자가 마중을 나가야 한다. 국제선의 경우 출발 7일 전에 사전 예약이 필요하다.

3) 임산부

임산부는 환자 승객이나 장애 승객으로 구분되지는 않으나 출산이 가까워지거나 합병증 등이 예상되는 경우에는 의사의 소견서나 진단서가 필요한 것으로 간주한다. 일반적으로 임신 주기가 32주 이상인 경우에는 항공기 출발 72시간 내에 산부인과 의사나 의료진이 발급한 여행의 적합성 여부, Flight Number, 출산 예정일 등이 기재된 의료기관의 진단서 1부와 서약서 2부를 공항에서 작성하여 제출한다. 객실 사무장/캐빈 매니저는 도착지 공항 보관용 진단서 사본 1부와 서약서 1부를 수령하여 도착지 공항에 전달한다.

1

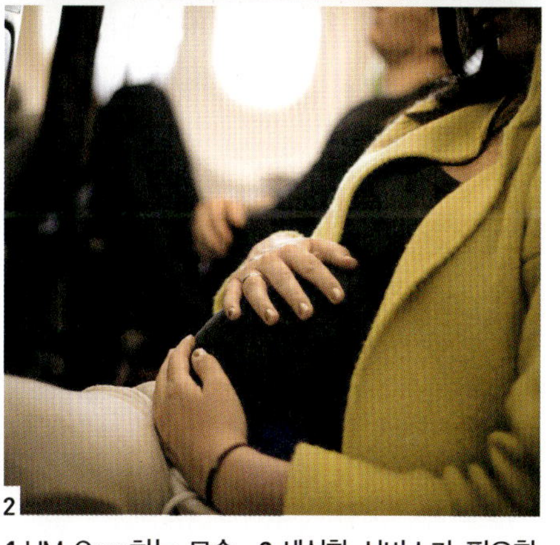

2

1 UM Care하는 모습 2 세심한 서비스가 필요한 기내 임산부 승객

유아 동반 승객

4) 유아

국제선의 경우 생후 14일부터 만 2세 미만, 국내선의 경우 생후 7일부터 만 2세 미만이 유아의 범주에 속한다. 생후 7일 미만의 신생아는 위급 환자로 분류되어 항공여행이 불가하나 항공보건팀의 허가를 받은 경우에는 예외다. 유아 동반 승객은 Exit Row Seat를 배정할 수 없으며 Baby Bassinet을 사용할 경우 이착륙 시, Turbulence 시 유아를 꺼내 보호자가 안고 있어야 한다.

5) Deportee

출발국으로부터 불법 체류자로 인정되어 추방된 승객을 뜻한다. 객실 사무장/캐빈 매니저는 해당 승객의 Passport와 관련 서류를 별도로 보관하고 목적지 도착 시 서류와 함께 승객을 운송 직원에게 인계한다.

6) 죄수

반드시 2인 이상이 호송해야 하며 관계기관과 긴밀한 협조 후에 운송 조치한다. 운송에 관한 승인은 공항 지점소장 결재 사항으로 한다.

7) 시각장애인

성인 승객이나 시각장애인 안내견(Seeing-eye Dog)이 동반할 경우 탑승 가능하며 동반자나 안내견이 없을 경우 운송 제한 승객으로 분류되어 서약서를 작성한 후 운송 직원의 에스코트를 받으며 항공기에 탑승한다. 시각 · 청각 장애인을 보조하기 위해 탑승하는 안내견은 Exit Door Seat에 배정될 수 없으며 기내를 배회하여 다른 승객에게 불쾌감을 주지 않도록 목줄과 재갈을 채운 채 시각장애 승객의 발아래 둔다. 애완동물로 취급되지 않기 때문에 기내 반입 마릿수에는 제한이 없다.

8 Special Handling Request : S.H.R.

항공기에 탑승한 승객에 관한 정보가 기재된 서류로 승객의 인적 사항, Special Service 요구 사항, VIP, CIP, UM, TWOV, 환자, 단체, SPML 주문 승객 등의 정보가 표기된 목록을 말한다. 승무원의 대고객 서비스에 중요한 서류다. 모든 승객의 탑승이 완료되면 객실 사무장/캐빈 매니저가 지상 운송 직원으로부터 인수받는다. S.H.R상의 관련 정보는 Service Code 형태로 표시되어야 한다. 목적지 도착 전 객실 사무장/캐빈 매니저는 해당 승객의 하기 여부를 확인하고 필요 시 기장을 통해 목적지 공항에 해당 승객의 정보를 미리 통보하고 도착 시 지상 직원에게 인계해야 한다.

1. 승객 관련 Special Service Code

CODE	의미
VIP/CIP	Very Important Person/Corporate Important Person
TWOV	Transit Without Visa
FMLY	Family Care Service
UM	Unaccompanied Minor(만 5세 이상에서 만 11세 미만 비동반 어린이)
FTBS	Frequent Bonus Card Holder
STCR	Stretcher Passenger
RPA	Restricted Passenger Advice
GTR	Government Travel Request
VWPP	US Visa Waiver Pilot Program Membership Country's Passenger
WCHR	Wheel Chair – R for Ramp(먼 거리 이동 시 휠체어 필요)
WCHS	Wheel Chair – S for Step(계단 이용한 이동 불가능)
WCHC	Wheel Chair – C for Cabin(혼자서 이동 전혀 불가능)
WCOB	On Board Wheel Chair(통로를 통과하는 WCHR)
CHD	Child
INF	Infant(좌석 점유하지 않는 유아 승객)
T/S	Transit

CODE	의미
DEPO	Deportee
DEPA	Deportee – Accompanied by an Escort(동반 추방자)
DEPU	Deportee – Unaccompanied(비동반 추방자)
INAD	Inadmissible Passenger(입국이 거절된 승객)
DEAF	Deaf
BLND	Blind
SED	Seeing Eye Dog(시각장애인 안내견)
STF	Staff
OXYG	Oxygen(Stretcher 승객용 산소 장비)
M/A, MAAS	Meet & Assist
IVR	Incentive Volume Rate(대기업 계열사 출장 수요 우대)
I/U	Involuntary Upgrade

2. 좌석 관련 Special Service Code

CODE	의미
NSSA	No Smoking Aisle Seat
NSSB	No Smoking Bulkhead Seat
NSST	No Smoking Seat
NSST/A Bulk Front	No Smoking Aisle Front Bulk
NSSW	No Smoking Window Seat
SMSA	Smoking Seat Aisle Seat
SMSB	Smoking Seat Bulkhead Seat
SMSW	Smoking Seat Window Seat
BSCT	Bassinet Seat

3. Check-In 관련 Special Service Code

CODE	의미
CHIN	Check-In
INV U/G(I/U)	Involuntary Upgrade
INV D/G(I/D)	Involuntary Downgrade
GSH	Go Show
NOSH	No Show
OBD	On Board
NRC	No Record
BKG	Booking
CBBG	Cabin Baggage
SUBLO	Subject To Load (Discount Ticket 소지자로 필요 시 하기 가능)
NOSUB	Not Subject To Load (Discount Ticket 소지자로 일반 승객과 동일한 예약 권리 부여)

인천공항에 설치되어 있는 Self Check-In 기계

더 알아볼까요

대형 항공사와 저비용 항공사의 In-Flight Service 차이를 살펴볼까요?

2019년 현재 대한민국에는 총 여덟 개의 항공사가 운항 중이다.

그중 두 개의 항공사는 대형 항공사(대한항공, 아시아나항공)고, 여섯 개의 항공사는 저비용 항공사(제주항공, 진에어, 에어부산, 이스타항공, 티웨이항공, 에어서울)다.

저비용 항공사는 Low Cost Carrier(LCC)로 불리며, In-Flight Service를 줄이거나 보유 항공기의 기종을 통일하여 유지관리비를 줄이는 등의 효율화와 비용 절감을 통해 낮은 운임으로 운행하는 항공사다. 저비용 항공사의 개념은 미국에서 처음 고안되어 1990년대 초 유럽으로 확산되었으며 현재는 비행시간이 3~4시간 이내의 단거리 노선을 중심으로 운항하고 있다. 대형 항공사와 저비용 항공사의 서비스 중 가장 큰 차이점은 기내식이라고 할 수 있다. Full Service Carrier(FSC)로 불리는 대형 항공사는 기본 운임에 모든 서비스를 포함하고 Class별로 다른 기내식을 제공하고 있으나, 저비용 항공사는 운임에 불필요한 서비스를 축소하여 낮은 기본 운임을 유지하기 때문에 기내식의 비용을 포함하지 않고 있다. 저비용 항공사에서도 노선별 특징에 따라 간단한 기내식을 무상 서비스하는 사례도 있지만 마케팅의 전략은 지속적으로 바뀌고 있는 상황이다. 일반적으로 저비용 항공사에서는 기본적인 Mineral Water를 제외한 기내식 음료와 식사를 사전 주문제를 통해 예약하여 제공받을 수 있고, 비행 중 라운지에서 간단한 식음료의 금액을 지불하고 서비스를 받을 수 있다. 저비용 항공사와 대형 항공사의 차이점은 다음과 같이 정리할 수 있다.

LCC와 FSC의 차이점

저비용 항공사	기준	대형 항공사
Low Cost Carrier(LCC)		Full Service Carrier(FSC)
불필요한 서비스를 축소 및 유료화하고 낮은 기본 운임을 유지하여 수요를 끌어들임	영업 전략	제공 가능한 거의 모든 서비스를 무료로 제공하고 Class에 따른 Premium Service 제공
제주항공, 진에어, 에어부산, 이스타항공, 티웨이항공, 에어서울	한국 업체	대한항공, 아시아나항공
주로 여객(여행) 위주	매출 비중	여객(상용 + 여행)과 화물 위주
X(해외는 가입 사례도 있음)	항공 동맹체	O
제한적	마일리지 프로그램	O
Only Economy Class(해외는 2Class도 있음)	좌석 등급	3Class(First, Business, Economy)
지역, 단거리 위주	노선	광범위
주로 단일화(협동체)	항공 기종	다양함
제2공항, 허브 공항, 멀티허브	거점 공항	허브 공항

memo

Fotokon/Shutterstock.com

5

고객 응대

1. 고객 심리 및 고객 만족 응대 서비스
2. 상황별 고객 만족 객실 서비스 스킬
3. 정중하고 재치 있는 객실 서비스 커뮤니케이션 스킬
4. 정중하고 재치 있는 객실 서비스 커뮤니케이션 스킬 계발 방법
5. 객실 서비스 기본자세

1 고객 심리 및 고객 만족 응대 서비스

1. 고객 심리

1) 항공 이용 고객 심리

❶ 환영 기대 심리

고객은 항상 환영받기 원하기 때문에 항상 밝은 미소로 맞이해야 한다. 따라서 승무원은 항상 밝은 미소로 상황별 고객 욕구에 부응할 수 있어야 한다.

❷ 독점 심리

고객은 누구나 승무원과 모든 서비스를 독점하고 싶은 심리를 가지고 있다. 따라서 승객 한 사람의 독점 심리를 만족시키다보면 다른 승객의 불평을 살 수 있다. 승무원은 모든 승객에게 공평한 친절을 베풀 수 있는 마음가짐을 가져야 한다.

❸ 우월 심리

사람들은 누구나 다른 사람보다 더 잘나고, 더 뛰어나다고 생각한다. 또한 창피를 당하고 싶어하지 않는다. 승무원은 고객의 이러한 자존심을 인정하고 포용하여 고객이 만족감을 느낄 수 있게 직업의식을 가지고 자신을 낮출 수 있는 겸손한 태도로 서비스를 제공해야 한다. 고객들의 감정이나 이야기를 무시하고 거절하거나, 그들의 이야기가 틀렸다는 듯이 진술하거나, 그들이 심각하다고 생각하는 문제에 대해 냉소적으로 대하거나, 주제넘은 판단을 하거나, 그들이 어리석다는 듯이 설명하거나, 참을성 없는 태도를 보이거나, 끝없이 도움이 필요한 어린아이 취급을 하거나, 답례를 받아들이지 않고 거절할 때 고객들은 자신들의 자존심이 손상당했다고 생각한다. 고객들이 얼마만큼의 설명을 원하고 필요로 하는지를 찾아내고 고객에게 명령이나 조언을 해서 어린아이처럼 취급하지 않도록 한다.

❹ 모방 심리

고객은 다른 고객을, 그리고 서비스를 제공하는 승무원이나 다른 고객을 흉내내고 싶은 모방 심리를 가지고 있다. 항상 타인을 의식하고 비교하여 불안감을 느낀다든지 안정감을 느끼는 것은 어쩌면 당연한 감정일지도 모른다. 따라서 모방 심리를 따듯한 눈길로 바라보며 반말을 하는 고객이라도 정중하고 상냥하게 응대한다면 고객이 친절한 태도로 반응하게 될 것이고, 다른 고객도 옆 좌석의 고객과 승무원의 대화를 모방하여 친절한 대화를 나누게 될 것이다.

5 보상 심리

고객은 비용을 들인 만큼 서비스를 기대하며 다른 고객과 비교하여 손해를 보고 싶지 않은 심리를 가지고 있다. 따라서 특정 승객에게 별도의 서비스를 제공할 때는 그 서비스를 받는 승객보다 주변의 다른 승객에 대해 더 신경을 써야 한다. 항상 동일한 기준에 따라 서비스를 제공하는 것이 좋고 필요에 의해 Special Service를 제공할 경우에는 항상 다른 고객의 입장을 고려하여 서비스를 제공하는 것이 필요하다.

6 자기본위적 심리

고객들은 자신의 기준으로 사물을 보고자 하는 심리를 가지고 있다. 고객 자신을 가장 중요하게 생각하며 승무원에게 인정받음으로써 고객 자신을 확인하려 한다. 자기본위적 심리 고객에 응대하는 올바른 승무원의 자세는 어떤 경우에도 먼저 고객을 인정해주고 고객의 이야기에 귀 기울이며 호감을 얻으면 고객도 '승무원의 이야기를 들어보자'라는 마음을 가지게 된다. '상대방에게 좋은 사람이라는 인상을 주고 싶다', '멋진 사람이라고 느끼게 하고 싶다'라고 하는 상대방의 자존심에 호소하는 것이 가장 적절한 자기본위적 심리 고객 응대 방법이다.

2. 고객 만족 서비스 응대

1) 항공 이용 고객의 욕구 파악 및 고객 만족 서비스 방법

1 고객의 욕구

인간의 욕구는 타고난 것이다. 욕구를 강도와 중요성에 따라 5단계로 분류한 에이브러햄 매슬로(Abraham H. Maslow)의 이론에 의하면 인간은 각각 다음 단계의 욕구가 발생한다. 1단계는 생리적 욕구로 먹고, 자고, 종족 보존 등 최하위 단계의 욕구다. 2단계는 안전에 대한 욕구로 추위, 질병, 위험 등으로부터 자신을 보호하고자 하는 욕구다. 장래를 위해 저축하는 것도 일종의 안전 욕구의 표

출이라고 할 수 있다. 3단계는 사회적 욕구로 애정과 소속에 대한 욕구다. 가정을 이루거나 친구를 사귀는 등 어떤 단체에 소속되어 애정을 주고받는 욕구다. 4단계는 자기 존중의 욕구로 소속단체의 구성원으로 명예나 권력을 누리려는 것으로 주위 사람들로부터 인정받고 싶어하는 욕구다. 5단계는 자아실현의 욕구로 자신의 재능과 개성, 잠재력을 충분히 발휘하여 자기가 이룰 수 있는 모든 것을 성취하려는 최고 수준의 욕구다. 자신의 잠재력을 발휘하여 최선을 다하는 것은 바로 자아실현의 욕구가 표출된 것이다. 결국 인간이 원하는 것은 인간의 욕구 5단계 중 어느 한 단계에 속한다 할 수 없고 육체의 평안을 통해서, 사랑을 통해서, 명예를 통해서, 자신의 잠재력 개발을 통해서 나름대로 행복을 추구하고자 한다. 이러한 기본적 인간의 욕구를 바탕으로 고객은 다음과 같은 욕구를 가지고 있다.

- 기억되기를 바란다.
- 환영받고 싶어한다.
- 관심을 바란다.
- 중요한 사람으로 인식되기를 바란다.
- 편안해지고 싶어한다.
- 존경받고 싶어한다.
- 칭찬받고 싶어한다.
- 기대와 요구를 수용해주기를 바란다.

2 고객 만족 서비스 방법

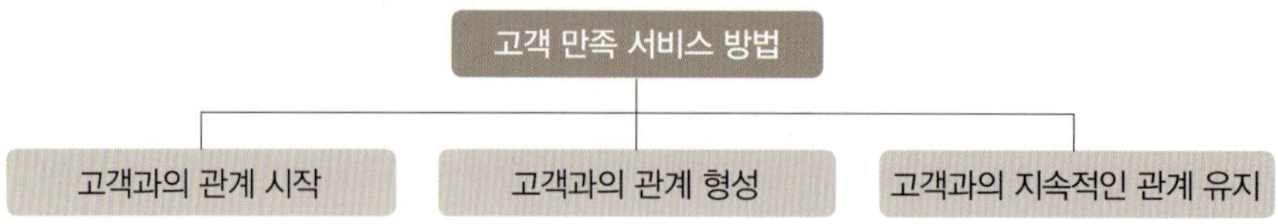

고객과의 관계 시작

인간관계의 시작은 라포르에서 시작된다. 라포르(rapport)란 '마음의 유대'라는 뜻으로 서로의 마음이 연결된 상태, 즉 서로 마음이 통하는 상태를 의미한다. 라포르가 형성되면 호감과 신뢰감이 생기고 비로소 마음속 깊은 사연까지 말할 수 있는 관계가 된다. 승무원은 항상 고객의 상황을 이해하고 존중하며 감정을 공유해야 고객의 욕구에 부응하는 서비스를 제공할 수 있기 때문에 승무원과 고객 상호 간의 라포르 형성은 매우 중요하다. 고객과 친밀한 라포르를 형성하는 방법에 대해 알아보자.

- 첫인상을 결정짓는 표정, 인사, 용모, 복장, 절도 있는 자세와 동작, 품위 있는 태도, 말씨 등으로 좋은 첫인상을 만든다.
- 고객에 대해 깊은 관심을 가지고 고객의 동작, 분위기, 대화를 통해 고객이 전달하고자 하는 욕구와 심리 상태를 파악하는 것이 승무원의 고객 서비스에 대한 만족감을 가져온다.
- 환대의 마음을 미소로 표현한다. 적극적이고 자신감 있는 밝은 환영의 미소는 첫인상의 상징이다.

고객과의 관계 형성

- **친절 서비스의 정점** : 고객은 환대받기를 원하고 만족하기를 원한다. 고객이 항공사의 서비스, 객실 승무원과의 만남을 즐거운 경험으로 느끼게 하는 것이 중요하다. 무엇보다 고객이 서비스에 대해 유익하게 여길 수 있도록 한다. 고객을 존경하는 마음으로 신속하고 예의바르게 대접한다.
- **상품 지식이 풍부한 전문가** : 자사의 서비스 상품 지식이 풍부하면 일에 대한 자신감을 가지게 된다. 그러면 항공사 서비스를 이용하는 고객의 불만이 훨씬 줄어들 뿐 아니라 불만에 대한 대응도 전문적일 수밖에 없다. 항상 자사의 상품에 대해 흥미를 가지고 정보를 수집하고 자사 상품과 타사 상품과의 차이점, 우수성, 단점을 비교하여 고객에게 객관적으로 전달할 수 있다면 고객의 깊은 신뢰를 받을 수 있을 것이다. 무엇보다 고객의 입장과 부합되는 상품의 가치를 구매 동기와 일치시켜 고객에게 도움이 되는 정보를 제공할 수 있어야 한다.

고객과의 관계 형성 방법

고객의 욕구 확인(질문) → 고객의 답변이나 질문에 대한 적절한 응대 → 고객과의 갈등이나 불만 발생 시 이에 대한 적절한 해결

고객과의 지속적인 관계 유지

어제의 고객을 오늘의 고객, 미래의 고객으로 계속 유지할 수 있느냐가 치열한 경쟁시대에 승리하는 고객 관리의 지혜라 할 수 있다. 따라서 현재의 고객에게 향후에도 자사를 이용하도록 유도하는 것이 중요하다. 그러면서 서비스가 끝나는 시점에서 다음과 같이 서비스과정을 확인하고 서비스에 대한 깊고 좋은 이미지를 남기는 작업이 필요하다.

- 서비스에 대한 깊고 좋은 이미지를 남기는 질문하기
  예) 오늘 서비스에 대해 만족스러우셨습니까?(긍정적인 표현)
- 서비스의 이미지를 남기는 은유적 표현하기
  예) 세계 최고의 서비스를 제공하는 항공사로 고객님의 마음속에 향기롭게 기억되기를 바랍니다.

2 상황별 고객 만족 객실 서비스 스킬

1. 장애 승객 서비스 스킬

다리가 불편한 휠체어 승객은 대부분 Lavatory 사용에 가장 불안감을 느끼기 때문에 수분 섭취를 기피하므로 걱정 없도록 미리 승무원들이 도움을 줄 수 있다는 것을 알려야 한다. 대화를 할 때는 눈높이를 낮추어 "필요하신 게 없습니까?", "어떻게 도와드릴까요?" 등 친근한 말과 Blanket를 덮어 추위를 느끼지 않게 배려한다.

앞을 보지 못하는 시각장애 승객을 맞이할 때는 승무원의 밝은 표정 대신 승객의 양해를 얻어 승객의 손을 잡아 따뜻한 체온으로 친근감을 전달한다. 하지만 신체를 접촉하기 전에는 먼저 말을 건네 허락을 받는다. 지나친 관심과 친절은 오히려 자존심을 다치게 할 수 있으므로 반드시 유의하고 음료 한 잔을 건넬 때도 양을 약간 적게 하여 실수하지 않도록 미리 헤아려 서비스해야 한다.

청각장애 승객은 기내 방송 전후 시점에 메모지

에 방송 내용을 적어 전달하는 세심한 서비스 자세로 승객에게 신뢰감을 주도록 한다.

2. 다양한 객실 고객별 서비스 스킬

1) 유아 동반 승객

유아나 어린이를 동반한 승객은 승무원의 도움을 필요로 할 수 있으니 항상 유념한다. 특히 어린이를 동반한 고객은 짐을 들고 있거나 유모차를 소지한 경우가 대부분이다. 아이를 안고 있는 경우에는 짐을 들어 도와주고 어린이가 가지고 놀 수 있을 만한 장난감이나 책 등을 서비스하는 것이 좋다.

유아 동반 승객 서비스 스킬

- 탑승 시 유모차는 보호자가 접도록 하고 정해진 곳에 보관 후 승무원 소개를 한다. Baby Bassinet 제공 및 필요 여부를 파악하고 Seat Belt 사용법, 기내 설비 등을 설명한다.
- 비행 중 불편한 점은 없는지 확인하고 유아식 제공 시 위생에 유의한다. 목적지까지 여행하는 데 필요한 물품(기저귀 등)에 대해 문의 후 조치한다. Landing 전 Approaching Signal 후 Baby Bassinet을 탈착하여 정위치에 보관한다.
- 하기 시 소지품을 확인하고 짐을 들어준다.

2) 어린이 승객

아이들은 장거리 비행에서도 놀이를 즐기고 싶어하기 때문에 다치지 않고 다른 승객들에게 방해되지 않도록 부모의 협조를 요청할 필요가 있다. 자아를 인식할 수 있는 어린이 고객에게는 반말을 하지 않도록 주의하며 성인을 대하는 말씨와 태도를 취하는 것이 오히려 효과적이다.

3) UM

만 5세 이상에서 만 11세 미만의 보호자 없이 여행하는 비동반 어린이는 부모 없이 혼자 여행하는 데 불안감이 생길 수 있기 때문에 승무원은 깊은 관심을 가지고 대할 수 있도록 하고 이들을 안심시키고 무료하지 않게 각별히 신경써야 한다.

UM 서비스 스킬

- 탑승 시 좌석에서 가장 가까운 Lavatory 위치와 사용 방법을 알려준다. 기내 설비, Seat Belt 사용법, 어린이 기내식 사항을 알려준다.
- 비행 중 수시로 이름을 부르며 친근감을 표현하고 Entry Document를 작성해준다. Landing 전 도착시간과 날씨 등을 알려주고 비행 중 식사, 음식 등을 편지로 작성하여 UM Envelop에 넣는다.
- 하기 시 일반 승객보다 먼저 하기시킨다.

4) 유명 인사

항공여행이 잦으며 대부분의 경우 승무원의 특별한 관심을 기대하거나 요구하지 않으며 가능한 한 자신의 신분을 드러내지 않는 것을 좋아한다. 따라서 이들에게 사적인 질문을 하거나 사진을 요구하는 등의 행동은 피한다.

5) 언어 불통 승객

특수한 언어를 사용하여 승무원과 의사소통이 어려운 승객이 있을 때는 이러한 승객과 언어 소통이 가능한 다른 승객을 옆자리에 앉도록 조치해주는 것이 좋다.

6) VIP, CIP

VIP, CIP란 특별한 관심을 가지고 환대해야 할 승객을 가리킨다. 일반적으로 '국가 및 회사 차원에서 국가나 회사의 특별한 이익을 도모, 보전하기 위해 특별히 예우해야 할 승객'을 말한다. 승무원은 회사와 국가를 대표하고 있는 만큼 VIP, CIP 탑승 시 국가 및 회사의 이익 보전에 보탬이 될 수 있도록 각별한 관심을 기울여야 한다. 승무원으로서 주의해야 할 점은 VIP, CIP 응대에 과다하게 치중하여 다른 승객에게 불쾌감을 주지 않도록 한다. 각별한 예우는 하되, 상대적 박탈감이 들지 않도록 원만한 서비스로 이들의 욕구를 충족시켜야 한다.

7) TWOV 승객

지상 직원으로부터 Passport, 항공권, 입국 카드를 인계받아 해당 편명과 수량을 확인한다. 해당 국가 도착 시 이 서류를 안전한 위치에 보관하고 해당 승객에게는 도착지 하기 후 지상 직원에게 인계받을 것을 알려준다. 서류를 도착지 지상 직원에게 인계한다.

3. 무리한 요구를 하는 고객 거절 서비스 스킬

질문을 던져 고객이 원하는 것을 파악하고 고객의 입장을 충분히 이해하고 있음을 알려준 후 그 요구를 받아들이기 어려운 사유를 차근차근 설명하여 납득시킨다. 하지만 무조건적으로 회사 방침과 규정만을 내세운 "그건 안 됩니다", "잘 모르니까 그러시는데요", "회사 방침입니다" 등의 거절로 고객을 무안하거나 서운하게 하지 않는다. 먼저 고객의 입장을 인정해준 후 공손한 태도로 "죄송합니다. ~한 사유로 제가 도와드릴 수 없는데요"라고 정중하면서도 정확하게 거절 의사를 표현하는 것이 좋다. 이때 적절한 대안을 제시한다면 더욱 좋은 응대라고 할 수 있다.

4. 불만 고객 서비스 스킬

불만을 제기하는 고객이 원하는 것은 대부분 승무원이 자신의 불평을 경청하고, 잘못된 내용을 인식하고, 제대로 고치겠다고 약속하면서 사과하는 것이다. 아울러 해결 방안을 제시할 수 있어야 한다. 불만 고객에 대한 응대 방법은 다음과 같이 3단계로 나눌 수 있다.

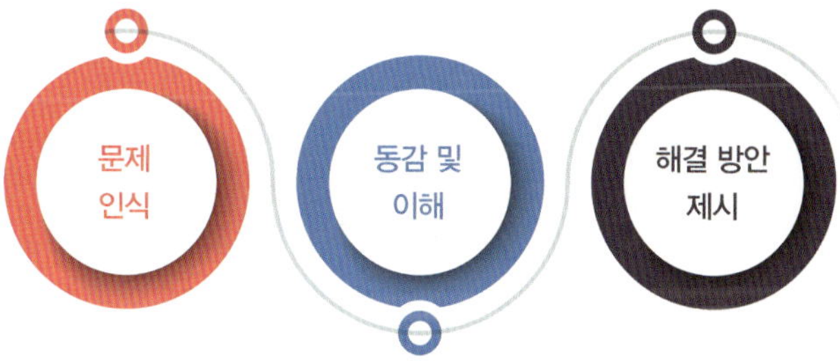

1) 문제 인식

먼저 잘못을 인정하며 진심을 담은 "죄송합니다"라는 말 한마디는 불만 고객 응대에서 가장 중요한 포인트다. 특히 "그게 아니고요, 저는 그러려고 그런 것이 아니고요" 등의 변명을 하지 않도록 한다. 정중한 느낌을 주는 사과의 표현을 한 후 고객 불만을 경청한다. 특히 고객의 입장이 되어 성의 있는 태도로 듣는 것이 중요하다. 고객의 말을 중도에 끊지 않도록 주의하고 불만의 문제를 정확히 파악할 수 있도록 한다. 이때 고객이 말하는 도중에 절대로 변명하거나 덮어놓고 반박하지 않도록 한다. 잘 듣는 것만으로도 고객은 50퍼센트의 화가 풀릴 수 있다.

2) 동감 및 이해

어떤 점이 고객을 불편하게 했는지 불만의 원인을 정확하게 파악해야 해결책을 강구할 수 있다. 업무적으로 화가 난 것인지, 심리적인 것인지, 여러 가지가 복합된 것인지 메모하며 정확한 원인을 찾는다. 이때 메모를 하는 것만으로도 고객은 불만이 해소될 수 있을 것이라는 기대감을 가진다. "정말 번거로우셨겠습니다", "~때문에 기분 많이 상하셨죠", "많이 속상하셨겠습니다. 진심으로 사과드립니다", "정말로 그러셨겠어요. 저희가 미처 생각을 못 했습니다" 등의 고객 관점의 어휘를 사용하여 고객과 대립의 관계가 아닌 고객의 입장에서 문제를 해결하고 있음을 고객이 느끼도록 한다. 이때 고객의 말과 감정, 행동에 모두 동조(matching)하는 것이 필요하다. 고객의 감정에 대한 반응은 반드시 고객이 공감받고 있다고 느끼도록 하는 것이 중요하다. 이때 화가 난 고객을 정면으로 대하면 도전적인 인상을 줄 수 있기 때문에 나란히 서거나 대각선으로 응대하는 것이 좋다. 아울러 가능한 빠른 시간 내에 해결하기 위해 고객 불만의 정도에 따라 대책을 강구한다. 불만의 정도가 심한 고객이라면 사람을 바꾸어 응대하는 것도 좋은 방법이다. 물론 불만은 접수한 당사자가 해결하는 것이 원칙이지만 대다수의 고객은 책임자와 문제 해결을 하고 싶어한다. 이러한 경우에 상사에게 고객의 불만 내용을 정확하게 객관적으로 전달하여 고객이 불만 사항을 다시 반복함으로써 더욱 화나는 일이 없도록 주의한다.

3) 해결 방안 제시

먼저 해결 방안 찾은 것을 제시한다. 만약 고객의 기대에 미흡한 해결책이라면 사과와 함께 실현 가능한 최선의 대안을 제시한다. 해결 방안을 찾는 데 시간이 걸리거나 다른 고객의 시선이 많이 집중되는 곳에서 군중 심리로 인해 다른 고객이 영향을 받을 수 있다면 장소를 바꾸어 응대하는 것도 좋다. 다시 한 번 더

여기서 잠깐!

기내에서 고객의 불만이 생기는 원인

- 고객의 기대에 미치지 못하는 서비스
- 불확실한 약속, 다짐, 약속 불이행
- 책임 전가
- 승무원의 불쾌한 언행
- 서비스 문제
- 신뢰감을 주지 못하는 서비스 업무 지식
- 고객이 오해나 오인할 소지를 남겼을 경우

정중하게 사과하고 미흡한 해결책을 이해해주는 경우에는 감사 인사도 전한다. 마지막으로 고객과의 약속을 성실하게 시행한 후 고객에게 사실 중심으로 명확히 설명하고 잘못된 내용의 시정 등 결과를 알린다. 이때 고객이 만족했는지 확인하는 절차가 필요하다. 또한 동일한 불만 고객이 발생하지 않도록 불만 고객을 정보화하여 또 다른 고객 불만을 미연에 방지하고 기내 다른 승무원들과도 정보를 공유한다.

5. Special Passenger 응대 요령

1) SPML 요청 승객

SPML을 사전 요청한 승객을 서비스하려면 객실 승무원은 승무원 서비스 절차에 따라 다음 표와 같은 준비 및 서비스 절차를 수행해야 한다. 시점을 기준으로 하여 객실 승무원이 전체 승무원과 공유해야 할 업무와 승객에게 서비스하는 방법을 살펴보자.

표_ SPML 요청 승객을 위한 준비 및 서비스 방법

시점	응대 준비 및 서비스 방법
비행 준비 시	• SPML 주문 내역 조회를 하여 승객이 주문한 SPML이 탑재되었는지 확인한다. • 해당 승객 자리에 표시하여 붙일 Tag를 준비한다.
Cabin Briefing 시	• SPML 주문 내역 및 승객 착석 위치를 전 승무원과 공유한다. • SPML 제공 절차를 숙지하여 Review한다.
A/C Show-Up 후	• SPML 탑재 내역을 객실 사무장에게 보고한다.
승객 탑승 시	• S.H.R상의 SPML 주문 내역과 실제 탑재 내역을 최종 확인한다. • SPML 주문 승객에게 확인하여 Passenger Seat에 SPML Tag를 부착한다.
비행 중	• Galley Briefing 시 SPML 주문 정보를 공유한다. • SPML과 음료를 함께 제공한다. • SPML 제공 후 취식 만족도를 확인한다.

2) UM

보호자를 동반하지 않은 어린이 승객에게 Speical Service를 요청하는 것이므로 비행 중 특별히 관리되어야 하는 서비스다. 항공사마다 서비스 명칭은 다르지만 일반적으로 진행되는 서비스 운영 방법과 절차를 살펴보면 다음 표와 같다.

UM 승객

표_ UM을 위한 준비 및 서비스 방법

시점	응대 준비 및 서비스 방법
비행 준비 시	• UM 서비스 요청 승객을 조회한다. • 육아 경험이 있는 승무원으로 담당 승무원을 지정한다.
승객 탑승 시	• UM을 지상 직원으로부터 인수하여 Envelope의 서류를 확인한다(Passport, UM 신청서, Entry Document). • 지정 좌석을 안내하고, 짐 정리를 도와주고, 기내의 주요 시설을 안내한다. • 가까운 Lavatory 위치를 확인하고 사용 방법을 안내한다. • 비행 시 필요한 사항에 대한 설명을 하여 안전함을 느낄 수 있게 한다.
비행 중	• Seat Belt Sign이 꺼진 후 불편한 점이 없는지 확인한다. • 어린이 선물을 제공한다. • Entry Document 작성 시 도움을 준다. • 담당 승무원은 비행 중에 있었던 일을 적고 Envelope에 넣어 보호자가 볼 수 있게 한다.

3) 유아 동반 승객

유아 동반 승객은 장거리 노선에서 많은 어려움과 불편함을 느끼므로 승무원의 세심한 서비스가 요구된다. 담당 승무원은 탑승 시점부터 유아 동반 승객이 불편하지 않도록 주의 관찰해야 하며 장거리 노선에서 다른 승객에게 유아의 소란으로 인해 불편함을 주지 않도록 Special Service가 제공되어야 한다.

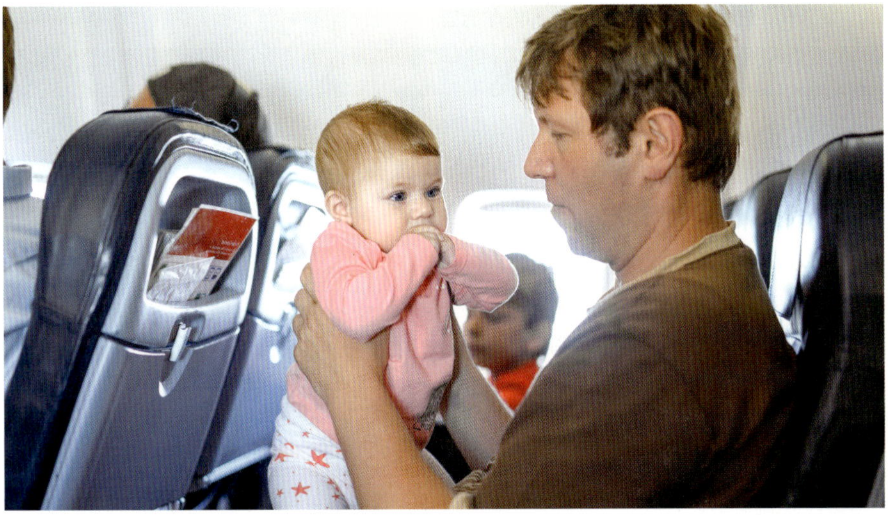

유아 동반 승객

표_ 유아 동반 승객을 위한 준비 및 서비스 방법

시점	응대 준비 및 서비스 방법
비행 준비 시	• 유아 동반 승객 및 BSCT 예약 승객을 조회한다. • 육아 경험이 있는 승무원으로 담당 승무원을 지정한다.
Cabin Briefing 시	• 유아 동반 승객 착석 위치를 안내한다. • 유아 동반 승객 응대 시 유의 사항을 Review한다.
A/C Show-Up 후	• BSCT 탑재량과 주문 승객을 대조하여 서비스 가능 여부를 확인하고, 부족 시 추가 탑재를 요청한다.
승객 탑승 시	• 좌석 안내 및 짐 보관에 도움을 준다. • BSCT 요청 사항을 확인한다. • 기내 유아 동반 승객에게 필요한 사항을 개별 Briefing하여 안내하며 기내에서 유용하게 사용할 수 있는 물품을 지급한다.
비행 중	• Seat Belt Sign이 꺼지면 BSCT 장착을 하고 Blanket과 Pillow를 지급한다. • 보호자가 식사할 수 있도록 아이를 돌봐줄 것임을 안내한다. • Entry Document 작성 시 도움을 준다. • BSCT를 정위치에 보관한다.

4) WCHR 주문 승객

기내에는 On Board WCHR가 탑재되어 있으며 기종별로 탑재 수량은 다르다. 기내 On Board WCHR를 사전 요청한 승객에게 제공할 수 있는 서비스는 비행 시점별로 살펴보면 다음 표와 같다. 또한 On Board WCHR의 사용을 충분히 사전 설명하여 기내에서 이동에 불편함이 없도록 안내해야 한다.

표_ WCHR 주문 승객을 위한 준비 및 서비스 방법

시점	응대 준비 및 서비스 방법
비행 준비 시	• WCHR 주문 승객을 조회한다. • 근무 기종의 On Board WCHR 탑재 위치를 확인한다.
Cabin Briefing 시	• WCHR 주문 승객 착석 위치 안내 및 서비스 유의 사항을 안내한다.
A/C Show-Up 후	• On Board WCHR 탑재 여부를 확인한다.
승객 탑승 시	• On Board WCHR 이용 승객 대상을 확인한다. • 지정 좌석 안내 및 짐 운반의 도움을 제공한다. • 좌석과 기내 시스템의 관련 사항을 안내한다. • 좌석에서 가까운 Lavatory를 안내하고 사용 방법을 Briefing한다. • Seat Belt 사용법과 착용 상태를 확인한다.
비행 중	• Seat Belt Sign이 꺼지면 불편 사항이 없는지 확인한다. • 비행 중이라도 On Board WCHR 사용이 가능하며 Call 시 즉각 도움을 제공할 것임을 안내한다. • 비행 중 Lavatory 이용 시 도움을 제공하여 불편하지 않도록 한다. • 비행기가 Landing한 후라도 안내 시까지 잠시 대기할 수 있도록 안내한다.

3 정중하고 재치 있는 객실 서비스 커뮤니케이션 스킬

서비스 커뮤니케이션이란 서비스 영역에서 고객 또는 동료와 상호작용하며 의사소통하는 관계를 말한다. 따라서 일반적인 커뮤니케이션과 서비스 커뮤니케이션은 분명 차이가 있다. 일반적인 커뮤니케이션은 명확한 의사 전달이 목적이지만 서비스 커뮤니케이션은 전달하려는 의사를 확실히 이해시킴은 물론 그 과정에서 고객을 배려하는 친절함과 정중함이 동시에 전달되어야 한다. 기내에서도 적절한 서비스 커뮤니케이션은 고객이나 동료와의 친밀감 조성과 함께 자발적 협력을 얻어낼 수 있을 뿐 아니라 업무를 효율적으로 진행할 수 있게 해준다.

1. 좋은 말씨 만들기

상냥하고 즐거움을 주는 대화는 가장 좋은 서비스다. 승무원이 사용하는 언어나 말투는 고객 응대 시 가장 기본적이며 중요한 요소다. 승무원은 대화를 통해 고객의 욕구 또는 불만을 파악하고 그 욕구와 불만을 대화를 통해 충족시킬 필요가 있다. 따라서 승객 탑승 시부터 하기 시까지의 모든 제반 서비스과정에서의

대화 기법을 익혀 사소한 일에서도 항상 적절한 대화가 이루어질 수 있도록 해야 한다. 아울러 승무원이 사용하는 언어나 말투는 고객 응대의 가장 기본 요소다. 적절하지 못한 대화에서 비롯되는 불만이 고객 불만의 상당 부분을 차지할 수 있기 때문에 기내에서 일어날 수 있는 다양한 상황에 올바르게 대처할 수 있는 대화 요령을 습득하는 것이 매우 중요하다.

1) 서비스 대화의 원칙

❶ 배려

고객에게 초점을 맞추어 대화한다. 고객 말의 속도가 느리면 느리게, 빠르면 빠르게 조절하여 대화를 나눠야 한다. 고객의 눈높이에 맞추어 고객의 특성에 맞는 용어와 표현을 사용한다. 가령 노인 고객에게는 천천히 정중한 용어로 응대하고 어린이 고객에게는 좀더 친밀한 화제와 용어를 찾아 배려하며 대화한다.

❷ 간결

명확한 발음, 부드러운 음성, 간결하고 논리적으로 전달하는 태도가 필요하다. 불필요하게 반복하거나 장황하게 설명하는 것은 승객과의 대화를 지루하게 만든다. 특히 목소리가 크거나 말이 길면 설득력과 호소력이 반감되니 작은 목소리로 짧게 말하는 것이 포인트다. 관련된 사실만을 표현하고 고객에게 불필요한 정보를 주지 않도록 한다. 평소 단문으로 이야기하고 결론부터 말하며 부연 설명을 하는 등 간결하게 말하는 연습을 하는 것이 많은 도움이 된다. 자주 반복되는 질문에 대한 응답 내용을 잘 정리해두는 것도 좋은 승무원의 태도다.

그림_ 질문 내용에 대한 답변 형식

❸ 명확

속도, 억양, 성량을 고객이 듣기 좋게 조절하고 고객 누구라도 알아들을 수 있는 쉬운 어휘와 용어를 사용하여 말한다. 단어가 어렵거나 내용이 복잡하여 고객이 잘 이해하지 못하는 대화는 의미가 없다. 대화는 말을 잘하는 것보다 상대가 잘 알아들을 수 있게 말하는 것이 더 중요하다. 따라서 전문용어 사용을 자제하고 이해하기 쉬운 용어를 사용하여 명확하고 부드럽게 전달한다.

④ 정중

고객과 대화할 때는 어떤 표현을 하는가가 매우 중요하다. 고객에게 친밀하되, 정중한 표현을 사용하여 대화한다. 은어나 속어같이 특정 집단이 사용하는 말이나 지나친 농담, 말의 의미가 통하지 않게 줄인 말 등의 사용은 금하며 재치 있고 품위 있게 고객과 대화할 수 있도록 해야 한다.

2. 서비스 화법

1) 정중어법의 격률

정중어법의 격률은 고객에게 정중하지 않은 표현은 최소화하고 정중한 표현은 최대화하는 것이다.

❶ 요령의 격률

고객에게 부담이 되는 표현은 최소화하고 고객에게 혜택을 베푸는 표현은 최대화한다. 고객에게 부담이 되는 내용을 말할 때는 최대한 간접적인 표현을 사용한다.

예) 다소 이륙이 늦어져 죄송합니다. 하지만 도착은 정시에 가능하다고 하니 손님의 약속시간은 충분히 지키실 수 있을 듯싶습니다.

❷ 관용의 격률

승무원 자신에게 혜택을 주는 표현은 최소화하고 부담을 주는 표현은 최대화한다. 고객에게 더 이로울 것이라고 확신되는 일을 강조함으로써 고객이 선택해야 하는 부담을 승무원이 대신 가진다.

예) 고객님, 제가 소음 때문에 잘 듣지 못해서 그러는데, 한 번만 다시 말씀해주시겠습니까?

❸ 찬동의 격률

고객을 비난하거나 트집을 잡는 표현은 최소화하고 승무원이 고객을 칭찬하고 맞장구치는 표현은 최대화한다.

예) 제가 지금까지 본 아기 중에 가장 예의바르고 귀여운 아기입니다.

❹ 겸양의 격률

승무원 자신을 칭찬하는 말을 최소화한다.

예) 죄송합니다. 저희 실수로 불편을 끼쳐드리게 되었습니다. 좌석 배정 착오로 오래 기다리시게 해서 죄송합니다. 제가 손님을 좌석까지 직접 안내해드리도록 하겠습니다.

❺ 동의의 격률

고객과 불일치하는 표현은 최소화하고 고객과 일치하는 표현은 최대화한다.

예) 앞의 고객분부터 식사 주문을 받다보니 원하시는 식사를 드리지 못해 정말 죄송합니다. 뒤쪽 좌석의 고객들을 위해 뒤쪽에서부터도 식사 주문을 받아야 한다는 고객님의 말씀에 공감합니다. 아침 식사는 꼭 원하시는 식사를 드실 수 있도록 뒤쪽 승객분들 먼저 주문을 받을 수 있도록 하겠습니다.

2) 신뢰 화법

상대방에게 신뢰감을 줄 수 있는 대화는 말 어미의 선택에 따라 조금씩 달라질 수 있다. 다까체는 정중하지만 딱딱한 형식적인 느낌을 줄 수 있다. 하지만 요조체의 과다 사용은 대화 전체를 유아적으로 보일 수 있게 하여 신뢰감을 떨어뜨린다. 다까체와 요조체를 7:3의 비율로 적절히 사용한다.

예) 알았어요. → 네, 잘 알겠습니다.

기다리세요. → 잠시만 기다려주십시오.

3) 의뢰형 화법(레어드 화법)

"~해"라는 명령조의 말을 들으면 반발심이나 거부감이 들기 쉽다. 질문은 상대방의 마음의 문을 연다는 심리학자 필립 존슨 레어드(Philip Johnson Laird)의 질문 화법을 레어드 화법이라고 한다.

예) 좌석에 돌아가 앉으세요. → 이곳에 앉으시면 장비가 고장날 수 있으니 좌석으로 돌아가주시겠습니까?

4) 쿠션 화법

쿠션 표현의 사용으로 고객에게 양해를 구하거나 부탁을 할 때 불쾌감을 덜 주고 부드럽게 전달할 수 있다.

- 실례합니다만
- 번거로우시겠지만
- 죄송합니다만
- 괜찮으시다면
- 양해해주신다면
- 불편하시겠지만

5) 나 전달법(I-Message)

토머스 고든(Thomas Gordon)이 창시한 효과적 의사소통 방법으로 '네가 잘못했다'라는 관점의 전통적인 방법을 지양하고 '내가 어떻게 느끼는가'를 말함으로써 상대를 존중하며 의사 표현을 할 수 있다.

- You-Message : 손님, 술병이 깨졌네요. 술병은 Overhead Bin이 아니라 좌석 밑에 보관하셨어야지요.
- I-Message : 다치지 않으셨습니까? 저희 승무원들이 술병을 좌석 밑에 넣도록 다시 한 번 안내 말씀을 드렸어야 했다는 생각이 듭니다. 정말 괜찮으십니까? 다치지 않으셨다니 정말 다행입니다.

6) 맞장구 화법

고객과 호감 가는 대화를 나눌 수 있는 가장 기초적인 대화 요령은 고객의 이야기를 관심 있게 귀담아 들어주는 것이다. 들어주면서 관심 있게 열심히 듣고 있다는 사실을 알려주는 것이 바로 맞장구다. 고객과 대화를 나누는 중 고객이 편안함과 친밀함을 느낄 수 있게 해주는 것이 바로 대화의 핵심이지만 같은 맞장구를 계속 반복하거나 타이밍이 맞지 않으면 고객은 오히려 자신의 이야기를 승무원이 제대로 듣고 있지 않다고 판단하여 더 이상 이야기하고 싶은 의욕을 상실한다. 맞장구는 고객의 이야기를 이해하고 있는 정도뿐 아니라 '잘 듣고 있다'라는 메시지를 전달하여 더 많은 정보를 이끌어내고 다음 이야기로 쉽게 넘어갈 수 있게 한다.

7) 감동을 주는 칭찬 화법

가장 쉽게 고객과의 대화를 기분 좋으면서도 부드럽게 이어갈 수 있는 방법은 바로 칭찬 화법이다. 칭찬에는 상대방에 대한 마음의 배려와 진심이 가장 중요하며, 행위에 대한 표현으로 즉각적으로 격려하며, 고객이나 동료가 쑥스럽지 않게 해야 한다. 칭찬할 때는 남성은 소유물이나 능력을, 여성은 외모 칭찬을 더 선호한다. 이때 막연한 칭찬보다는 구체적인 칭찬을 해야 한다. 소품을 칭찬할 때는 그 사람의 안목보다는 인성 자체를 칭찬하는 것이 더 고급스러운 칭찬이다.
예) 손님, 넥타이 고르시는 안목이 무척 고상하고 세련되시네요.

3. 유의해야 할 서비스 커뮤니케이션 스킬

- 고객에게 호감을 주도록 한다. 항상 밝고 긍정적인 자세로 대화에 임하고 고객의 반응을 살피면서 이야기한다. 공통 화제를 찾아 맑고 명랑한 소리로 크게 대화한다.
- 대화를 나눌 때는 내용도 중요하지만 형식도 중요하다. 따라서 정확한 발음과 쉬운 용어, 존칭어와 경어를 사용하여 고객의 입장을 고려하며 대화하여 고객의 호감과 신뢰를 얻는다. 특히 고객의 행동에는 존경어를, 승무원의 행동에는 겸양어를 구사한다.
- 정확한 발음과 알맞은 속도, 부드러운 표정으로 대화한다.
- 고객과의 거리는 한 팔(1미터) 정도 떨어진 곳에서 대화하는 것이 적절하다.
- 불분명한 대화는 삼간다. 즉 "좋다고 생각합니다"보다는 "좋습니다"로 자신 있게 말해야 고객이 확신과 신뢰를 가질 수 있다. 특히 상품에 대한 전문 지식은 정확한 숫자 관념을 가지고 부정확한 사실을 단언하지 않도록 한다. 아울러 비굴한 태도는 오히려 고객의 의혹을 살 수 있다.

- 호칭이 서비스의 품격을 높인다. 호칭은 서비스의 첫인상이다. 감정과 생명력을 지니고 대화 전체의 분위기와 서비스의 품격을 좌우한다. 따라서 상대방의 나이, 지위, 상황에 맞추어 알맞은 호칭을 구사하는 것이 중요하다. 보편적 호칭은 '성+직함+님' 방식이 무난하며 서비스 중 계속 반복될 때는 성을 생략해도 좋다. 외국인 승객의 경우는 기내에서 정확한 호칭을 사용할 수 없을 때 'Sir, Ma'am'이 무난하다. 그 밖의 경우는 '손님, 사모님' 등의 호칭을 사용하도록 하며 정중하고 예의바른 어조를 유지하는 것이 필요하다.
  - 1인칭 : 저, 저희, 저희 항공사
  - 2인칭 : 고객님, 손님, 선생님, 사모님, 사장님
  - 3인칭 : 저분(저기 계신 분), 아이(아드님, 따님), 노인(어르신), 동반자(같

표_ 상황별 경어 사용법

상황	경어
고객을 기다리게 할 때	"죄송합니다만, ○○○한 이유로 지금은 해드릴 수가 없습니다. 잠시만 기다려주시겠습니까?"
주문받은 내용을 늦게 서비스할 때	"오래 기다리셨습니다." "오래 기다리시게 해서 죄송합니다."
고객에게 부탁해야 할 때	"죄송합니다만, ○○해주실 수 있겠습니까?" "○○해주시겠습니까?" "○○을 부탁드려도 되겠습니까?"
승객의 이름을 확인해야 할 때	"실례합니다만, ○○○ 손님이 되십니까?" "성함을 여쭤봐도 되겠습니까?"
승객이 말한 내용을 확인해야 할 때	"죄송합니다만 한 번 더 말씀해주시겠습니까?" "다시 한 번 말씀해주시겠습니까?" "ㅇㅇ라고 말씀하셨습니까?" "죄송합니다. 잘 못 들었습니다만……"
상대방의 의견을 물을 때	"어떠시겠습니까?"
승객의 질문에 대해 답변할 수 없을 때, 모를 때, 즉시 대답할 수 없을 때	"죄송합니다만, 잘 모르겠습니다." "지금 당장 답변 드릴 수 없습니다만, 제가 다시 알아봐드리겠습니다."
승객에게 무리한 부탁을 받았을 때	직접적인 표현은 삼가고 우회적인 말을 사용한다. 감정의 대립이 생기지 않도록 반드시 대안을 제시한다. "지금은 다소 곤란합니다만, 곧 알아봐드리겠습니다." "곤란한 일입니다만, 알아보겠습니다." "죄송합니다만, ○○는 곤란합니다. ○○는 해드리기 어렵습니다." "다른 △△는 어떻겠습니까?" "죄송합니다만 ○○하기 어렵습니다." "그렇게 하기는 곤란합니다. 죄송합니다."

이 오신 손님), 남편(바깥어른), 처(부인, 사모님), 남성(남자 손님), 여성(여자 손님), 공직자나 직함을 가진 경우(직함+님), 누구(어느 분), 탑승자(탑승하신 분), 하기자(도착하신 분), 전송자(전송 나오신 분)

– 외국인 승객 : 상원의원(senator), 하원의원(representative), 대사(Mr. ambassador) 공사(Mr. minister), 대학교수(professor), 의사(doctor), 박사(doctor)

여기서 잠깐!

고객 응대 시 대화 포인트

- 절대 '아니요'라고 말하지 않는다.
- 고객의 수준에 맞는 용어를 사용한다.
- 외국어나 전문용어를 가능한 사용하지 않는다.
- 알아듣기 쉬운 속도와 적절한 어조로 이야기한다.
- 고객의 말을 잘 듣고 정확하게 이해하는 센스를 키운다.
- 고객이 말한 내용은 반드시 다시 한 번 재확인한다.
- 고객이 말한 내용은 잊지 않고 메모하여 서비스한다.
- 고객에게 회사, 동료, 다른 고객에 대한 험담은 절대 하지 않는다.
- 고객을 설득하거나 교육하려는 태도를 보이지 않는다.
- 특정 고객과 장시간 대화하지 않는다.
- 고객을 의심하는 대화, 승무원 정당화, 고객 비난에 흥분하기, 불분명한 발음과 속어, 사투리, 유형어는 사용하지 않는다.
- 고객과 반대되는 의견 제시로 고객에게 반감을 사지 않도록 한다.
- 가능한 한 승객 모두와 한마디 이상의 대화를 가지기 위해 노력한다.

실전 객실 서비스 커뮤니케이션

Bad Style	Good Style
뭐라구요?	
모르겠습니다.	
뒷손님 지나가시게 좀 비키세요.	
휴대전화 끄세요.	
비상구 주변에는 짐을 두시면 안 돼요.	
국내선은 기내식이 없어요.	
스포츠신문 없는데요.	
만석 예약으로 빈 좌석은 없어요.	

- 승객 앞에서 승무원 상호 간 대화도 서비스의 품위에 관한 척도가 됨을 유의하여 항상 존칭어를 사용한다.
- 지나친 항공 전문용어 사용을 지양한다(Aile Seat, Boarding Pass, Meal, Window Seat, Jump Seat).
- 손님과 대화 시 끝맺음 말은 승무원이 하도록 한다.

4. 경청 스킬

1) 1, 2, 3기법의 활용

승무원은 한 번 말하고, 고객의 말은 두 번 들어주며, 세 번 이상 맞장구를 친다.

2) 공감적 경청

고객의 말, 의도, 감정을 이해하기 위해서는 마음으로 듣고 마음에서 우러나오는 대답을 해야 한다. 단순히 듣는 것이 아닌 B.M.W에 맞게 응대한다. B(Body), M(Mood), W(Word) 시 B는 표정이나 눈빛, M은 자세나 움직임에서 말투, 음정, 음색, 말의 빠르기나 높낮이, W는 실제 말의 내용 면에서 고객의 입장에서 고객을 존중하며 고객이 원하는 것이 무엇인지 집중하여 듣는 공감적 경청을 말한다.

3) 적극적 경청

감각, 태도, 신념, 감정, 직관을 말하는 사람 중심으로 듣는다.

- **환언** : 고객의 말을 잘 이해했음을 확인시켜주기 위해 상대방의 메시지를 다시 들려준다.

  예) 손님, 주스 한 잔과 물 한 잔 가져다달라고 하신 것 맞지요?)
- **요약** : 메시지의 전체적인 이해 내용을 전달한다.

  예) 기내 면세품으로 ○○○ 한 병, ○○○ 세 개를 주문하셨는데, 현재 승무원에게 받으신 물품이 ○○○ 두 병만 전달받으셨다는 말씀이신가요?
- **감정을 반영한 반응** : 상대방의 감정에 세심한 주의를 기울이고 있음을 알게 한다

  예) 죄송합니다, 손님. 승무원 호출 버튼에 불이 들어온 것을 미처 보지 못해

서 바로 응대해드리지 못해 죄송합니다. 오래 기다리시게 한 점 다시 한 번 사과드리고 바로 시원한 물 준비해드리겠습니다. 혹시 다른 것 또 필요하신 것 없으십니까?"

4) 질문

상대방의 말을 잘 듣는 좋은 방법 중 하나가 바로 질문이다. 이해하지 못한 부분의 이해도를 높일 수 있고 오해의 소지나 왜곡의 여지가 있는 부분을 확인함으로써 상호간에 신뢰를 쌓을 수 있다.

예) 손님을 도와드리기 위해서는 제가 알아야 할 것이 있습니다. 번거로우시겠지만 질문 몇 가지 해도 괜찮겠습니까?

5. 객실 서비스 절차별 대화 스킬

1) Domestic Cabin Service Procedure 대화

❶ Ground Service

승객 탑승 시 밝은 미소와 활기 띤 어조로 환대의 마음을 나타내는 것이 가장 중요하다. 특히 승객 탑승 중에는 도울 일이 없는지 적극적인 응대 자세로 고객을 맞이해야 한다. 승객에 대한 배려와 서비스를 잊지 말고 항상 정중한 표현을 해야 한다.

승객 탑승

승무원 : 안녕하십니까?(어린이 : 안녕하세요?)
어서 오십시오. 탑승권을 보여주시겠습니까?
손님 좌석은 왼쪽 뒤편입니다.

승　객 : 부산 가는 비행기 맞아요?

승무원 : 네, 맞습니다(비(눈)가 많이 와서 미끄럽습니다. 조심히 올라오십시오).
문턱이 미끄러우니 조심하십시오. 탑승권을 보여주시겠습니까?
손님 좌석으로 안내해드리겠습니다.

탑승 지연 시 응대 방법

승무원 : 어서 오십시오. 탑승 지연으로 오랫동안 기다리셨습니다.

좌석 안내

승　객 : 좌석을 잘 모르겠어요.

승무원 : 탑승권을 보여주시겠습니까? 제가 안내해드리겠습니다. 이쪽으로 오십시오(짐 드시는 것을 제가 도와드리겠습니다). 손님 좌석은 20A번이고 창 측입니다. 가지고 계신 짐은 깨지는 물건이 아니면 제가 머리 위 선반 위에 올려드리겠습니다.

기내 온도 문의

승　객 : 기내가 더운 것(추운 것) 같습니다.

승무원 : 알겠습니다. 제가 온도를 확인해보고 조절하도록 하겠습니다. 잠시 후 이륙 후에는 곧 시원해질 겁니다. 그동안 시원한(따뜻한) 생수(담요)라도 가져다드릴까요?

Reading Material Service

승　객 : 신문 좀 볼 수 있을까요?

승무원 : 네, 어떤 신문으로 서비스해드릴까요? 말씀하신 ○○신문 여기 있습니다. 즐거운 여행되십시오.

승객이 원하는 신문이 없을 때

승무원 : 죄송합니다만, ○○일보는 지금 모두 서비스되었습니다. 대신 □□일보는 어떠십니까? 보고 계시는 동안 여분의 ○○일보가 있는지 다시 한 번 확인해보겠습니다. 괜찮으시면 다른 손님이 보신 신문이라도 가져다드리겠습니다. 잠시만 기다려주시겠습니까? 그동안 ○○잡지라도 보시겠습니까?

Seat Belt 착용 안내

Seat Belt Check

승무원 : 실례합니다만 손님, 저희 비행기는 곧 이륙합니다. 좌석 벨트를 매주시겠습니까?

승　객 : 좌석 벨트를 어떻게 매는 거지요?

승무원 : 제가 도와드리겠습니다. 이렇게 매시면 됩니다. 그리고 풀 때는 이렇게 푸시면 됩니다.

승　객 : 그런데 아기는 어떻게 매죠?

승무원 : 네, 손님께서 아기와 함께 좌석 벨트를 매지 마시고 손님께서만 좌석 벨트를 매시고 그 위로 아기를 안으시면 됩니다. 좌석 벨트 착용 표시등이 꺼질 때까지는 아기를 꼭 안고 계

시기 바랍니다. 아기와 함께 벨트를 매시면 아기에게 엄마의 체중이 실리게 되어 무척 위험합니다.

유아용 벨트가 있는 경우

승무원 : 여기 유아용 좌석 벨트가 있으니 사용하시기 바랍니다. 사용 방법은 이렇게 하시면 됩니다. 아기가 참 귀엽게 생겼습니다. 다른 도와드릴 일은 없습니까? 불편한 사항 있으시면 언제든지 말씀해주시기 바랍니다.

Take-Off 준비

승무원 : 비행기가 이륙한 후에 테이블을 사용해주시겠습니까? 이착륙 시에나 비행기 급제동 시에 다치실 염려가 있습니다. 죄송합니다만 테이블과 좌석 등받이를 제자리로 세워주시겠습니까? 저희 비행기는 곧 이륙할 예정입니다. 좌석 벨트를 매주십시오.

항공기 비상구 및 통로

승무원 : 죄송합니다만 이 짐은 손님의 짐입니까?

승　객 : 네, 그런데요.

승무원 : 이곳 비상구 출구는 손님 여러분의 안전을 위해 항상 비워져 있어야 합니다. 불편하시더라도 좌석 밑이나 머리 위 선반으로 짐을 넣어주시겠습니까?

승　객 : 둘 곳이 없어서 그래요.

승무원 : 그럼, 이 짐을 뒤쪽에 보관해드릴 테니 내리시기 전에 꼭 확인해주십시오.

승　객 : 그렇게 해주세요.

승무원 : 네, 잘 알겠습니다. 도착 후에 바로 가져다드리겠습니다. 혹시 내리실 때 잊지 않도록 꼭 확인 부탁드립니다. 혹시 귀중품이나 깨질 물건은 없습니까?

2 In-Flight Service

비행 중 서비스 되는 음료 등을 적극적으로 서비스하고 세련된 매너와 적절한 대화 등을 할 수 있도록 한다. 정보 전달 시에는 승객이 신뢰감을 가질 수 있도록 정확하고 자신감 있게 전한다.

Take-Off 후 Seat Belt 착용 방송

승　객 : 비행기가 많이 흔들릴 모양이죠?

승무원 : 아닙니다. 목적지까지 가는 동안의 기상 상태는 매우 좋습니다만, 혹시 예기치 못한 비상 상황을

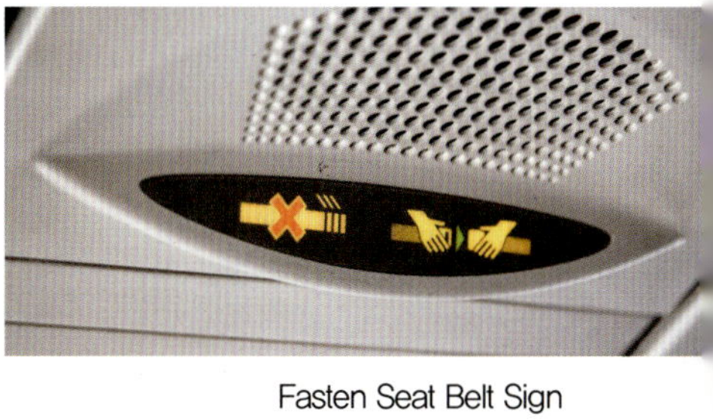

Fasten Seat Belt Sign

대비하여 손님을 보다 안전하게 모시기 위해서입니다. 비행기가 이륙한 후에도(좌석 벨트 표시등이 꺼진 후에도) 가끔 갑작스러운 기류 변화로 흔들릴 경우도 있으니 가급적 착석 중에는 약간 느슨하게 좌석 벨트를 가볍게 매고 계시기 바랍니다.

Beverage Service

승무원 : 손님, 오렌지 주스, 콜라, 생수, 커피가 준비되어 있습니다. 어느 것으로 드시겠습니까?

승　객 : 커피 주세요.

승무원 : 설탕과 크림이 필요하십니까?(설탕과 크림을 넣어 드십니까?) 여기 있습니다. 맛있게 드십시오.

승　객 : 그런데 귀가 아픈데 어떻게 하면 좋을까요?

승무원 : 귀가 멍멍하거나 아플 때는 물이나 사탕이 효과적입니다. 한 번 드셔보시겠습니까?

서비스되지 않는 음료를 승객이 주문할 경우

승　객 : 망고 주스 있습니까?

승무원 : 죄송합니다. 망고 주스는 준비되어 있지 않은데요. 대신 오렌지 주스는 어떠십니까? 그 밖에도 콜라, 생수, 커피도 있습니다만 어느 것으로 드시겠습니까?

승　객 : 그냥 오렌지 주스 주세요.

승무원 : 네, 알겠습니다. 곧 가져다드리겠습니다. 혹시 다른 필요하신 것은 없습니까?

Reading Light Service

Used Cup Collection

승무원 : 음료 한 잔 더 드시겠습니까?
컵을 치워드려도 되겠습니까?
다른 필요하신 것은 없습니까?
치워드리겠습니다.

Reading Light Service

승무원 : 실례합니다. 손님, 제가 독서등을 켜드릴까요?

Reading Light 조작이 서툰 승객에게

승무원 : 손님, 제가 켜드리겠습니다. 이렇게 누르시면 됩니다. (다시 누르면 꺼집니다.) 즐거운 시간 보내십시오.

Giveaway 요구 승객 응대

승무원 : 손님, 대단히 죄송합니다. 기념품이 부족해서 괜찮으시면 나중에 댁으로 우송해드리겠습니다. 양해해주셔서 감사합니다. 오늘 어린이 승객이 많이 탑승한 관계로 선물이 부족합니다. 죄송하지만 여기에 자제분 이름과 주소를 적어주시면 댁으로 우송해드리도록 하겠습니다. 그 밖에 더 필요하신 것은 없습니까?

3 After Landing

감사와 즐거운 여행의 표현이 담긴 대화와 함께 미소 띤 얼굴로 승객에게 자연스럽게 인사해야 한다.

Taxing 중 이동 승객 응대(1)

승무원 : 죄송합니다만 비행기가 이동 중이라 위험합니다. 좌석에 앉으셔서 안전하게 정지할 때까지 잠시만 기다려주시겠습니까? 협조해주셔서 감사합니다. 안전을 위해 비행기가 완전히 정지할 때까지 좌석에 앉아서 기다려주십시오.

Taxing 중 이동 승객 응대(2)

승무원 : 아직 비행기가 이동 중입니다. 비행기가 완전히 정지하고 저희 승무원들이 안내해드릴 때까지 자리에 앉아서 잠시만 기다려주십시오. 협조해주셔서 감사합니다.

Taxing 중 이동 승객 응대(3)

승무원 : 비행기가 아직 이동 중이라 급정지 시 위험합니다. 좌석에 앉아서 비행기가 완전히 멈출 때까지 기다려주십시오.

Taxing 중 이동 승객 응대(4)

승무원 : 비행기가 이동 중일 때는 서 계시거나 움직이시면 위험합니다. 갑자기 속도를 줄이거나 멈추면 다치실 수 있습니다. 좌석에 앉아주시겠습니까?

Farewell(1)

승무원 : 감사합니다. 안녕히 가십시오. 돌아오실 때까지 즐거운 여행하시고 건강하게 지내시기를 바랍니다. 다음에 다시 만나뵙게 되기를 바랍니다.

Farewell(2)

승무원 : 오면서 불편하신 점은 없었습니까? 편안한 여행되셨습니까? 긴 시간이라 많이 힘들지는 않으셨는지요! 즐거운 여행되십시오.

❹ 그 밖의 서비스 대화

승객의 Door Side 점유

승무원 : 죄송합니다만 이곳은 비상탈출 구역으로 승무원이 착석하는 곳입니다. 불편하시더라도 손님 좌석에서 쉬어주시기를 부탁드립니다. 제가 따뜻한 차 한 잔 가져다드리겠습니다. 이 안에는 비상시 사용할 미끄럼대가 장착되어 있습니다. 이곳에 앉으면 이 탈출 장비가 고장이 날 수 있습니다. 손님 좌석으로 돌아가주시겠습니까?

이착륙 중 서비스 요구

승무원 : 네, 손님 잘 알겠습니다. 비행기가 이륙(착륙)한 후에 곧 가져다드리도록 하겠습니다. 기다려주셔서 감사합니다.

Seat Duplication(좌석이 중복되었을 때)

승무원 : 대단히 죄송합니다. 저희 항공사 실수로 불편을 끼쳐드리게 되었습니다. 이곳에서 잠시만 기다려주시기 바랍니다. 제가 곧 알아봐드리겠습니다. 좌석 배정에 착오가 생긴 것 같습니다. 잠시만 기다려주시면 확인

후 좌석을 옮겨드리도록 하겠습니다. 불편을 끼쳐드려 대단히 죄송합니다. 오래 기다리셨습니다. 제가 좌석으로 안내해드리겠습니다. 이쪽으로 오시겠습니까? 25C 통로 측 좌석이 비었습니다. 괜찮으시다면 제가 그 자리로 안내해드리겠습니다.

다른 좌석에 앉은 승객

승무원 : 실례합니다, 손님. 탑승권을 보여주시겠습니까? 이 손님께서도 같은 자리를 받아오셨는데 제가 탑승권을 확인해드리겠습니다. 손님 좌석은 바로 한 칸 뒤입니다. 제가 짐을 뒤로 옮겨드리겠습니다. 이쪽으로 오시겠습니까?

승　객 : 혹시 다른 좌석은 없나요?

승무원 : 아직 승객들의 탑승이 끝나지 않았습니다. 탑승이 끝난 후에 빈자리가 있는지 제가 알아봐드리도록 하겠습니다. 죄송합니다만 지금은 원래 좌석에 앉아주시기를 바랍니다. 감사합니다.

음료를 엎질렀을 때

승무원 : 대단히 죄송합니다. 제가 닦아드리겠습니다.

정말 죄송합니다. 이것은 저희 회사에서 발급하는 세탁권입니다. 저희 항공사 지점이나 카운터에 제시하시면 금액을 보상받으실 수 있습니다. 다시 한 번 정말 죄송한 사과 말씀 드립니다.

술병을 Overhead Bin 위에 올리는 승객

승무원 : 죄송합니다만 술병을 선반 위에 겹쳐 올리면 떨어질 염려가 있으니 좌석 밑에 보관해주시겠습니까? 감사합니다. 즐거운 여행되시기 바랍니다. 안쪽으로 밀어 넣으면 발을 뻗는 데 불편함이 없으실 겁니다.

유아 동반 승객

승무원 : 어서 오십시오. 아기가 참 예쁘네요. 제가 유모차를 보관해드리겠습니다. 기내에 유아용 요람이 준비되어 있으니 필요하면 말씀해주십시오. 장착은 이착륙 단계의 안전을 위해 이륙 후 설치해드리겠습니다. 내리실 때는 가져가실 수 있도록 준비해드리겠습니다. 그리고 기내에 아기 기저귀,

Baby Bassinet

분유, 젖병 등이 준비되어 있으니 필요하신 것이 있으면 언제든 말씀해 주십시오.

지연 출발

승무원 : 저희 비행기는 정비상의 문제로 출발이 잠시 지연되고 있습니다. 죄송합니다만 잠시만 기다려주시겠습니까? 기다리시는 동안 시원한 음료수 한 잔 드시겠습니까?

승무원 : 항공기 정비 관계로 잠시 지연되고 있습니다. 대단히 죄송합니다만, 안전을 위한 조치이니 양해해주시기 바랍니다. 기다리시는 동안 시원한 음료 한 잔 하시겠습니까?

2) International Cabin Service Procedure 대화

❶ Ground Service

통과 여객 탑승 응대

승무원 : 어서 오십시오. 오랫동안 기다리셨습니다. 많이 지루하지는 않으셨습니까? 기다리시는 동안 불편한 점은 없었습니까?

승　객 : 신문 좀 주세요.

Reading Material Service

승무원 : 네, 어떤 신문으로 드릴까요? 말씀하신 신문 서비스 해드리겠습니다. 혹시 잡지는 필요하지 않으십니까?

❷ In-Flight Service

Towel Service

승무원 : 실례합니다. 타월 서비스 해드리겠습니다. 타월이 뜨거우니 조심하시기 바랍니다.

Aperitif Service

승무원 : 손님, 주스류, 칵테일, 위스키, 꼬냑 등이 준비되어 있습니다. 식사 전에 음료수 한 잔 드시겠습니까?

승　객 : 칵테일은 어떤 것이 있습니까?

승무원 : 진토닉, 스크루드라이버, 블러드메리 등이 있습니다. 그 밖에도 손님께서 드시고 싶은 칵테일을 말씀해주시면 정성껏 만들어드리겠습니다.

승 객 : 잘 모르겠는데요. 아무거나 주세요.

승무원 : 부드럽게 식사 전에 입맛을 돋우기에는 스크루 드라이버가 괜찮을 것 같습니다. 아니면 진토닉을 연하게 해서 한 잔 드시는 건 어떨까요? 손님, 음료 여기 있습니다. 맛있게 드십시오.

Aperitif Service

기내식 서비스

승무원 : 손님, 식사 준비됐습니다. 테이블을 펴주시겠습니까?

승 객 : 메뉴가 뭐죠?

승무원 : 생선 구이 요리와 비빔밥 두 가지가 있습니다.

승 객 : 생선은 어떤 종류입니까?

승무원 : 타임 허브로 향을 낸 광어 구이 요리입니다. 맛이 담백하고 살코기만 기름에 살짝 익혀 드시기에 좋습니다.

기내식 서비스

승 객 : 한식을 먹고 싶은데…….

승무원 : 그럼 비빔밥 어떠십니까? 비빔밥 준비해드리겠습니다. 식사와 함께 음료는 어떤 것으로 하시겠습니까? 식사와 함께 와인 한 잔 하시겠습니까? 맛있게 드십시오.

맥주를 마시는 승객 응대

승무원 : Red Wine과 White Wine이 준비되어 있습니다. 쇠고기와 잘 어울리는 Red Wine 한 잔 하시겠습니까? 다른 필요하신 것은 없습니까? 맛있게 드십시오.

주문 식사가 소진되었을 때

승무원 : 대단히 죄송합니다. 마침 비빔밥이 모두 서비스되었습니다. 대신 타임 허브로 향을 낸 광어 구이 요리는 어떠십니까? 그리고 아침 식사에는 꼭 원하는 식사를 드실 수 있게 먼저 주문을 받도록 하겠습니다. 혹시 필요하신 것은 없습니까?
죄송합니다만 손님께서 주문하신 ○○이 전부 소진되었습니다. 잠시 기다려주시면 여유분이 있는지 확인해보겠습니다.

Tray Collection

승무원 : 맛있게 드셨습니까? 식사는 어떠셨습니까? 쟁반을 치워드려도 되겠습니까? 더 필요하신 것은 없는지요.

식사를 다 드셨습니까? 쟁반을 다 치워드릴까요?

조금밖에 못 드셨네요! 혹시 어디 불편하신 데라도 있습니까? 다른 필요하신 것은 없습니까? 혹시 필요하신 사항 있으면 언제든 말씀해주시기를 바랍니다.

Entry Document Service

승 객 : 승무원, 입국 시 세관 규정이 어떻게 됩니까?

승무원 : 네. 술 ○병, 담배 ○보루, 향수 ○온스까지는 면세 혜택을 받으실 수 있습니다. 비거주자인 경우 미화 ○달러에 상당하는 그 밖의 물품을 추가로 반입이 허용됩니다.

승 객 : 사실은 액수가 약간 초과된 것 같은데 어떻게 됩니까?

승무원 : 조금 초과된 부분에 대해서는 대체로 면세 범위로 허용되는 예도 있습니다만, 규정은 면세 범위가 초과된 물품에 대해 ○○퍼센트 세금을 내도록 되어 있습니다. 여기 신고서 뒷면에 있는 통관 금지 물품이 없는지 살펴보시고 내용물의 총 가격이 미화 ○○달러 이상일 경우는 세관 신고서 뒷면에 기입하셔야 합니다. 작성하면서 궁금하신 사항이 더 있으면 언제든지 말씀해주십시오. 입국에 필요한 자세한 사항은 잠시 후 방송을 통해 안내해드릴 예정이니 참고하시기 바랍니다.

In-Flight Sale Service

승무원 : 필요하신 물건 있습니까? 기내 (면세품) 판매입니다. 주류, 담배, 향수 등이 있습니다.

승 객 : 부탁이 있는데 면세품 판매는 언제 합니까? 꼭 필요한 물품이 있는데, 지금 주문해도 될까요?

승무원 : 예. 지금 주문하셔도 좋습니다만 괜찮으시다면 식사 후에 곧 기내 판매가 시작될 예정이니 그때 구입하시면 어떻겠습니까? 이 노선은 충분한 물량과 판매시간이 있습니다.

승 객 : 그래도 혹시 모르니 여기 메모한 내용을 한번 확인해주세요.

승무원 : 네, 잘 알겠습니다. 손님께서 원하시는 물품이 충분히 탑재되어 있는지 곧 확인해서 알려드리겠습니다. 잠시만 기다려주십시오.

승 객 : 샤넬 향수 있습니까?

승무원 : 예, 있습니다. No. 5와 No. 19 두 종류가 있습니다. 어느 것으로 하시겠

습니까?

승　객 : 작은 것이 몇 번이죠?

승무원 : No. 5를 말씀하시는군요. 죄송합니다. 지금 여기에는 남은 물품이 없습니다만 곧 확인해서 알려드리겠습니다.

승무원 : 손님, 죄송합니다만 재고가 없습니다. 선물하실 분이 젊다면 No. 19도 좋습니다만 어떠십니까?

주문(복창) 확인과 다른 주문의 여부

승무원 : ○○위스키 두 병 주문하셨습니다. 또 다른 필요하신 물건은 없습니까?

지불 통화 확인

승무원 : 계산은 무엇으로 하시겠습니까? 원화(미화)로 하시겠습니까? 죄송합니다만 이곳 현지 화폐는 저희 항공사에서는 받고 있지 않습니다.

합계 금액 설명

승무원 : 전부 ○○원입니다. 미화로는 ○○달러입니다.

대금 수수

승무원 : 100달러 받았습니다. 술 두 병, 담배 한 보루 여기 있습니다. 감사합니다.

거스름돈 확인

승무원 : 거스름돈은 ○○달러입니다. 감사합니다.

In-Flight Movie & Rest(1)

승　객 : 승무원, 오늘 상영하는 기내 영화 제목이 뭐죠?

승무원 : 오늘 상영될 영화는 모두 두 편입니다. 처음 서비스되는 영화는 디즈니사가 제작한 ○○이고, 또 한 편은 패러마운트사가 제작한 △△입니다.

승　객 : ○○는 내용이 어떤 거죠?

승무원 : 액션 모험 영화입니다. 자세한 내용은 기내 잡지 ○○○에 설명되어 있습니다. 제가 페이지(해당란)를 찾아드리겠습니다.

승　객 : 언제쯤 시작합니까?

승무원 : 앞으로 약 2시간 후에 상영될 예정입니다. 상영하기 직전에 다시 한 번 방송으로 안내해드리겠습니다.

In-Flight Movie & Rest(2)

승무원 : 손님, 잠시 후에 기내 영화를 상영할 예정입니다. 죄송합니다만 창문 커튼을 내려주시겠습니까?

승　객 : 아이가 창밖을 내다보고 싶어하네요.

승무원 : 그럼, 주변 승객들이 영화를 볼 수 있도록 조금만 열어두면 어떻겠습니까?

승　객 : 네, 그렇게 할게요.

승무원 : 감사합니다. 아이가 참 귀엽게 생겼습니다. 호기심이 많은 것 같군요(지루한가보군요). 아이가 가지고 놀 장난감(퍼즐)이 있는데 가져다드리겠습니다.

승무원 : 실례합니다, 손님. 잠시 후에 영화를 상영할 예정입니다. 곧 객실 조명을 끌 예정입니다. 제가 독서등을 켜드릴까요?

Cabin Patrol(Walk Around) & Refreshment(1)

승　객 : 여기 맥주 좀 더 가져다주세요. 잠을 자야 하는데 잠이 오지 않는군요.

승무원 : 네. 잘 알겠습니다, 손님. 편히 쉬실 수 있으면 좋으실 텐데요.

승　객 : 맥주를 몇 잔 마셔도 잠이 오지 않아 걱정입니다.

승무원 : (맥주를 가져다드리며) 우선 담요로 발을 따뜻하게 하면 훨씬 도움이 되실 겁니다.

승　객 : 고마워요. 그렇게 해보죠.

승무원 : 맥주보다 다른 음료를 제가 한번 만들어드릴까요? 여기 이 음료는 뜨거운 물에 꼬냑과 레몬즙을 조금씩 넣은 것인데, 따뜻할 때 천천히 드셔보십시오. 그리고 눈가리개는 주무실 때 필요하면 사용하시기 바랍니다.

만취 승객의 술 요구

승무원 : 손님, 기내에서의 지나친 음주는 지상과 달리 체내 흡수가 빨라 피로를 가중시킵니다. 조금 주무시고 나중에 다시 드시면 어떻겠습니까?

승무원 : 술을 많이 드신 것 같습니다. 기내는 지상보다 빠르게 취하니 그만 드시는 것이 좋을 것 같습니다. 대신 시원한 물이나 커피, 따뜻한 차 한 잔 어떠십니까?

Cabin Patrol(Walk Around) & Refreshment(2)

승무원 : 실례합니다. 혹시 도와드릴 일은 없습니까?

승 객 : 네, 조금 지루하군요. 얼마나 남았죠?

승무원 : 앞으로 7시간 정도만 가시면 됩니다. 저희 기내에는 가볍게 읽으실 수 있는 최근 베스트셀러 서적을 비치하고 있습니다. 읽어보시겠습니까?

승 객 : 어떤 작품들이 있습니까?

승무원 : 잠깐만 기다려주십시오. 제가 안내서를 가져다드리겠습니다. 여기 안내서가 있습니다. 필요하신 책이 있으면 언제든 말씀해주십시오.

2nd Meal Service 전 Aperitif 주문 서비스

승무원 : 편히 쉬셨습니까? 곧 아침 식사를 드리겠습니다. 식사하시기 전에 음료 한 잔 드시겠습니까?

❸ Landing 후 상황별 대화

승무원 : 장거리 여행 하느라 피곤하시지요?(오시는 데 불편한 점은 없었습니까? 장거리 비행에 힘드셨지요?)

승 객 : 괜찮아요. 덕분에 잘 왔어요!

승무원 : 감사합니다. 두고 내리시지 않도록 (잊으신 물건은 없는지) Passport 등 귀중품을 다시 한 번 확인해주시기 바랍니다. 혹시 맡기신 짐은 없습니까?

승무원 : 감사합니다. 안녕히 가십시오(감사합니다. 안녕히 다녀오십시오.) 함께 해주셔서 감사합니다. 즐거운 여행 되십시오. 장거리 여행에 피곤하시지요? 다시 만나 뵙게 되기를 진심으로 바랍니다.

4 정중하고 재치 있는 객실 서비스 커뮤니케이션 스킬 계발 방법

1. 승객 응대

항공기에 탑승하는 승객과의 첫 만남은 매우 중요하다. 어떻게 하면 승객을 보다 반갑게 맞이할 수 있을지 살펴보자.

1) 방법

"안녕하십니까? 어서 오십시오."		
밝은 첫인상	도움이 필요한지 상황 판단	고객의 상황별 욕구 충족
• 안녕하십니까? • 어서 오십시오. • 탑승을 환영합니다. • 정성껏 모시겠습니다. • 좌석을 안내해드리겠습니다. • 아기가 참 예쁘네요.	• 제가 도와드리겠습니다./ 제가 도와드릴까요? • 날씨가 더운데 시원한 음료수 한 잔 드릴까요? • 유모차를 보관해드릴까요?	• 손님 짐은 제가 들어드리겠습니다. • 코트를 보관해드리겠습니다. 착륙 직전에 가져다드리겠습니다. • 유모차는 앞쪽 옷장에 보관해드리겠습니다. • 제가 이륙 후 유아용 요람을 설치해드리겠습니다.

2) 사례

짐을 보관하려는 데 곤란한 표정을 짓고 있는 승객

승무원 : 안녕하십니까? 담당 승무원 ○○○입니다.

승　객 : 짐을 선반 위에 넣고 코트도 보관해야 하는데요.

승무원 : 제가 도와드리겠습니다.

승　객 : 다른 사람의 코트가 있네요.

승무원 : 앞 좌석 손님의 코트인 것 같습니다.

승　객 : ……. 그런데요? 어떻게 하면 좋죠?

승무원 : 손님의 코트는 구겨지지 않게 제가 옷장에 보관해드리겠습니다.

승　객 : 그렇게 해주시겠어요?

승무원 : 비행 중에 필요한 물건이나 귀중품이 주머니에 있습니까?

승　객 : 없어요.

승무원 : 제가 재킷을 코트룸에 보관해드리고 도착 후 가져다드리겠습니다…….

승무원 : 손님의 짐은 이곳에 보관하시면 됩니다. 제가 도와드리겠습니다. 편안한 여행 되십시오.

2. 승객의 주문 응대

승객이 요구하는 물건이 서비스되고 없거나 탑재되지 않았을 때 어떻게 응대하면 좋을지 알아보자.

1) 방법

"승무원 ○○ 좀 주시겠어요?"		
승객의 요구 물건이 있을 경우	승객의 요구 물건이 탑재되지 않았을 경우	모두 서비스되고 없을 경우
즉시 해결해준다.	원하는 Item이 없는 것에 대해 사과하고 대체 Item을 제시한다. 만족 여부를 확인한다.	원하는 Item을 구하기 위해 최선을 다한 후 없으면, 정중히 사과하고 대체 Item을 제시한다.
• 네, 알겠습니다. ○○를 곧 가져다드리겠습니다. 잠시만 기다려주시겠습니까?(메모한다) • 여기 있습니다(맛있게 드십시오). 더 필요하신 것은 없습니까?	• 손님, 대단히 죄송합니다만 ○○는 탑재되지 않았습니다(준비되지 않았습니다). 대신 □□나 △△는 어떠십니까? 괜찮으시다면 △△를 드리겠습니다. 더 필요하신 것은 없습니까?	• 손님, 곧 알아보고 오겠습니다. 잠시만 기다려주시겠습니까? • 손님, 죄송합니다. ○○는 모두 서비스되고 남아 있는 것이 없습니다. 대신 ○○와 비슷한 □□는 어떠십니까? □□는 괜찮으셨습니까? 더 필요하신 것은 없습니까?

2) 사례

❶ 항공기에 탑승하자마자 물을 달라고 하는 경우

승 객 : 아가씨, 나 지금 물 한 잔 먹을 수 있어요?

승무원 : 네. 알겠습니다. 곧 가져다드리겠습니다.

승무원 : 여기 있습니다. 시원하게 드십시오. 더 필요하시면 언제든지 말씀해주십시오.

❷ 탑승 후 스포츠신문이 모두 서비스되고 없는 상황에서 스포츠신문을 요구하는 경우

승 객 : 승무원, 조금 전에 비행기 타면서 보니까 스포츠신문이 없어서 못 가져왔는데 나 스포츠신문 하나만 가져다줘요.

승무원 : 네. 알겠습니다. 곧 알아봐드리겠습니다. 잠시만 기다려주시겠습니까?

승무원 : 손님, 대단히 죄송합니다. 마침 스포츠신문이 모두 서비스되고 남은 것이 없습니다. 제가 다른 손님이 보신 스포츠신문을 가져다드려도 괜찮겠습니까? 기다리시는 동안 다른 신문이라도 보시겠습니까?

승무원 : 오래 기다리셨습니다. 스포츠신문 여기 있습니다. 더 필요하신 것은 없습니까?

3. 불만 승객 응대

승객이 요구하는 바를 충족시키지 못했거나 오해로 인해 승객의 불만이 발생했을 때 어떻게 해결해야 하는지 살펴보자.

1) 방법

"도대체 이게 뭐예요"		
고객의 말씀 경청	수긍과 문제 해결을 위한 노력, 문제 해결	후속 조치의 지속적인 확인
• 아, 네, 그러셨군요. • 네, 그러셨습니까?	• 네, 이해가 됩니다. 정말 죄송합니다. 제가 곧 정확한 사실을 알아봐드리겠습니다. • 네, 대단히 죄송합니다. 바로 시정하도록 하겠습니다. • 그런 일이 있으셨습니까? 정말 죄송합니다. 제가 곧 손님께서 쉬실 여유 좌석을 알아보고 오겠습니다. 잠시만 기다려주십시오. • 승무원 호출 신호를 듣지 못해 오래 기다리시게 해서 대단히 죄송합니다. 제가 바로 가져다드리겠습니다.	• 옮기신 자리는 마음에 드십니까? 더 필요하신 것은 없습니까? • 이륙은 조금 늦었지만 도착은 정시에 할 수 있을 것이라고 합니다. 다시 한 번 심려 끼쳐드린 점 사과드립니다. 음료 한 잔 더 드시겠습니까? 필요하신 것이 있으면 언제든 불러주십시오. • 편히 쉬셨습니까? 안대를 일찍 준비해드렸으면 더 많은 휴식을 취하셨을 텐데…… 사과드립니다. 시원한 음료 한 잔 준비해드릴까요? 더 필요하신 것은 없습니까?

2) 사례

늦게 Check-In한 승객의 탑승을 기다리느라 출발이 늦어지는 경우

승　객 : 아가씨, 지금 출발시간이 지난 것 같은데 왜 출발 안 하는 거지? 내가 언제 출발하나 계속 시계만 보고 있는데 말이야! 내가 비즈니스 약속이 있는데, 약속시간 늦으면 책임질 거요?

승무원 : 정말 죄송합니다. 조금 전 마지막으로 탑승 수속을 마친 승객께서 오고 계신다고 합니다.

승　객 : 약속한 시간만 늦어봐. 가만있지 않을 테니까!

승무원 : 가능한 한 빨리 모시도록 하겠습니다. 죄송합니다. 음료 한 잔 하시겠습니까? 오렌지 주스요? 네, 알겠습니다.

승무원 : 이륙이 늦어져 심려 끼쳐드린 점 다시 한 번 사과드립니다. 그리고 출발은 조금 늦었지만 도착은 정시에 가능하다고 합니다. 약속시간을 지키

실 수 있을 것 같습니다. 오렌지 주스 여기 있습니다. 더 필요하신 것은 없습니까?

4. Cabin Patrol(Walk Around & Personal Touch)

기내 Cabin Patrol 시 승객이 무엇을 요청하기 전에 기대한 이상의 서비스를 제공할 수 있도록 세심한 배려가 필요하다. 승객이 서비스를 요청했을 때 어떻게 응대하면 좋을지 살펴보자.

1) 방법

"네, 부르셨습니까?"		
고객에게 관심 표현	고객 욕구 충족	지속적 관심
• 네, 부르셨습니까? • 제가 독서등을 켜드려도 괜찮을까요? • 편히 쉬셨습니까? 주무시고 계셔서 제가 음료(식사) 서비스를 못 해드렸습니다. • 지금 음료(식사)를 가져다드릴까요?	• 손님께서 ○○이 필요하실 것 같아서 가지고 왔습니다. 괜찮으십니까? • 손님께서 말씀하신 시원한 생수와 담요를 가지고 왔습니다. 담요 한 장 더 필요하십니까? 그리고 말씀하신 대로 기내 온도를 조절했으니 잠시만 기다려주시기 바랍니다.	• 다 드신 컵은 치워드리겠습니다. 한 잔 더 가져다드릴까요? • 몸은 좀 어떠십니까? 언제든지 필요하신 것이 있으면 불러주시기 바랍니다.

2) 사례

❶ 기내 온도가 춥다고 말하는 승객과의 대화

승　객 : 아가씨, 기내가 좀 추운 것 같은데요. 에어컨을 좀 줄여주세요.

승무원 : 네, 사장님. 제가 곧 기내 온도를 알아보고 적정 온도로 조절하도록 하겠습니다.

(잠시 후)

승무원 : 기내 온도를 적정 온도로 맞추었습니다. 그리고 여기 따뜻한 물과 녹차, 담요를 가져왔습니다. 드시겠습니까?

승　객 : 고마워요.

승무원 : 담요를 한 장 더 드릴까요?

승　객 : 괜찮아요.

(잠시 후)

승무원 : 지금은 기내 온도가 어떻습니까? 아직도 추우신가요?

승 객 : 괜찮아진 것 같군요.

승무원 : 빈 컵은 치워드리겠습니다. 녹차를 더 드릴까요?

승 객 : 한 잔 더 주세요.

승무원 : 네, 알겠습니다. 제가 곧 가져다드리겠습니다.

❷ 독서를 하는 승객과의 대화

승무원 : 사장님, 독서등을 켜드릴까요?

승 객 : 그래요. 어떻게 켜지요?

승무원 : 팔걸이의 이 버튼을 누르시면 됩니다. 제가 도와드리겠습니다. 시원한 음료 한 잔 가져다드릴까요?

승 객 : 오렌지 주스 한 잔 줘요.

승무원 : 네, 알겠습니다. 오렌지 주스를 곧 가져다드리겠습니다. 옆에 계신 우리 어린이 손님은 무엇으로 드릴까요?

승 객 : 저는 콜라 주세요.

승무원 : 네, 알겠습니다. 곧 가져다드리겠습니다.

실전 Role Play

1 핸드폰을 사용하는 승객

2 Seat Belt를 매지 않으려는 승객

3 Blanket 및 Pillow를 요청하는 승객

① 가능한 경우 ② 다 떨어진 경우

Blanket의 비닐 커버는 손님 앞에서 제거하여 서비스한다. 재사용하는 Blanket은 깨끗하게 접어서 서비스한다.

4 개인 물건이나 짐을 맡기는 경우(의약품 보관을 요청하는 경우)

5 상위 Class에 서비스되는 음료를 요청하는 경우

6 유아, 어린이를 동반한 승객이 Hot Beverage를 요청하는 경우

7 손님이 음료를 쏟았을 경우

① Cold Beverage ② Hot Beverage

8 SPML을 요청하는 승객

① 미리 주문하여 식사가 탑재된 경우 ② 미리 주문했으나 식사가 탑재되지 않은 경우

③ 미리 주문하지 않은 경우

9 기내식 서비스 시

① 기내식에서 이물질이 발견된 경우 ② 기내식이 차갑다고 하는 경우

③ 깊이 잠든 승객 ④ Lid 또는 Tin Foil이 찢어져 있거나 없는 경우

⑤ 기내식을 안 먹는 승객 / 나중에 먹겠다고 하는 승객

10 몸이 불편한 승객

① 감기에 걸린 승객 ② 귀가 아프다고 하는 승객

11 Headphone이 작동하지 않을 경우

12 승객 Special Care 방법

① VIP, CIP ② UM

③ 유아 동반 승객 ④ 청각장애 승객

⑤ 시각장애 승객 ⑥ WCHR 승객

⑦ TWOV

5 객실 서비스 기본자세

1. 바람직한 승무원의 표정

다양한 승객이 탑승하는 기내 상황에서 밝은 표정은 서비스의 가장 중요 요소라 할 수 있다. 따라서 승무원은 승객과 교감할 수 있는 정감 있는 표정 연출이 필수적이다. 고객을 위하는 진정한 마음에서 나오는 온유하면서도 따뜻한 미소야말로 승무원이 지녀야 할 가장 아름다운 덕목이라고 할 수 있다.

2. 올바른 승무원의 인사

인사는 사람과 사람의 만남에서 마음의 문을 여는 열쇠이자 예의의 시작이다. 만나거나 헤어질 때 말이나 태도 등으로 존경, 인애, 우정을 표현할 수 있어야 하지만 인간 예절의 기틀로서 인간관계의 시작이자 윤리 형성의 기본은 단연코 인사가 서비스 기법 중에서 가장 중요한 시작이자 끝이라고 할 수 있다. 정성을 다해 적극적으로 감사하는 마음을 표현하는 것이 가장 중요하며, 특히 단정한 인사는 좋은 이미지를 남긴다. 올바른 승무원의 인사 요령에 대해 살펴보자.

1) 올바른 인사법

인사는 섬김의 자세이자 환영의 표시이며 신용의 상징이자 친근감의 표현이다. 고객이나 동료를 보았을 때 상황에 맞는 인사말, 미소와 함께 바른 자세로 해야 한다.

❶ 인사의 바른 자세

- 반갑고 밝은 표정으로 상대방의 눈을 본다.
- 등과 목을 반듯이 펴고 허리부터 숙인다.
- 숙인 상태에서 잠시 멈춘다.
- 밝은 표정으로 상대방을 보고 미소짓는다.

❷ 인사 시 올바른 손과 발의 자세

- 여승무원 : 오른손이 위로 오게 하고 숙일 때는 손을 자연스럽게 밑으로 내린다. 발은 뒤꿈치를 붙인 상태에서 15도 정도 발끝을 벌린다.

- 남승무원 : 달걀을 쥐듯 주먹을 가볍게 쥐고 바지선에 맞추어 내린다. 발은 뒤꿈치를 붙인 상태에서 30도 정도 발끝을 벌린다.

2) 인사말

승무원은 인사와 더불어 상황에 맞는 자연스러운 인사말을 구사할 수 있어야 한다. 간결하면서도 정성된 마음이 전달될 수 있는 인사말을 하도록 한다.

5대 접객 용어와 마음가짐

- 안녕하십니까, 어서 오십시오(환영하는 마음) : 30도
- 무엇을 도와드릴까요?(봉사하는 마음) : 15도
- 감사합니다.(감사하는 마음) : 45도
- 죄송합니다.(사죄하는 마음) : 45도
- 안녕히 가십시오.(재회를 기다리는 마음) : 30도

3) 인사의 종류

인사의 종류에는 크게 목례, 보통례, 정중례가 있는데, 각각의 인사를 살펴보면 다음 표와 같다.

표_ 인사의 종류

목례(15도)	보통례(30도)	정중례(45도)
• 협소한 장소의 친근한 인사 • 동료나 친한 사람, 아랫사람과의 인사	• 평상시 일반적인 고객 맞이 인사를 할 때, 배웅할 때	• 깊은 감사의 뜻을 표할 때, 사과할 때
방법 : 미소짓는 표정으로 상대의 얼굴을 향해 3초 인사	방법 : 인사말과 함께 4초 인사	방법 : 인사말과 함께 6초 인사

4) 올바른 인사의 기본 동작

- 상대방과 눈을 맞춘 후 등과 목을 펴고 배를 끌어당기며 허리부터 숙인다.
- 숙인 상태에서 잠시 멈춘다(1초 정도).
- 굽힐 때보다 천천히 상체를 들어올린다(2초 정도).
- 상체를 들어올리고 똑바로 선 후 다시 눈을 맞춘다.

5) 자연스러운 인사법

정지된 공간이 아닌 실생활에서 행해지는 인사는 자연스러워야 한다. 상대방의 연령, 장소, 시간, 상황에 맞는 자연스러운 인사를 할 수 있어야 한다.

표_ 자연스러운 각각의 상황별 인사 방법

시간대별 인사	• 아침 인사 : 밝고 활기찬 느낌의 인사 • 저녁 인사 : 차분한 느낌 • 승객 탑승 : 환영하는 느낌 • 승객 하기 : 고마움과 아쉬운 느낌의 인사
상황별 인사	• 걸을 때의 인사 : 상대방을 보면서 시선을 맞춘 후 걸어가면서 미소 띤 얼굴로 간단히 인사말을 한다. 인사말 후 바로 허리를 굽혀 인사하고 상사인 경우는 벽 쪽에 비켜서 있다가 스치는 순간에 인사한다. 보도의 끝이나 모퉁이를 돌면서 갑자기 상대방을 만난 경우에는 상대방이 놀라지 않도록 뒤 또는 옆으로 한 걸음 물러서서 인사한다. • 계단에서의 인사 : 상사나 고객이 아래에서 올라오거나 내려올 때도 비켜서서 기다리다가 상대보다 두세 계단 아래에서 인사한다. • 앉아서 인사 : 자리에서 일어나는 동안 인사하고 바로 선 자세에서 허리를 굽혀 인사한다. 자세를 바로 한 후 상대의 시선을 보고 다시 앉는다.
연령별 인사	비행기에 탑승하는 승객의 연령은 매우 다양하다. 승객의 연령에 따른 적절한 감정을 연출하여 상황에 맞는 인사를 할 수 있도록 한다.
서양인 승객에 대한 인사	서양인 승객 중에 격식을 중요하지 않게 여기고 격의 없는 친밀한 인사로 응대해오는 경우가 있다. "HI!", "How are you?" 등의 인사말과 함께 손을 흔드는 동작을 하는 경우가 많은데, 자칫하면 승무원도 동일한 태도로 이들을 대하는 경우가 있다. 승무원의 행동은 모든 승객의 관심 대상이 되기 때문에 항상 서양인을 대할 때도 정중하고 예의 바른 인사를 한다.
승객 탑승 및 하기 시의 인사	• 밝고 웃음 띤 얼굴로 인사한다. • 동일 어조와 억양으로 반복되는 형식적인 인사는 피한다. • 승객과 시선을 맞추면서 인사한다. • 승객이 인사에 무반응일 경우에도 인사를 소홀히 해서는 안 되며 정중하게 인사한다. • 뒷짐을 지거나 고개만 까딱하고 움직이는 인사는 하지 않는다.

3. 아름다운 승무원의 자세와 동작

흐트러짐 없는 바르고 아름다운 자세, 단아한 걸음걸이, 절제된 동작은 외모에 반영될 뿐 아니라 예의바르고 아름다운 이미지로 평가받는 데 중요한 역할을 한다. 좋은 승무원의 이미지를 형성하려면 세련된 자세와 동작을 몸에 익혀 자연스럽게 표현하도록 해야 한다.

1) 바르게 서는 자세

- 시선은 정면을 향하고, 턱은 반듯이 당겨 바닥과 수평이 되도록 한다.
- 머리, 어깨 등이 일직선이 되도록 허리를 곧게 편다.
- 아랫배에 힘을 주어 당기고 엉덩이는 약간 들어올린다.
- 여승무원은 오른손이 위로 가게 하여 가지런히 모아 공수 자세를 취하고, 남승무원은 주먹을 가볍게 쥐어 바지선에 붙인다.
- 머리와 어깨는 좌우로 치우치지 않게 한다.
- 몸 전체의 무게중심은 엄지발가락 부근에 두어 몸이 위로 올라간 듯한 느낌으로 선다.
- 발뒤꿈치를 붙이고 여승무원은 15도 정도, 남승무원은 30도 정도 발끝을 벌린다.

1 승무원의 바르게 서는 자세
2 Jump Seat에 바르게 앉는 자세

2) 바르게 앉는 자세

- 의자의 반걸음 앞에 바르게 선 자세에서 한 발을 뒤로 한다.
- 의자 너머로 의자를 보고 의자 깊이 앉는다.
- 뒤쪽에 있던 한 발을 앞으로 향하게 한다. 여승무원은 발을 가지런히 모아 비스듬히 뻗고, 남승무원은 허리 너비만큼 벌리고 앉는다.
- 어깨를 펴고 시선은 정면을 향한다.
- 여승무원은 양손을 모아 무릎 위의 스커트를 누르듯이 지그시 올려놓고 남승무원은 주먹을 가볍게 쥐어 양 무릎 위에 올려놓는다.
- Jump Seat의 경우에는 반걸음 앞에 선 후 몸을 약간 구부려 한 손으로 의자를 편다. 여승무원은 다른 한 손으로 스커트 앞부분을 누르듯이 무릎을 붙이고 앉는다. 승객 앞에서는 다리를 꼬고 앉지 않도록 한다.
- 자리에서 일어날 때는 앉는 자세와 반대로 한 발을 앞으로 하여 한 번에 일어선 다음 두 발을 모은다. 어깨와 등을 펴고 시선은 정면을 향한다. 특히 Jump Seat에서 일어날 때는 한 손으로 Jump Seat를 붙잡아 조용히 정위치로 포개어놓는다.

3) 바르게 걷는 자세

❶ 일반적인 보행 자세

- 어깨와 등을 곧게 펴고 시선은 정면을 향한다.
- 팔은 크게 흔들지 말고 겨드랑이 15도, 팔꿈치 45도 각도로 자연스럽게 무릎을 스치듯이 걷는다.
- 발 앞 끝이 먼저 바닥에 닿도록 하여 정면을 향해 양 무릎이 스치듯이 똑바로 걷는다.
- 체중은 발 앞부분에 싣고 허리로 걷는 듯한 느낌으로 걷는다.
- 발소리가 크게 나지 않도록 조용히 걷고 팔자걸음이나 안짱걸음으로 걷지 않도록 유의한다.

❷ 기내 통로에서 걷는 자세

- Passenger Seat를 향해 몸의 방향과 시선을 5도에서 10도 정도 돌려서 걷는다.
- 무게중심을 발 앞쪽에 두고 조용히 걷는다.
- 걷는 속도는 평상시보다 천천히 시선과 박자를 맞추듯이 손은 앞으로 가지런히 모으거나 옆에 붙이고 걷는다.

❸ 계단 오르내리기 요령

- 상체를 곧게 펴서 몸의 방향을 비스듬히 하여 걷는다.
- 올라갈 때의 시선은 15도 정도 위로 향하고 내려올 때의 시선은 15도 정도 아래로 향하게 하여 걷는다.
- 되도록 다른 사람을 추월하지 않도록 조심하고 계단 반대쪽에서 누군가가 이용한다면 몸의 방향을 비스듬히 해서 걷는다.
- 올라갈 때는 남승무원이 먼저, 내려갈 때는 여승무원이 먼저 내려간다.

4. 올바른 서비스 시 자세와 동작

승무원은 늘 많은 승객의 주시 대상이다. 승무원은 근무에 필요한 바르고 세련된 자세와 동작을 몸에 익혀 자연스럽게 표현하도록 해야 한다.

1) 물건을 전달할 때의 자세

승무원이 고객에게 물건을 전달하는 것은 서비스를 담아 마음을 전달하는 것이다.

승객에게 물건을 전달하는 올바른 자세

- 미소짓는 밝은 표정과 함께 시선은 상대의 눈에서 물건으로 갔다가 다시 상대의 눈으로 옮겨 물건이 올바르게 전달되었는지 확인한다.
- 물건을 전달하면서 전달하는 물건명을 말한다.
- 고객의 입장과 편의를 고려하여 무거운 물건은 가벼운 듯이, 가벼운 물건은 무거운 듯이 건네준다.
- 상대방의 입장과 편의를 고려하여 반드시 양손을 사용하여 한 손을 다른 한 손 밑에 받쳐 공손하게 전달해야 한다.
- 건네주는 위치는 가슴에서 허리가 되게 한다.
- 면도기, 볼펜, 우산 등의 물건을 건네줄 때는 상대편에서 받아 사용하기 쉽도록 손잡이 또는 자루 쪽이 상대편으로 향하도록 하여 남은 한 손을 덧붙여 건네준다(신문, 서류, 책은 고객에게 글씨가 바로 보이도록 전달한다).
- 승객으로부터 명함을 받을 때는 상대방이 명함을 내주면 두 손으로 정중히 받되, 오른손을 덧붙여 왼손으로 받는다. 가슴보다 아래로 내려오지 않도록 주의하면서 상대방의 명함을 받은 후에는 '○○회사의 ○○○ 님이시군요'라고 상대방을 확인한다.

2) 물건이나 방향 지시 자세

승객에게 물건을 가리키는 올바른 자세

- 가리키는 지시물을 복창한다.
- 손가락 끝을 가지런히 모으고 손 전체로 가리킨다.
- 손을 펴는 각도로 거리감을 표현한다.
- 시선은 상대의 눈에서 지시하는 방향으로 갔다가 다시 상대의 눈으로 옮겨 상대의 이해도를 확인한다.
- 우측을 가리킬 때는 오른손, 좌측을 가리킬 때

는 왼손을 사용한다. 뒤쪽 방향을 지시할 때는 몸의 방향도 뒤로 하여 가리킨다.

- 사람을 가리킬 때는 두 손을 사용한다.
- 손가락으로 지시하거나 턱 또는 고갯짓으로 안내하거나 고객의 눈을 보지 않고 지시하는 자세는 삼간다.

3) 물건을 집을 때의 자세

- 다리를 붙이고 깊게 옆으로 돌려 앉는다.
- 상체는 가급적 곧게 편다.
- 여승무원은 특히 치마를 입고 물건을 집을 때 뒷모습에도 각별히 유의한다. 서 있다가 발밑의 물건을 집을 때는 양다리를 붙이고 가능한 한 깊이 앉았다가 일어서면 동작이 예쁘다. 치마 길이가 짧을 때는 양 무릎을 붙인다.

5. 승무원 객실 서비스 시 자세와 방법

1) In-Flight Service 기본 원칙

서비스 전 반드시 손을 씻고 Galley를 청결히 유지해야 하며, 서비스 전 손에 로션을 바르지 않도록 하고, 향수를 지나치게 많이 사용하지 않도록 한다. 서비스 전 모든 기물의 청결 상태와 식사 및 음료 상태를 반드시 확인한다.

2) 기물 사용 시 기본 원칙

❶ Tray

- 사용 전 Tray Mat를 깔아 Service Item이 미끄러지지 않게 한다.
- Tray의 장축이 통로와 평행이 되도록 잡는다.
- 엄지손가락은 Tray 장축의 윗부분을 잡고 나머지 네 손가락은 벌려 아랫부분을 단단히 받쳐 잡는다.
- 겨드랑이를 붙이고 Tray는 허리 부분과 수평으로 유지한다.
- Tray를 들고 승객 앞에 내밀 때는 허리를 약간 굽힌 상태에서 바닥과 평행이 되도록 안정감 있게 들고 회수한 것은 몸 가까이부터 놓는다.
- Tray를 회수할 때는 항상 통로 쪽부터 한다.

1 Trolley 이용 방법 2 3 주문 받는 자세

❷ 컵

- 엄지, 둘째, 셋째 손가락으로 밑부분을 잡고 넷째, 다섯째 손가락은 컵의 밑바닥을 받친다.
- 컵의 로고가 승객의 정면에 오게 하고 입이 닿는 컵의 입 주위 부분은 손으로 만지지 않는다.
- 회수한 컵은 몸의 가까운 쪽부터 놓는다.

❸ Trolley(Serving Cart)

아랫부분에 있는 페달을 밟아 Locking을 풀고 접는다. 펼 때는 윗부분의 Locking을 풀고 펼친 후 아랫부분의 페달로 Locking을 한 후 사용한다.

3) 기내에서 주문받을 때의 자세

- 발은 가지런히 모으고 승객을 정면으로 바라보며 45도 위치로 바로 선다.
- 허리를 15도 정도로 약간 굽히고 눈을 맞추고 주문을 받는다.
- 빈손일 경우에는 양손을 모으고 주문 내용을 손님 앞에서 메모하며 반드시 재확인한다.
- 주문받을 때는 좌석에 기대어 서거나 팔을 올려놓지 않도록 한다.
- Cart로 서비스할 때를 제외하고 모든 Service Item은 Tray에 준비하여 제공한다.

4) 올바른 서비스 자세

- 항상 밝은 표정과 명랑한 태도로 정중히 서비스한다.
- 서비스 도중 머리를 쓰다듬거나 코를 만지지 않는다.
- 손님을 바라보고 바른 자세로 대화하면서 서비스한다.
- 좌석 Seat Back에 손이나 몸이 닿지 않도록 유의한다.
- Entrée가 승객 앞, 안쪽으로 놓이도록 제공한다.
- 어린이 승객 및 신체장애 승객에게 음료를 제공할 때는 컵의 2분의 1이나 3분의 2만 채워 제공하고 잠시 후 같은 양으로 Refill한다.
- 승객이 Service Item을 떨어뜨렸을 때는 먼저 동일한 새 Service Item을 제공하고 떨어진 Service Item은 Towel이나 Cocktail Napkin을 사용하여 집는다.
- 잔에 Ice Cube를 넣을 때는 Ice Cube를 먼저 넣고 음료를 그 위에 따른다.

5) 올바른 회수 요령

- 통로 측 손님부터 회수한다.
- 창가 승객의 회수는 양해를 구한 후 한다.
- 회수용 Tray는 항상 통로 측에 유지하여 고객의 몸 쪽으로 들어가지 않게 한다.
- 손님의 머리 위로 회수하지 않도록 한다.
- 식음료 회수 시에는 취식에 대한 승객의 만족도를 확인하고 반드시 가벼운 대화를 하면서 회수한다(서비스할 때마다 고객 한 명당 한 번은 꼭 대화할 수 있도록 한다).

올바른 회수 자세

- EY/CL에서는 Meal Cart 상단에 Towel을 준비하여 필요한 경우 승객의 Tray Table을 닦아준다.

6) 올바른 In-Flight Service 순서

- 왼쪽에서 오른쪽, 창 쪽에서 통로 쪽 순서로 서비스한다.
- 왼쪽 손님에게는 왼손으로, 오른쪽 손님에게는 오른손으로 서비스한다. 다만 뜨겁고, 무겁고, 미끄러지기 쉬운 것은 쓰기 편한 손으로 서비스한다.

참고문헌

- 김근종, 『서비스 이해』, 새로미, 2008.
- 김민수 · 지현주, 『항공객실 서비스 업무론』, 새로미, 2009.
- 김명신 · 박영식 · 정주영, 『항공업무론』, 학문사, 2005.
- 김성희, 『최신항공기업론』, 백산출판사, 2005.
- 김선희 · 양정미 · 조영신, 『항공 객실 서비스론』, 문경출판사, 2006.
- 노정철 · 김진훈 · 최영인, 『항공서비스경영론』, 한올출판사, 2007.
- 대한항공 Cabin Crew Manual
- 대한항공 객실서비스 규정집
- 대한항공 캐빈 서비스 업무 교본, 2000.
- 대한항공 상위 클래스 Food & Beverage, 2000.
- 박시사, 『항공사경영론』, 백산출판사, 2008.
- 박혜정, 『항공객실업무』, 백산출판사, 2010.
- 박혜정 · 서성희, 『항공운송실무』, 백산출판사, 2008.
- 심종수 외, 『항공기 객실구조 및 안전장비』, 기문사, 2010.
- 아시아나아카데미, 『국제선 기본 예약』, 아시아나 애바카스, 2009.
- 아시아나아카데미, 『항공 운임과 발권의 기초』, 아시아나 애바카스, 2009.
- 아시아나항공 직무 훈련 교재
- 아시아나항공 업무 규정집
- 이영희 · 이지민 · 양정미, 『항공기 식음료론』, 연경문화사, 2006.
- 이영희, 『항공기 객실 업무론』, 연경문화사, 2006.
- 이영희 · 조주은, 『항공기 객실서비스 실무』, 연경문화사, 2010.
- 유문기, 『항공운송론』, 새로미, 2008.
- 윤선정 · 박연옥, 『항공객실업무』, 새로미, 2008.
- 윤선정 · 양현주 · 박소현, 『항공객실 서비스 실무』, 두양사, 2008.
- 이병선, 『항공기 구조 및 비행안전』, 백산출판사, 2008.
- 이병선, 『항공기 객실서비스실무』, 백산출판사, 2010.
- 이용일, 『관광항공업무론』, 새로미, 2008.
- 이용일 · 이선미 · 김재석, 『항공운임 발권과 BSP 실무』, 새로미, 2010.
- 이향정 · 오선미 · 고선희, 『최신항공업무론』, 새로미, 2009.
- 이형섭, 『알기 쉬운 항공 발권』, 도서출판 두남, 2009.
- 조영신 · 김선희 · 이석호, 『서비스 매너』, 방송통신대학교 출판부, 2008.
- 원종혜 · 최미선 · 조희정, 『항공예약 실무』, 한올출판사, 2008.

- 캐세이퍼시픽항공, Cathay Pacific Pre-course Booklet
- 캐세이퍼시픽항공, Cathay Pacific Induction Training Course Manual
- 캐세이퍼시픽항공, Cathay Inflight Service Trainin and Development
- 토파스아카데미, 예약, 토파스여행정보(주), 2009.
- 토파스아카데미, 발권 실무, 토파스여행정보(주), 2009.

신문기사

- "'CI 파워' 순간에서 영원으로", 『동아일보』 2006. 2. 20.
- 『일간스포츠』, 2010. 3. 30.
- 『SkyNews』 2008. 6. 14.
- 『YTN』 2010. 6. 24.
- 『한겨레』 2006. 8. 22.
- 『연합뉴스』 2007. 4. 10.

웹사이트

- 국제민간항공기구 www.icao.int
- 국제항공운송협회 www.iata.org
- 대한항공 www.kr.koreanair.com
- 아시아나항공 www.flyasiana.com
- 에어부산 www.airbusan.com
- 월간항공 www.wasco.co.kr
- 제주항공 www.jejuair.net
- 이스타항공 www.eastarjet.co.kr
- 진에어 www.jinair.com
- 티웨이항공 www.twayair.com
- 캐세이퍼시픽항공 www.cathaypacific.com
- 인천국제공항공사 www.airport.kr/iiac
- 한국공항공사 www.airport.co.kr
- http://news.khan.co.kr/kh_news
- http://www.morningnews.co.kr
- www.yonhapnews.co.kr

사진 출처

제1장

p.2 Smithsonian National Air and Space Museum(NASM 00131171)
p.4 Sorbis/Shutterstock.com(왼쪽), Dmitry Birin/Shutterstock.com(오른쪽)
p.35 First Class Photography/Shutterstock.com(공통)

제2장

p.40 Philip Pilosian/Shutterstock.com
p.41 WorldStock/Shutterstock.com
p.42 Sorbis/Shutterstock.com(왼쪽), hume777/Shutterstock.com(오른쪽)
p.43 Carlos Yudica/Shutterstock.com(그림1), Sudpoth Sirirattanasakul/Shutterstock.com(그림2), numplus/Shutterstock.com(그림3)
p.46 EQRoy/Shutterstock.com(그림1), Pawarin Prapukdee/Shutterstock.com(그림2), Dmitry Birin/Shutterstock.com(그림3), Sorbis/Shutterstock.com(그림4)
p.47 EQRoy/Shutterstock.com(그림1,2,3), ©TravelingOtter [CC BY–SA 2.0] from Flickr
p.48 EQRoy/Shutterstock.com(그림1), ©TravelingOtter [CC BY–SA 2.0] from Flickr
p.49 ©Ron Reiring [CC BY–SA 2.0] from Flickr
p.50 EQRoy/Shutterstock.com(그림1,2), mpeacely/Shutterstock.com
p.51 Agent Wolf/Shutterstock.com(상단 그림1,2, 하단 그림2), Sorbis/Shutterstock.com(하단 그림1)
p.52 Dmitry Birin/Shutterstock.com(그림1,2 공통)
p.53 ©Getty Images Bank
p.54 JoeyPhoto/Shutterstock.com
p.55 Mohd Syis Zulkipli/Shutterstock.com(세 번째 그림)
p.57 Yangxiong/Shutterstock.com(왼쪽), Sorbis/Shutterstock.com(오른쪽)
p.58 Crew Rest Room: ©Getty Images Bank(상단 왼쪽, 오른쪽 공통), Maxene Huiyu/Shutterstock.com
Control System: Sorbis/Shutterstock.com(상단 오른쪽), RUBEN M RAMOS/Shutterstock.com(하단)
p.60 ©Getty Images Bank(그림2), Sorbis/Shutterstock.com(그림4)
p.62 ©Getty Images Bank(그림1), Louis.Roth/Shutterstock.com(그림2), Stanislaw Tokarski/Shutterstock.com(그림3)
p.64 Yangxiong/Shutterstock.com, Sorbis/Shutterstock.com, Sorbis/Shutterstock.com(그림 순서대로)
p.69 Jordan Tan/Shutterstock.com(왼쪽)
p.70 Solarisys/Shutterstock.com(그림4), Sorbis/Shutterstock.com(그림5)
p.73 Dmitry Birin/Shutterstock.com(그림1), ©Getty Images Bank(그림2,3,4)
p.77 Sorbis/Shutterstock.com(그림1), ©ERIC SALARD [CC BY–SA 2.0] from Flickr(그림2), Sorbis/Shutterstock.com(그림3), chettarin/Shutterstock.com(그림4), EQRoy/Shutterstock.com(그림5), Sorbis/Shutterstock.com(그림6), MARON_KIM/Shutterstock.com(그림7), ©Jun Seita [CC BY–2.0] from Flickr

p.81 ©Getty Images Bank(그림2,3), RUBEN M RAMOS/Shutterstock.com(그림4), Thanakrit Sathavornmanee/Shutterstock.com(그림5)
p.82 g215/Shutterstock.com(첫 번째 그림), ©Hajime NAKANO [CC BY-2.0] from Flickr(두 번째 그림)
p.83 ©N509FZ [CC BY–SA 4.0] from Wikimedia(첫 번째 그림), ©Jeff Gunn [CC BY–2.0] from Flickr(두 번째 그림), ©Law & Doerflein(네 번째, 다섯 번째 그림)
p.85 Sorbis/Shutterstock.com(그림1,2 공통)
p.86 ©PYONKO OMEYAMA [CC BY–ND 2.0](그림1), ©Tzuhsun Hsu [CC BY–SA 2.0] from Flickr(그림2), Sergey Kohl/Shutterstock.com(그림3)
p.87 RUBEN M RAMOS/Shutterstock.com(위)
p.88 Christian Heinz/Shutterstock.com
p.89 Sorbis/Shutterstock.com
p.90 Dmitry Birin/Shutterstock.com
p.91 ©Getty Images Bank
p.93 Panida Saithanu/Shutterstock.com
p.94 Sorbis/Shutterstock.com
p.95 RaksyBH/Shutterstock.com(그림1), EQRoy/Shutterstock.com(그림2)
p.96 Sorbis/Shutterstock.com(상단 그림1), JEERAPAN JANKAEW/Shutterstock.com(상단 그림2), franz12/Shutterstock.com(상단 그림3), frantic00/Shutterstock.com(하단 그림1), First Class Photography/Shutterstock.com(하단 그림2)
p.97 rohaizadabu/Shutterstock.com(그림2)
p.101 ©MedAire(www.medaire.com)(아래)
p.103 Dmitry Birin/Shutterstock.com

제3장

p.110 Hayk_Shalunts/Shutterstock.com(아래)
p.111 valley_studio/Shutterstock.com
p.115 Sorbis/Shutterstock.com
p.118 ThamKC/Shutterstock.com(그림 1,2), kaykhoon/Shutterstock.com(그림3)
p.120 Bignai/Shutterstock.com(위)
p.127 Sorbis/Shutterstock.com(위), ton koene/Alamy Stock Photo(아래)
p.131 Hayk_Shalunts/Shutterstock.com(왼쪽), November27/Shutterstock.com(오른쪽)
p.136 Jordan Tan/Shutterstock.com(그림2), Sorbis/Shutterstock.com(그림3)
p.137 GagliardiImages/Shutterstock.com
p.139 Augustine Bin Jumat/Shutterstock.com(그림2), Luke.Travel/Shutterstock.com(그림3)
p.140 EQRoy/Shutterstock.com(그림1), Sorbis/Shutterstock.com(그림2)
p.141 EQRoy/Shutterstock.com(그림1), MMXeon/Shutterstock.com(그림2), Maxene Huiyu/Shutterstock.com(그림3)
p.145 Tihi_Photo/Shutterstock.com(그림1)
p.147 Josub/Shutterstock.com(그림2), Agent Wolf/Shutterstock.com(그림3)
p.150 Komenton/Shutterstock.com(그림1), Chayuth M/Shutterstock.com(그림2,3)
p.154 Mohd Syis Zulkipli/Shutterstock.com(왼쪽), RosaIreneBetancourt 13/Alamy Stock Photo(오른쪽)
p.155 tartanparty/Shutterstock.com(오른쪽)
p.159 RUBEN M RAMOS/Shutterstock.com(그림2)
p.160 ©Getty Images Bank(하단 그림2,3)

p.162 Takashi Images/Shutterstock.com(그림1)
p.166 RUBEN M RAMOS/Shutterstock.com
p.168 Viktor Konya/Shutterstock.com(왼쪽)

제4장

p.179 EYJAN/Shutterstock.com(상단 그림1), EQRoy/Shutterstock.com(상단 그림2) Prometheus72/Shutterstock.com(하단 그림1), Dmitry Birin/Shutterstock.com(하단 그림2), Sorbis/Shutterstock.com(하단 그림3), Jordan Tan/Shutterstock.com(하단 그림4)
p.180 Yannik Bikker/Shutterstock.com
p.183 EQRoy/Shutterstock.com
p.185 NextNewMedia/Shutterstock.com
p.186 Jordan Tan/Shutterstock.com
p.198 Ondrej Hajek/Shutterstock.com
p.217 Tanjala Gica/Shutterstock.com
p.225 ChameleonsEye/Shutterstock.com
p.226 TonyV3112/Shutterstock.com
p.228 joyfull/Shutterstock.com(그림1), Sorbis/Shutterstock.com(그림2)
p.230 ©Florian Waßmann [CC BY-3.0] from Wikimedia
p.235 Sorbis/Shutterstock.com

제5장

p.259 rkl_foto/Shutterstock.com
p.261 Dmitry Birin/Shutterstock.com
p.269 Ko Aun Lee/Shutterstock.com(위), RUBEN M RAMOS/Shutterstock.com(아래)